N&K

Micheline Calmy-Rey

Die Schweiz, die ich uns wünsche

Aus dem Französischen von Irma Wehrli

Mit einem Vorwort von Charles Lewinsky

Nagel & Kimche

1 2 3 4 5   18 17 16 15 14

© 2014 Nagel & Kimche
im Carl Hanser Verlag München
Herstellung: Andrea Mogwitz und Rainald Schwarz
Satz: Satz für Satz. Barbara Reischmann
Druck und Bindung: Friedrich Pustet
ISBN 978-3-312-00610-6
Printed in Germany

MIX
Papier aus verantwor-
tungsvollen Quellen
FSC® C014889
FSC
www.fsc.org

Das Zehnfingersystem der Außenpolitik

Wir lernten uns in der Jury eines Filmfestivals kennen, und eine kleine Situation aus dieser gemeinsamen Arbeit scheint mir Micheline Calmy-Rey besser zu beschreiben als jede langfädige Analyse:

Der Preisträger war nach einigen Diskussionen bestimmt, und es ging jetzt nur noch darum, die Laudatio in möglichst einprägsamen Worten zu formulieren. Sie setzte sich an den Computer, die Finger schon über der Tastatur gespreizt, und sagte: «Diktiert mir einfach!»

Wir andern wollten jemandem, der noch vor kurzer Zeit das höchste Amt unseres Landes innegehabt hatte, diese manuelle Arbeit nicht zumuten, aber sie bestand darauf, unsere Schreibkraft zu sein. «Ich habe schließlich die Handelsschule besucht», sagte sie, «und beherrsche das Zehnfingersystem immer noch.» Man konnte in diesem Moment das Gefühl haben, die Fähigkeit, ohne hinzusehen die richtigen Tasten zu treffen, sei für sie die wichtigste Errungenschaft ihrer ganzen Karriere. «Solang ich im Bundesrat war», fügte sie hinzu, «durfte ich ja nichts mehr selber machen. Ständig waren Sekretäre und andere Hilfskräfte da. Nach meinem Rücktritt genieße ich es, selber wieder zupacken zu dürfen.»

Wir begannen also zu diktieren – und merkten sehr schnell, dass Micheline Calmy-Rey keine Frau ist, die sich etwas diktieren lässt. Mit freundlicher Sturheit änderte sie jede unserer Formulierungen ab, hinterfragte jedes Argument und legte jedes einzelne Wort auf den Prüfstand.

Am Schluss war der Text genau so, wie sie ihn haben wollte. Sie hätte ihn auch ganz allein schreiben können, aber ich bin sicher, es hätte ihr sehr viel weniger Spaß gemacht. Sie ist keine Frau, die gern allein vor sich hinwerkelt. Am liebsten arbeitet sie im Team – solang dieses Team genau das ausführt, was sie für die richtige Lösung hält.

Und: Was sie anfasst, das tut sie gründlich. Unsere Laudatio für einen preisgekrönten Film war am Ende so sorgfältig abgefasst, als ob es um einen Staatsvertrag zwischen zwei verfeindeten Ländern ginge und ein falsches Wort den ganzen Friedensprozess gefährden könnte. Sie sah sich – wie sie es in ihrer ganzen politischen Karriere getan hat – in der Funktion einer Vermittlerin. Einer sehr hartnäckigen Vermittlerin, die auch in den verfahrensten Situationen noch daran glaubt, dass sich irgendwo eine vernünftige Lösung finden lassen müsse.

Es kann für die Diplomaten, die ihr in ihrer Funktion als Außenministerin unterstanden, nicht immer einfach gewesen sein, mit einer Chefin klarzukommen, die vom korrekten Protokoll stets weniger hielt als von sinnvollen Resultaten. Ich erinnere mich an einen Empfang in einer schweizerischen Botschaft (nein, ich werde in diplomatischer Diskretion nicht hinschreiben, in welchem Land es war), bei dem mir ein Botschaftsangehöriger nach ein paar Gläsern Wein wortreich klagte, wie furchtbar es doch sei, eine Departementsvorsteherin zu haben, die bei Problemen einfach selber beim zuständigen Minister anrufe, statt sich an die erprobten Kanäle zu halten. Die Probleme seien dann zwar oft gelöst, sagte er und schenkte sich das nächste Glas ein, aber so könne man es doch einfach nicht machen. Weil man es nämlich noch nie so gemacht habe.

Micheline Calmy-Rey hat sich nie dafür interessiert, wie man es immer gemacht hat. Sie fand es immer spannender, sich zu fragen, wie man es besser machen könnte. Jetzt hat sie ein Buch mit politischen Erinnerungen, Analysen und Rezepten geschrieben, in dem sie die Richtung beschreibt, in der sich die Schweiz ihrer Meinung nach bewegen müsste. Es wird nicht jeder mit ihren Thesen einverstanden sein. Aber es wird sich niemand dem Reiz der Auseinandersetzung mit ihren Gedanken entziehen können. Und für Auseinandersetzungen ist sie, auf höchst friedfertige Weise, immer zu haben.

Charles Lewinsky

Einleitung

Ich hätte nicht im Traum daran gedacht, einmal Bundesrätin zu werden. Als Mitglied der Genfer Regierung wollte ich für meinen Kanton etwas bewirken und verfolgte beharrlich meine Ziele: die desolaten Kantonsfinanzen sanieren, die Steuerverwaltung und ihre veraltete Informatik reorganisieren, die Kantonalbank und ihre geplagten Kleinsparer retten. Ich hatte viel zu tun und kaum Zeit für eine nationale Berufung.

Dabei hatte ich schon gelegentlich Lust, gegen die allgemeine Unbeweglichkeit aufzubegehren. Die kantonalen Grenzen sind ziemlich eng, und die Tore Berns schienen für Ideen aus dem recht fernen Genf verschlossen. Trotzdem hat mich Christiane Brunner, damals Präsidentin der SP Schweiz, gebeten, für einen Sitz in der Landesregierung zu kandidieren. Ihr und der Sozialdemokratischen Partei verdanke ich meine erfolgreiche Wahl, aber kurioserweise auch ein wenig Kofi Annan, dem Generalsekretär der Vereinten Nationen. Als der Kanton Genf ihn zum Ehrenbürger ernannte, empfingen wir ihn in Genf, und da lernte ich ihn persönlich kennen. Im September 2002 trat die Schweiz den Vereinten Nationen bei, und ich war als Regierungsrätin des Kantons, der den europäischen Sitz der Uno beherbergt, Mitglied der Delegation nach New York. Dabei waren auch einige einflussreiche Bundesparlamentarier. Auf diese Parlamentarier kommt es an, denn sie wählen den Bundesrat. Kofi Annan empfängt uns im 38. Stock des Hauptsitzes der Uno. Er begrüßt die Mitglieder der Delegation der Reihe nach. Ich bin als Letzte dran. Er küsst mich mit breitem Lächeln auf beide Wangen: «Bonjour Micheline.» Die Parlamentarier zucken überrascht zusammen: Wer ist denn diese Genferin, die den Uno-Generalsekretär persönlich kennt? Von da an wurde man auf mich aufmerksam, und mein Name war unter der Bundeshauskuppel zu hören.

Wenn die Kandidierenden um die Nachfolge eines Bundesrats derselben politischen Familie angehören, wird zunächst weniger auf ihre Ideen als auf ihre Persönlichkeit, Kantonszugehörigkeit, Sprache und Konsensfähigkeit geachtet. Haben sie vorher ein Exekutivamt bekleidet? Kennen sie die großen Themen der Bundespolitik? Sprechen sie Deutsch? In den Wochen vor der Wahl gab ich mir Mühe, Sendungen im Deutschschweizer Fernsehen zu schauen, mit einer Freundin Deutsch zu sprechen und die nationale Politik zu studieren, um für die Fragen der Journalisten und der Parlamentarier gewappnet zu sein. Die Bundesratskandidaten werden in einem harten internen Auswahlverfahren bestimmt. Da ich als kompetente Regierungsrätin galt, die aber in Bern völlig unbekannt war, fühlte ich mich zur Anwesenheit im Bundeshaus während der Herbstsession verpflichtet. In einem Raum etwas abseits im Erdgeschoss konnte ich mich mit zahlreichen Parlamentariern treffen. Da die SP der Vereinigten Bundesversammlung zwei Kandidatinnen vorschlug, wurden wir beide von den Fraktionen der im nationalen Parlament vertretenen Parteien angehört. Dort galt es bis zur letzten Minute zu überzeugen, zu diskutieren, zuzuhören und Werbung in eigener Sache zu machen. Es galt die Stimmen der SP zu holen, die Genfer Stimmen und die aus dem Wallis, meinem Heimatkanton, wie auch die der Frauen, für die ich mich so stark engagierte, und es galt auch Vertrauen zu schaffen. Am Vorabend der Wahl rief mich eine Mitarbeiterin im Genfer Finanzdepartement in Tränen aufgelöst an: «Wenn Sie nicht gewählt werden, bin ich vielleicht schuld.» Und sie erklärte, sie habe bei einer Konferenz der kantonalen Finanzdirektoren vor einigen Monaten in Genf, bei der auch Kaspar Villiger anwesend war, den Bundesrat in einem lärmigen Hotel im Ausgehviertel von Genf untergebracht, wo man auf seine Position keinerlei Rücksicht nahm.

Man habe am Empfang tatsächlich seinen Pass verlangt, worüber Kaspar Villiger sehr verärgert gewesen sei.

Am Tag der Wahl, dem 4. Dezember 2002, finden wir beiden SP-Kandidatinnen uns im selben Raum vor einem Fernsehapparat wieder, wo wir den Ausgang der Wahl abzuwarten haben. Ich trug zu diesem Anlass und zum großen Kummer meines Papas, der seine Tochter in klassisches Schwarz gekleidet erwartet hätte, ein rotes Kostüm mit weißem Pullover, zu Ehren der Landesfarben. Ich muss gestehen, dass ich mich ungern an diese Stunden erinnere: Da waren wir beide, Ruth Lüthi und ich, gleichzeitig Konkurrentinnen und Parteikolleginnen, beide nervös und voreinander gehemmt. Die Spannung im Raum war mit Händen zu greifen. Und es dauerte endlos lange: ein, zwei, drei, vier, fünf Wahlgänge insgesamt, auch wenn ich nach der dritten Runde vor der Anspannung auf die Toilette entfloh und mit einer Dame zusammenstieß, die mich umarmte und ausrief: «Gott ist mit Ihnen», worauf ich dachte, wenn das so ist, werde ich wohl gewählt werden!

Bevor das Ergebnis des fünften Wahlgangs bekannt wird, klopft ein Mitarbeiter der Bundeskanzlei an die Tür und tritt ein. Er kommt feierlich auf mich zu, verbeugt sich und sagt: «Frau Bundesrätin, folgen Sie mir bitte.» So erfuhr ich von meiner Wahl, mit gemischten Gefühlen: erleichtert, dass es zu Ende war, zufrieden, dass ich gewählt worden war, traurig für Ruth Lüthi. Und zugleich wusste ich, dass dies die glücklichsten Momente meiner Bundesratskarriere waren, denn die Wahl und die Ausübung des hohen Amtes würden mein Leben verändern. Es war fast so, als falle die Last der Verantwortung mit einem Schlag auf meine Schultern, und als hätten die Schweizerinnen und Schweizer mich in ihren Dienst gerufen.

Mir ist im Leben nichts geschenkt worden, ich musste immer für meine Ideale kämpfen, und ich erwartete sicher nicht, dass es leicht werden würde.

Mein Look – was hat man nicht über meinen Look gelästert: diese Mèches, mein Gott, wie schrecklich! Die Absätze, die Hosen, die großen Handtaschen und so weiter; selbst an den Haaren hat man mich auf der Straße gezupft: «Nein, es ist keine Perücke!»

Man hat bei mir oft den Stil anstelle des Inhalts beurteilt und auf Äußerlichkeiten abgestellt. Ich erinnere mich an eine Pressekonferenz, an der ein Bundesratskollege und ich eine Abstimmungsvorlage zur Europapolitik der Schweiz vorstellten. Wie perplex ich war, als ich am nächsten Morgen eine beliebte Deutschschweizer Zeitung aufschlug und feststellen musste, dass meine neue Brille einen guten Teil des Berichts ausmachte und für die politischen Argumente ausschließlich mein Kollege zuständig war. Man hat mich aufgrund vorgefasster Meinungen beurteilt: Es ist schließlich sattsam bekannt, dass die Frauen zickig und oberflächlich, wenn nicht hysterisch oder bösartig autoritär sind. Noch in jüngster Zeit konnte ich in der Presse lesen, wie verdienstvoll mein Staatssekretär gewesen sei, weil er die Mitarbeiterinnen und Mitarbeiter des Departements vor den Launen ihrer Chefin beschützt habe.

Rücksichtslos und abrupt in den Bärengraben geworfen, mitten in die Parlaments- und Parteiintrigen hinein, habe ich mich kraft meiner Überzeugungen und mit dem Wunsch, überzeugen zu wollen, auf den unbequemen Stuhl eines Bundesrats geschwungen. Zunächst galt es, richtig darauf Platz zu nehmen. Es galt sich daran zu gewöhnen, bedient zu werden: Weibel, Chauffeur, Sekretäre, persönliche Mitarbeiter, Generalsekretär, Staatssekretär, Direktoren und Botschafter: eine Bundesrätin wird von zahlreichen Personen umgeben. Man erstellt ihre Agenda, man geleitet sie zu Fuß, eskortiert von einem Weibel, zu ihrem Wagen mit Chauffeur oder in diesem Fall mit Chauffeurin, man stapelt auf ihrem Schreibtisch die Akten, die sie unterschreiben und die Berichte, die sie lesen muss, man sagt ihr, was sie denken soll und erwartet von ihr Entscheidungen. Einer der härtesten Kämpfe, die ich in meinen Anfängen ausfechten musste, betraf mein Zeitmanagement. Ich konnte einer widerwilligen Sekretärin nur mit viel Mühe verständlich machen, dass mein Wunsch, selbst über meine Agenda zu bestimmen, kein Misstrauensvotum ihr gegenüber war, sondern tatsächlich der Wille, selbst über die Dringlichkeit meiner Termine und deren Abfolge zu entscheiden, um mir Zeiten zum Arbeiten und Nachdenken freizuhalten. Eines Abends, am Rand eines offiziellen Besuchs in Bern, als wir es uns an einem warmen Sommerabend im Garten des Landguts Lohn gemütlich gemacht hatten, gestand der südafrikanische Präsident Thabo Mbeki mir gegenüber ein, dass er dieselben Schwierigkeiten erlebt habe.

Ein offizielles Amt ausüben heißt, seine Unabhängigkeit ein Stück weit zu verlieren und die Notwendigkeit anzuerkennen, dass man in dieser Funktion andere Bedürfnisse hat. Ein Departement ist eine gut geölte Mechanik. Wenn man sie nicht in Gang zu setzen weiß, kann man lange Ideen vorbringen, Befehle geben, aufbrausen und mit der Faust auf den Tisch klopfen, es geschieht gar nichts. Dagegen war ich Anfang 2003, als man beschlossen hatte, in Genf am Vorabend einer militärischen Intervention ein humanitäres Treffen zur Situation im Irak[1] zu organisieren und die Bedürfnisse abzuschätzen, überrascht, wie effizient die Mechanik sein kann: Im Handumdrehen war man bei den Botschaften und Konsulaten aktiv geworden und hatte die schweizerische humanitäre Hilfe mit ihrer großen Erfahrung aufgeboten. Binnen vierzehn Tagen hatte man die regionalen Akteure, das Internationale Komitee vom Roten Kreuz und das Verbindungsbüro der Uno für humanitäre Hilfe kontaktiert und eingeladen und die Konferenz organisiert.

Zudem musste man ein gut geführtes Departement unter starker Leitung überhaupt erst einmal wollen (und das ist nicht einfach, wenn man weiß, wie viele Mitarbeitende – und Botschafter – wenig geneigt sind, sich führen zu lassen). An den ersten Tagen lernte ich meine Mitarbeiterinnen und Mitarbeiter kennen und schüttelte viele Hände, irrte aber auch durch die langen, düsteren Gänge zu meinem Büro, nach meinen flüchtigsten Gesten und Worten taxiert, isoliert und mit dem Gefühl, dass man von den Politikern und demnach von mir nicht viel mehr erwartete, als die von der Verwaltung ausgearbeiteten Botschaften zu vertreten. Ich gebe zu, dass ich manche zurechtweisen und einige Gewohnheiten kappen musste, um denen, die es nicht hören wollten, begreiflich zu machen, dass das Schicksal des Außendepartements nun in meinen Händen lag. Ich bin damit manchmal angeeckt und habe sicherlich irritiert. Doch konnte ich wahrhaftig nie begreifen, dass Mitarbeiterinnen und Mitarbeiter auf höchster Regierungsebene nicht dazu da sein sollten, um zu dienen, sondern vor allem, um ihr Notizbuch mit Adressen zu füllen und Karriere zu machen.

Wenn ich mich heute, nach neun Jahren an der Spitze des Departements für auswärtige Angelegenheiten, mitteile, dann deshalb, um darzulegen, wie schwierig es war, einem Land die Nützlichkeit der Außenpolitik verständlich zu machen, das auf dem internationalen Parkett keine Großmacht ist und sich nicht wirklich für Außenpolitik interessiert, einem Land, das es angesichts von Problemen auf internationaler Ebene nicht fertigbringt, mit einer Stimme zu sprechen. Die Europafrage ist ein gutes Beispiel dafür, wie stark Partikularinteressen die Positionierung der Schweiz bestimmen.

Ich habe in letzter Zeit wiederholt die Einschätzung gelesen, die Schweiz sei politisch schwach.[2] Das stimmt. Die Schweiz ist keine Großmacht und mischt im Kräftespiel der Nationen nicht an vorderster Stelle mit.

Ich hatte zu Beginn meiner Amtszeit große Mühe, Interesse für die Positionen der Schweiz zu wecken und bei den einflussreichen Akteuren vorsprechen zu können. Das ging so weit, dass es einige diplomatische Bemühungen brauchte und konkret der Botschafter der USA in der Schweiz von unserem Interesse an einer Begegnung mit Außenminister Colin Powell überzeugt werden musste, als er 2003 nach Davos kam.[3] Dabei war dieser Wunsch aus meiner Sicht völlig normal: Die Schweiz hatte als Gastgeberland etwas zu sagen zu einer explosiven internationalen Lage, dem Irakkrieg, der nur wenige Wochen später ausbrechen sollte. Doch ein großer Medienwirbel entstand; im besten Fall wurde das Ganze als persönliche PR-Aktion gesehen und im schlimmsten als Einmischung in die internen Angelegenheiten der Großmächte, die uns den Zorn unseres amerikanischen Partners zuziehen könnte. Was hatte ich da losgetreten? Mir bleibt ein freundliches Treffen in Erinnerung, bei dem Colin Powell mich bei meinen ersten Schritten in der Diplomatie unterstützte und mir alle Finessen des Händeschüttelns und Benehmens erklärte, wenn man sich plötzlich einer Wand aus Fotografen und Kameraleuten gegenübersieht. Er hörte mir zu und informierte mich über die Position der Vereinigten Staaten. Ich verdeutlichte ihm die Wertschätzung der Schweiz von Verhandlungslösungen für internationale Streitigkeiten und ihre Sorge um das Schicksal der Zivilbevölkerung.

Ich habe bei diesem ersten diplomatischen Treffen gelernt, dass es möglich war, einer Großmacht die Position der Schweiz darzulegen, und dass man ihre Stellungnahme anhörte. Ich wollte eine engagierte Schweiz, eine aktive Schweiz, eine Schweiz, die von der Rolle der Gastgeberin, die ihre Guten Dienste anbietet, zur Rolle der Vermittlerin übergeht. Ich habe gelernt, dass die Schweiz, wenn sie die Stimme erhob und präsent war, manchmal störte, sich jedoch Respekt verschaffte. Ich nutzte die Gelegenheit der Irakkrise und meiner Begegnung mit dem amerikanischen Außenminister, um auf neue Weise zu versuchen, die Schweiz bei den großen internationalen Fragen einzubringen. Die Schweiz verfügt über ein gewisses Ansehen, auf das sie bauen kann, um ihren Einfluss in der Welt zu verstärken.

Als ich mein Amt übernahm, sprach ich von öffentlicher Diplomatie, weil es mir wichtig schien, zu erklären und auszusprechen, was der Nutzen der Diplomatie sein kann. Das Bild der Diplomaten, die mit einem Glas in der Hand einen Empfang nach dem andern besuchen, wird schließlich den wichtigen Aufgaben nicht gerecht, die sie im Dienst des Landes erfüllen. Es schien mir wichtig, Transparenz zu schaffen und zu kommunizieren, um Zustimmung zu erlangen: zum einen, weil wir in einer halbdirekten Demokratie leben und das Schweizervolk durch seine Voten an der Urne mitbestimmt, zum andern, weil es nicht a priori einen nationalen Konsens zur Stellung der Schweiz in der Welt gibt und man informieren, debattieren und überzeugen muss.

Mir ist nicht nach Lächeln zumute, wenn ich mitansehe, wie sehr manch eine und manch einer an seinen Gewissheiten hängt und, unbekümmert um aktuelle Entwicklungen, den Rückzug auf unsere wirtschaftlichen Interessen propagiert und darüber hinaus in den Beziehungen zur Europäischen Union den Status quo hochhält, aus Angst vor den Reaktionen, die eine Weiterentwicklung innenpolitisch auslösen könnte. Was für ein gefährliches Programm! Die Schweiz ist nicht Mitglied der Europäischen Union. Sie muss allein dem rauen Wind auf offener See trotzen. Unser Finanzplatz ist erschüttert. Und Europa hat immer weniger Lust, Zeit zu verlieren durch schwierige Diskussionen mit diesem Störenfried, als den sie die Schweiz wahrnimmt. Und auch wenn unsere Wirtschaft äußerst leistungsfähig ist, braucht sie doch Europa und wird vom Weltgeschehen beeinflusst. Unsere Berge bieten uns da keinen Schutz.

Als ich an einem von einer deutschen Stiftung organisierten Seminar vor rund dreißig Studenten eine Rede hielt, verbargen sie ihr Erstaunen nicht, als ich ihnen erklärte, dass unser neuer Bundespräsident so wenig wie möglich ins Ausland reisen wolle.[4] Sie konnten sich nicht vorstellen, dass ihre Kanzlerin Angela Merkel so etwas sagen würde.

Und dabei hat die Schweiz doch ihre Trümpfe: Offenheit und Vielfalt, Neutralität und eine lange humanitäre und demokratische Tradition, die uns Anerkennung eintragen. Warum sollten wir dann denken, dass wir nichts sind und nichts bewegen können? Wenn ich Fernsehnachrichten schaue, Radio höre oder Zeitung lese, fällt mir auf, wie stark wir uns abseits halten und das Engagement der andern lobend oder kritisch beurteilen, ohne etwas von uns preiszugeben, als ob es uns nicht gäbe oder wir in den Augen der andern politisch nicht existieren wollten.

Unsere Vorfahren sahen weise voraus, dass Gewaltverzicht im Umgang mit anderen im Interesse des Überlebens unseres Landes wäre. Als Land des Ausgleichs par excellence ist die Schweiz, ob sie es will oder nicht, abhängig von den bestehenden Machtverhältnissen, den europäischen und internationalen Gleichgewichten und der Entwicklung des Völkerrechts. Sie verfügt zur Verteidigung ihrer Interessen über etliche Vorteile, die sie erhalten und stärken muss. Sie leidet jedoch auch unter gewissen Begrenzungen, die es sorgfältig anzuschauen und hinter sich zu lassen gilt.

Die Welt, in der wir leben, ist schon eine ganz andere als jene, die wir vor kaum zehn Jahren noch kannten. Das macht es schwierig, die Probleme, die sich uns heute stellen, auf eine normierte Art dialektisch anzugehen. Die Geschichte als sicherer Weg, der einem klaren Ziel entgegenzugehen schien,[5] ist komplexer geworden, so dass sie eher einer Konstellation als einer überschaubaren Strecke gleicht. Viele und ganz verschiedene Wertsysteme bestimmen die Welt von heute. Und wenn ich die Außenpolitik der Schweiz und ihre Begrenzungen und Probleme in den Blick nehmen will, dann deshalb, um einiges Erhellendes zu ihren Fähigkeiten beizusteuern und dazu, wie es gelingen könnte, sich den aktuellen Herausforderungen zu stellen.

1. Die Schweiz: Paradox eines Landes, das sich der Welt öffnet und verschließt

Die Anfänge der Menschheitsgeschichte waren von Landstreitigkeiten, Kriegen, blutigen Überlebenskämpfen, mangelnder Menschenwürde, Diktatur, Despotismus, Sklaverei und Leibeigenschaft, Ungerechtigkeit und Rechtlosigkeit geprägt. Ökonomisch gesehen stützt sich der griechische Stadtstaat, den wir so bewundern und der so bedeutende Theoretiker des politischen Denkens wie Plato und Aristoteles hervorgebracht hat, auf die Sklaverei. Ein großer Teil seiner Bewohnerinnen und Bewohner war aller bürgerlichen und politischen Rechte beraubt. Sie gehörten nicht sich selbst, sondern waren das Eigentum anderer. Siebenunddreißig Jahrhunderte hat es gebraucht, bis die Menschheit die Sklaverei verurteilte.

Wir haben die Menschenrechte in der Gesetzgebung verankert. Wir arbeiten am weltweiten Frieden mit. Wir wollen Sicherheit für alle Menschen erreichen und orientieren uns am Prinzip der «responsibility to protect».[1]

Wir kommen manchmal dank eines Konzerts oder einer Radiosendung in den Genuss von Beethovens Neunter Sinfonie, deren wundervoller Schlusschoral an das friedliche Zusammenleben der Menschen appelliert. «Alle Menschen werden Brüder», hat Schiller geschrieben. Dabei müssen wir allerdings anerkennen, dass unsere Ideale und edlen Ziele uns nicht vor Rückschlägen bewahren.

In diesem postmodernen 21. Jahrhundert verändern wundersame technische Entdeckungen in atemberaubendem Tempo das Leben. Während es bis weit ins 19. Jahrhundert hinein manchmal eine ganze Tagesreise brauchte, um von einem Dorf ins nächste zu gelangen, bewegen wir uns heute in der Wirklichkeit des globalen Dorfes. In wenigen Sekunden können wir uns mit den entlegensten Weltregionen verbinden, und die Information aus einer europäischen Hauptstadt erreicht ein Reisbauerndörfchen im hintersten Asien beinahe augenblicklich. Die Lebensbedingungen haben sich in den letzten Jahrzehnten für viele Menschen verbessert; wir haben Krankheiten ausgerottet, an denen unsere Großeltern noch starben. Und wir sind die erste Generation, die sich in diesem Ausmaß um unsere Umwelt und das Überleben unseres Planeten kümmert und es zu einer der dringlichsten Aufgaben der weltweiten Politik gemacht hat. Und trotzdem lebt eine Frau in Mosambik nicht wie ich, isst nicht wie ich, arbeitet zwölf Stunden am Tag, über die Erde gebeugt, und erntet doch nur ganz wenig, leidet unter der Trockenheit und dem Ressourcenmangel.[2]

Es ist Mittag. Kein Lüftchen weht. Die Sonne ist wie aus Blei. Wir wandern in der drückenden Hitze zu einem Brunnen, der von der Schweizer Entwicklungszusammenarbeit finanziert wurde.[3] Der Boden ist weich und sandig, das Gehen anstrengend. An einer Wegbiegung zwei weiße Plastikstühle unter einem Baum, ein Gemüsegarten, ein Viereck aus Backsteinen, eine Hütte und eine Frau. Ich frage sie, ob ich mich setzen darf, sie bringt mir Wasser. Ich frage sie nach dem Zweck der kleinen Mauer. Sie antwortet, dass sie ein gemauertes Häuschen bauen will, aber damit nicht vorankommt, weil sie sehr wenig verdient. Ich habe umgerechnet etwa zwanzig Dollar in meiner Handtasche und gebe sie ihr. Sie sagt: «Mit diesem Geld werde ich genug Backsteine und Zement kaufen können, um mein Haus fertig zu bauen.» Sie lacht und ruft ihre Freundinnen und Nachbarn zusammen. Und sie tanzen. Sie hat zwölf Stunden täglich gearbeitet und weniger als fünfzig Cent pro Stunde verdient. Und so tanzen und tanzen sie. Ich saß da, schaute ihnen zu und schämte mich.

Wir wissen heute, dass das Übel, dieses alte Gift der Menschheit, nicht ausgerottet worden ist. Immer noch gibt es Menschen, die verhungern, Kriege folgen auf Kriege, manche Gruppen hassen andere gnadenlos, die Ressourcen des Planeten werden geplündert, das Klima erwärmt sich, ohne dass wir uns darauf verständigen können, der Sache ein Ende zu machen.

Wem soll man die Schuld geben, wenn Millionen von Männern und Frauen nichts zu essen haben und Zehntausende von ihnen jeden Tag verhungern?[4] Wenn selbst die elementarsten Bedürfnisse nicht befriedigt werden und das Unrecht herrscht? Wenn die natürlichen Ressourcen geplündert werden und das Klima sich ändert? Eine Frau in Burkina Faso kann wegen der Ausbreitung der Wüste keine Felder mehr bebauen.[5] Ein Bauer aus dem Mekong-Delta verkauft seine Tochter an Menschenhändler und kauft mit dem Geld Saatgut, um jenes zu ersetzen, das von den Fluten mitgerissen wurde.[6] Hat die Menschheit denn jeden Sinn für Werte verloren?

Die Welt verändert sich, und wir wissen, dass systematische Verletzungen der Menschenrechte und der desolate Zustand des Rechtsstaats häufig am Anfang der Konflikte stehen. Und wir wissen auch, dass die Fronten sich auf den Schlachtfeldern verwischen: Bewaffnete Regierungs- und Nichtregierungssoldaten mischen sich, Terroristen und kriminelle Banden übernehmen das Kommando, Soldaten und Zivilpersonen tauschen ihre Rolle, und die Waffenlager, wo altes neben modernstem Kriegsgerät liegt, schießen aus dem Boden. Der Krieg von heute wird mit Messern und leichten Waffen in den Elendsvierteln der Metropolen geführt, und man setzt dafür auch die neueste Technik und raffinierte Waffen ein. Der Krieg wird mit Linienflugzeugen geführt, die man in Wolkenkratzer hineinrasen lässt, oder mit Bomben in den Metrostationen und Bushaltestellen der großen Stadtzentren.

Hier reißen Warlords Unschuldige in den Tod, und Zivilpersonen sterben im Bombenhagel der hypermodern ausgerüsteten

Armeen. Dort rekrutieren machtbesessene Herrscher Kindersoldaten, und marodierende Truppen vergewaltigen Frauen in den Kampfgebieten. Der Krieg wird aus der Ferne geführt, man macht seine Ziele auf dem Bildschirm aus und tötet per Tastendruck. Soldaten sterben jetzt keine mehr, dafür Frauen und Kinder, denn neu sind diese Kriege nicht nur ihrer Hauptakteure und der verwendeten Waffen wegen, sondern auch wegen der Zerstörung und Verheerung, die sie unter der Zivilbevölkerung anrichten.[7]

Die internationalen Beziehungen laufen nach anderen Gesetzen ab, als wir sie vor kaum zehn Jahren kannten. Die Globalisierung ist Realität geworden. Sie beeinflusst die Gewissheiten, an denen wir uns orientieren, und unsere Entscheidungen. Wir können nicht mehr ignorieren, was von außen kommt und uns manchmal unangenehm und gefährlich scheint. Alles betrifft und berührt uns direkt: Lehman Brothers zum Beispiel, eine Investment-Bank, die als Synonym für Qualität, Solidität und Vortrefflichkeit galt. Und dann kracht die Bank am 15. September 2008 zusammen, infolge einer Entwicklung, die noch wenige Wochen zuvor undenkbar schien. In den USA waren die Auswirkungen der Subprime-Krise verheerend, aber auch die übrige Welt wurde davon erfasst. Auch Europa und die Schweiz blieben nicht verschont, und wir spüren die Erschütterungen noch.

Die globalen Herausforderungen betreffen uns alle, ob reich oder arm. Wir leben heute in einer polyzentrischen Welt, wo die lokalen, nationalen, regionalen und globalen Prozesse miteinander verbunden sind. In einer vernetzten Welt haben die Entscheidungen eines Staates auch Auswirkungen auf die Bevölkerung anderer Länder und nicht nur auf die eigene.

Die Welt verändert sich. Die Welt wird globaler, und damit geht eine Verschiebung der politischen und ökonomischen Kräftefelder einher. Die Vorherrschaft des Westens ist zu Ende. Im Jahr 2050 werden die Europäer, gemäß einigen Schätzungen, nur noch sieben Prozent der Weltbevölkerung stellen.[8] Heute sind China und Indien in den Kreis der Großmächte aufgestiegen und zu wahren Lokomotiven des weltweiten Wirtschaftswachstums geworden. Der Anteil der westlichen Länder an der Weltwirtschaft wird von heute 56 Prozent auf 25 Prozent im Jahr 2030 sinken, hält ein CIA-Bericht fest.[9]

Binnen einem Jahrhundert ist aus einer Welt, die vom europäischen Kontinent dominiert wurde, ein multipolares Universum geworden. Darunter verstehe ich eine Welt, in der die Entscheidungsinstanzen sich vervielfacht haben und dezentraler geworden sind. Eine Welt, in der globale Gouvernanz[10] immer wichtiger wird. Eine Welt, wo selbst der mächtigste Staat auf Erden nicht alle Probleme ganz allein lösen kann.[11]

Diese Entwicklungen haben auch die Rolle des Staates beeinflusst. Hatte dieser die internationalen Beziehungen in den vergangenen Jahrhunderten weitgehend dominiert, so hat der heutige Staat kein Monopol mehr darauf. Aus politischer Sicht sind die internationalen Organisationen sehr sichtbar geworden, und auch andere Akteure sind stärker geworden. Wie sollte man die Aktivitäten der Zivilgesellschaft nicht erkennen? Sie verfügt über soziale Netze und eine stetig wachsende Macht, die selbst etablierte Regime erschüttern kann. Wie könnte man den Einfluss der Weltmultis auf globaler Ebene bestreiten? Wie sollte man das wachsende Verlangen nach mehr Demokratie verkennen? Wie könnte man nicht spüren, wie wichtig dem Staat funktionierende Finanzmärkte sind, zum Wohlstand von uns allen? Unser Finanzsystem ist aber nicht stabil. Der Börsenhandel war zeitweise extrem volatil und es gab starke Schwankungen. Was sich da in den letzten Jahren auf den Finanzmärkten abgespielt hat, kann nicht mehr als normal bezeichnet werden. Das World Economic Forum kommt in seiner Studie von 2013 über die weltweiten Risiken zum Schluss, dass eine allfällige größere Störung des Finanzsystems die für uns folgenreichste Bedrohung wäre.[12]

Der technologische Fortschritt, die Handelsbeziehungen, die Globalisierung und die sozialen Netzwerke haben die Weltbürgerinnen und -bürger einander näher gebracht wie noch nie zuvor. Und doch suchen wir immer noch nach besseren Formen der Zusammenarbeit. Sicher ist nur, dass der Multilateralismus an mehreren Fronten gescheitert ist. Er hat sich als unfähig erwiesen, die Armut zu beenden. Die paar Fortschritte wurden von wachsender Ungleichheit begleitet.[13] Es bleibt viel zu tun. Ungerechtigkeiten, Hunger, Menschenrechtsverletzungen, Selbstmordattentate und Verbrechen gegen die Menschlichkeit von heute bilden den Nährboden für die Traumata und politischen Schwierigkeiten von morgen. Die Anzahl Menschen in prekären Lebensverhältnissen nimmt zu, auch in entwickelten Ländern. Neue Epidemien breiten sich aus, und täglich tragen wir mit unserem Verhalten zur Plünderung der Ressourcen unseres Planeten bei. Der Club of Rome warnt: Die Treibhausgasemissionen sind doppelt so hoch wie die Absorptionsfähigkeit der Wälder und Meere.[14]

Es ist offensichtlich, dass unsere alte Logik vom selbstregulierenden Markt und Wachstum, das Arbeitsplätze schafft, nicht wirklich funktioniert. Unsere Sicherheiten zerbröckeln vor den Auswirkungen der Wirtschafts-, Finanz-, Umwelt- und menschlichen Krisen. Die Klimaverhandlungen stocken. Die internationale Gemeinschaft kann nicht länger ignorieren, dass der einzig mögliche Ausweg in der Kooperation liegt. Die Suche nach gemeinsamen Lösungen und die Entdeckung gemeinsamer Interessen sind das Beste, was wir hoffen können.

Trotz der gewaltigen seither erzielten Fortschritte unterscheiden sich unsere Probleme nicht wesentlich von jenen, die sich schon früheren Generationen stellten: Damals wie heute möchten die Männer und Frauen in Frieden und Freiheit leben. Sie wollen ihre und die Bedürfnisse ihrer Familien befriedigen und ohne Angst leben können. Diesen immer gleichen Herausforderungen muss sich jede Epoche stellen. Doch in unserer globalisierten Welt geht die Unsicherheit um: Unterschiedliche Kulturen, unterschiedliche Werte und Religionen, unterschiedliche Kleidungssitten stoßen aufeinander und geraten aneinander, lösen Befürchtungen und Ängste aus, und stets und immer noch wird «der andere», dieses fremde Wesen von anderswo, abgewiesen.

Wie soll man die Menschheit dazu bringen, in Frieden, Freiheit und Würde zusammenzuleben? Diese ewiggleiche Frage bleibt drängend. Und wo ist der Platz der Schweiz in dieser Welt im Umbruch?

Die Schweizer wollen Einfluss haben in der Welt, wir wollen zählen und ernstgenommen werden, unsere Trümpfe ausspielen, unsere Ideen einbringen und unsere Interessen verteidigen.

Gleichzeitig wollen wir auch, dass die «große Politik» uns in Ruhe lässt. Wie lässt sich dieses Paradox eines Landes, das sich der Welt gleichzeitig öffnet und verschließt, erklären?

Als Land im Herzen des Kontinents, das wirtschaftlich und kulturell zu Europa gehört, muss uns die Sicherheitspolitik zwangsläufig mit Europa verbinden. Allerdings halten wir zu den beiden Hauptakteurinnen in diesem Bereich, dem Nordatlantischen Bündnis (Nato) und der Europäischen Union, kritisch Distanz. Wir sind assoziiertes Mitglied des Schengen-Raums und klagen trotzdem dauernd darüber. Wir haben zum freien Personenverkehr Ja gesagt und stellen ihn gleichzeitig in Frage. Wir reagieren zu spät.

Wir begegnen anderen zunächst einmal skeptisch. Wenn wir von unserer Geschichte sprechen, malen wir das Bild einer universellen Schweiz, der alle gleichen sollten. Wir sind anders als alles um uns herum, unsere Kultur und unser politisches System sind einmalig, wir sind uns unserer Tüchtigkeit und unserer Errungenschaften bewusst. Wir sehen auf die anderen von unseren Berggipfeln herab, oft überzeugt davon, dass wir nichts davon haben, uns in fremde Händel einzumischen.

Natürlich wollen wir einen möglichst breiten Zugang zum großen europäischen Markt und überhaupt zu den Weltmärkten. Wir wollen auch größtmögliche Entscheidungsfreiheit bewahren, und um dies zu bekunden, setzen wir Spezialregeln in Kraft auf Gebieten, wo wir uns den anderen überlegen fühlen. Wir glauben kämpfen zu müssen um die Bewahrung von Praktiken, Gesetzen und Reglementen, die als typisch schweizerisch gelten: Jeder kennt das Beispiel des Bankgeheimnisses. Und wir bleiben in der Defensive, wenn die Schweiz sich zum Geschehen in Europa äußern soll.

Wir sehen uns gerne als Verteidiger der Menschenrechte und des internationalen Völkerrechts. Wir zitieren Henri Dunant und das Internationale Komitee vom Roten Kreuz und lancieren und genehmigen gleichzeitig Vorstöße wie die Minarettverbots-Initiative[15] oder die Initiative zur Ausschaffung krimineller Ausländer,[16] von der man mindestens sagen muss, dass ihre Vereinbarkeit mit den Normen des Völkerrechts fraglich ist.

Man spricht über Außenpolitik und debattiert darüber. Dabei wird manchmal etwas geklärt, oft polemisiert, und es bleiben Widersprüche. Es kommt mir vor, als sei man unfähig, das Weltgeschehen zur Kenntnis zu nehmen und zu begreifen. Wir sind ein introvertiertes Land, wir schauen als Beobachter zu, was anderswo geschieht, und beglückwünschen uns zu unseren Erfolgen. Wie sonst sollte man all das Auf und Ab erklären, diese Bekräftigungen, gefolgt von spektakulären Rückzügen? Wie sollte man sonst unseren zumindest akrobatischen Umgang mit den Problemen beim Austausch von Steuerdaten und unseres Finanzplatzes erklären? In den Spannungen, die dabei zutage treten, offenbart sich die Verschiedenheit unseres Gemeinwesens. Sie sind auch und vielleicht vor allem der Ausdruck unterschiedlicher Interessen, die wir nicht auf einen Nenner bringen. Ist unsere Haltung vielleicht eine Art Gegengift zu der Globalisierung, die wir erleben? Oder eine Möglichkeit, unsere «Swissness» zu leben?

Und doch ist die Schweiz kulturell und wirtschaftlich präsent und erfolgreich. Sie teilt mit ihren Nachbarn die Sprachen und Kulturen und führt regelmäßig die Rangliste der wettbewerbsfähigsten Länder an; auch in der Forschung gehört sie zur Spitzengruppe, und ihre technischen Hochschulen und Universitäten nehmen in den Rankings vordere Plätze ein. Gemessen an ihrer Wirtschaftskraft, belegt sie Platz 20 unter den stärksten Volkswirtschaften und investiert traditionell kräftig. Sie ist ein bedeutender Finanzplatz. Die paar Staaten mit ähnlich niedriger Arbeitslosenquote lassen sich an einer Hand abzählen. Ihr Staatshaushalt ist gesund und ihre Verschuldung im europäischen und internationalen Vergleich gering. Ihre Einwohnerinnen und Einwohner sind privilegiert: Sie nehmen bezüglich Lebensqualität und Human Development Index eine Spitzenposition ein. Die Schweiz gehört zu jenen Ländern, die am stärksten von der Globalisierung profitiert haben.

Die Schweiz hat sich lange von internationalen Bewegungen ferngehalten. Erst vor wenigen Jahren – 2002 – ist sie den Vereinten Nationen beigetreten. Zum Gefühl, dass aus der Fremde nichts Gutes kommen könne, gesellte sich lange Zeit die Überzeugung, dass die Außenpolitik letztlich nicht entscheidend sei, auch deshalb, weil sie uns zu einer ständigen Neudefinierung unserer Interessen zwingt und zur Suche nach einem gemeinsamen Nenner im Bemühen, uns bestmöglich zu behaupten. Leider gibt es jedoch heute keinen Konsens darüber, wie wir uns in der Welt positionieren sollen.

Wir bekunden Mühe damit, einen internen Konsens über allgemeine politische Leitlinien zu schmieden: Eine internationale Strategie für unseren Finanzplatz, die Europapolitik der Schweiz und ganz allgemein den Platz der Schweiz in der Welt – das sind Themen, die polarisieren. Der Druck von außen hat zudem Spaltungspotential und macht es darum sehr schwierig, nach einer klaren, offensiven Logik vorzugehen. So intervenieren wir in in-

ternationalen Angelegenheiten nur, um offensichtliche und kurzfristige konkrete Interessen zu wahren.

Der Botschafter und Essayist Jean-Pierre Ritter erkennt «in
der schweizerischen Mentalität bis heute sämtliche von Rousseau gepredigten Tugenden: die Überzeugung des Einzelnen,
niemandem etwas zu schulden und einen Selbstwert zu haben,
der auf keine äußeren Zuwendungen angewiesen ist, den Kult
der Einfachheit und Abscheu vor Förmlichkeit, die Zurückhaltung gegenüber anderen und den Widerwillen gegen etablierte
Größen und gegen Regeln, die ihr Benehmen und ihre Beziehungen bestimmen wollen.»[17] Ist also Rousseau schuld?

Wir wollen bekanntlich nicht beherrscht werden, und die
Welt der Machtpolitik ist nichts für uns. Reine Prachtentfaltung
und Empfänge stören uns. Wir sind ein Volk von bescheidenen
Leuten. Die «große» Politik ist nicht unsere Sache. Wir behin-
dern den internationalen Austausch nicht, solange er sich auf die
Wirtschaft und Technik beschränkt. Gegen militärische oder politische Zusammenarbeit sträuben wir uns hingegen. Wir haben
bislang eine erstaunliche Fähigkeit bewiesen, unsere Sicherheit
und unseren Wohlstand durch die Wechselfälle der jüngeren Geschichte hindurch zu bewahren. Und auf diesem Weg wollen wir
gewiss fortfahren. Ich war bei meinem Amtsantritt im Außendepartement erstaunt, wie wenig man fähig war, die strategischen
Interessen der Schweiz gegenüber anderen Ländern zu definieren. Ausbau der Beziehungen, ständig wachsende Handelsbilanz-
zahlen und möglichst viele Besuche hieß stets die Losung. Von
Politik keine Rede. Es gibt sogar immer Leute, die sich fragen, ob
der oder die Schweizer Außenministerin überhaupt reisen soll.
Sie finden, die beste Art, unsere Interessen, unsere Sicherheit
und unseren Wohlstand zu wahren, sei sich zu ducken, in Ver-
gessenheit zu geraten und sich um die Angelegenheiten der Großen dieser Welt nicht zu kümmern, um die Exportaussichten
unserer Wirtschaft nicht zu gefährden oder in Streit zu geraten

mit solchen, die mächtiger sind als wir. Die beste Außenpolitik
wäre demnach gar keine und der größte Trumpf einer Außenministerin ihre Fähigkeit, in den vier Landessprachen zu schweigen.

Der Historiker Hans Ulrich Jost versucht in einem an mich
gerichteten Schreiben vom 1. Juni 2013 eine Erklärung: In der
alten Eidgenossenschaft des 16., 17. und 18. Jahrhunderts war die
Außenpolitik die Domäne der bedeutenden Familien oder Nota-
beln, denn die Eidgenossenschaft war kein Staat und verfügte
über keine zentrale Exekutivgewalt. Diese «Diplomaten» vertei-
digten folglich ihren Kanton und ebenso ihre Privatinteressen.
Mit der Ausweitung des Söldnerwesens bot die Führung der Außenbeziehungen in beträchtlichem Maß Gelegenheit zu Berei-
cherung und Korruption. Diese Diplomatie der «Kronenfresser»
(nach dem Fürsten und Königen vorbehaltenen Münzregal für
Goldmünzen) wurde im Volk immer wieder kritisiert. Zu den
Schwergewichten unter diesen «Diplomaten» gehörten der Berner Niklaus von Diesbach von der Handelsgesellschaft Watt-
Diesbach, der häufig am französischen Königshof weilte, und
der Walliser Kardinal Matthäus Schiner. Er wahrt die Interessen
des Papstes und beeinflusst die Außenpolitik der Schweizer Kantone stark. Schiner ist zu einem guten Teil verantwortlich für
die Niederlage von Marignano und die Verwicklung der Eidgenossen in die kriegerischen Auseinandersetzungen in Italien. Im
19. Jahrhundert war Johann Jakob Kern, Doyen der Diplomatie
des Bundesstaats von 1848, der Freund und Geschäftspartner
von Alfred Escher, des Gründungspräsidenten der Thurgaui-
schen Hypothekenbank. Auf zeitgenössischen Karikaturen sieht
man ihn gelegentlich auf den Knien Napoleons III. sitzen und
ihm den Bart kraulen.

Der geschlossene Zirkel der Würdenträger und Aristokraten
beansprucht demnach noch im 19. Jahrhundert das Privileg der
Diplomatie für sich. Und die Schweizerinnen und Schweizer
übertrugen ganz natürlich ihre Aversion gegen die Diplomaten

alten Stils, die öffentliche und private Interessen vermischten, auf die neuen Repräsentanten der Außenpolitik. Das erklärt, weshalb das entrüstete Schweizervolk 1921 eine Initiative annahm, die das Referendum für Staatsverträge verlangte.[18] Seitdem liegt die Außenpolitik mit der Innenpolitik und ihren Partikularinteressen im Clinch.

Die Schweiz verfügt in der Tat über Macht und Einfluss, die ihr eine wirksame Vertretung ihrer Interessen erlauben würden, wenn sie diese auch zu benennen weiß. Ein Störfaktor kann sie angesichts ihrer Sonderstellung auf dem europäischen Kontinent, die es ihr potentiell erlaubt, die Regelungen der anderen zu umgehen, allemal sein. Aber nachhaltig kann ihr Einfluss in der Welt unter solchen Voraussetzungen nicht sein. Wir sehen es ja: Der weltweite Druck auf die Schweiz, beim Austausch von Steuerdaten die europäischen und internationalen Standards zu übernehmen, lässt nicht nach. In Tat und Wahrheit hängen Qualität und Wirksamkeit ihres Einflusses weniger von der Anzahl der Höflichkeitsbesuche ihrer Repräsentanten ab oder davon, wer wie oft lächelt und wem in welcher Reihenfolge die Hand schüttelt, sondern von den Fortschritten beim Entstehen internationaler Normen, von der Nützlichkeit unseres Landes, seiner Gestaltungskraft und seinem Willen, zum Wohl der Weltgemeinschaft beizutragen, etwa durch Friedensförderung, durch Mediation und Dialog oder durch die Bereitschaft, unser Wissen und Können in der Entwicklungszusammenarbeit zur Verfügung zu stellen. Und nicht zuletzt von seiner Fähigkeit, mit Gleichgesinnten Allianzen zu schließen.

In den letzten Jahren hat die Außenpolitik verschiedentlich die Agenda der Innenpolitik diktiert, ob man nun an die Europapolitik, die Finanz- und Steuerpolitik, die nachrichtenlosen Vermögen oder die Libyenaffäre denkt. Wir haben erfahren, wie schwierig es ist, selbst marginale Probleme alleine und ohne dauerhafte Allianz zu lösen. Wir haben erfahren, wie mühsam es ist, unsere Interessen zu wahren, ohne uns mit Ländern mit ähnlichen Interessen zu verbünden. Wir wissen heute, wie wichtig eine gemeinsame Sicht der einzelnen Departemente des Bundes ist, aber auch der Einbezug der kantonalen Behörden, zum Beispiel eines Kantons, der international so exponiert ist wie Genf. Wir mussten das Gewicht der Machtpolitik anerkennen, die Bedeutung der fremden und der eigenen Position in der Welt, unserer Glaubwürdigkeit und unseres Rufs und der daraus entstehenden Konsequenzen, nicht zuletzt für die Verhandlungen, die uns ganz direkt betreffen.

Und dennoch: Drei ziemlich aktuelle Beispiele mögen im Folgenden das Malaise der Schweiz und unsere Schwierigkeiten, uns auf der internationalen Bühne zu positionieren, näher beleuchten: das Vorgehen der Schweiz beim Dossier Informationsaustausch in Steuerfragen, die Affäre um die Schweizer Geiseln in Libyen und der Umgang mit der Europafrage.

2. Der langsame Todeskampf des Bankgeheimnisses

Die Wirtschafts- und Finanzkrise und ihre Auswirkungen auf die Schweiz zeigen, wie sehr die Entwicklungen auf der Welt uns überrascht und ohnmächtig zurückgelassen haben.

Tatsächlich sind wir nicht so schwer zu durchschauen. Unsere Strategie wiederholt sich: Wir sagen erst einmal nein und nochmals nein. Im vorliegenden Fall ist das Bankgeheimnis nicht verhandelbar. Wir widerstehen und stellen uns für Warnsignale, die von anderswo kommen, taub. 1946 verlangen die Vereinigten Staaten von der Schweiz, sich des Themas der nachrichtenlosen Vermögen anzunehmen.[1] Die Anfrage bleibt folgenlos. 2008 akzeptieren die USA den Weg der erleichterten Amtshilfe, um an Steuerdaten zu gelangen. Die Schweiz streckt die Fristen. Nachdem die Schweiz und die USA ein internationales Abkommen ratifizieren, um die Übergabe von UBS-Kundendossiers bei Verdacht auf Steuerhinterziehung zu regeln,[2] nehmen andere Schweizerbanken die abgesprungenen Kunden auf. In den internationalen Gremien geben wir uns Mühe, nicht aufzufallen, und schweigen. Diese erste Phase kann einige Zeit dauern.

In der zweiten Phase geben wir verstört und überzeugt, dass wir von allen Seiten attackiert werden, nach. Am 12. August 1998 schließen die Schweizerbanken mit den jüdischen Organisationen ein Abkommen, worauf die Banken 1,25 Milliarden Dollar zahlen müssen.[3] Die Klagen werden fallengelassen. Im März 2009 übernimmt der Bundesrat die Standards der Organisation für wirtschaftliche Zusammenarbeit und Entwicklung (OECD) und hebt die Unterscheidung zwischen Steuerbetrug und Steuerhinterziehung auf.[4] Im Frühjahr 2013 sehen Bern und die Banken sich gezwungen, den amerikanischen Standpunkt zu übernehmen, wonach in Steuerfragen keine Anonymität mehr geduldet wird.

In der dritten und unrühmlichsten Etappe schließlich versuchen wir uns von unseren Konzessionen ein wenig zu erholen; wir trödeln herum und kratzen die Reste zusammen und hoffen, dass die anderen nichts bemerken. Am Ende dieser dritten Etappe steht die Bestrafung des Schuldigen: Nachdem wir 2009 lautstark erklärt hatten, die OECD-Standards zu übernehmen und die Doppelbesteuerungsabkommen mit anderen Ländern entsprechend zu modifizieren, haben wir diese Standards still und leise restriktiv ausgelegt, was uns einen Rüffel der OECD eintrug und uns dazu zwang, die besagten Abkommen ein zweites Mal zu ändern.[5]

Das UBS-Debakel von 2008 und die internationale Finanzkrise hatten für die Schweiz schwerwiegende Konsequenzen.

Diese Diskussionen haben bei uns angesichts der Wichtigkeit des Bankensektors und der Beherrschung unseres Finanzplatzes durch Akteure, die «too big to fail» sind, eine besondere Bedeutung. Die Bilanzsummen 2012 von UBS und Credit Suisse betrugen 776 beziehungsweise 589 Milliarden Franken, zusammen also 2,3-mal das Bruttoinlandprodukt der Schweiz.[6] Man war der Ansicht, dass man diese Banken bei derartigen Schwierigkeiten nicht einfach sich selbst überlassen könne, und half ihnen bei der Rettung. Indem man die UBS ermächtigte, ihre faulen Kredite in eine Auffanggesellschaft auszulagern; indem man diesen Bankinstituten erlaubte, zu reduzierten Kosten neues Kapital aufzunehmen, indem wir ihnen implizit eine Staatsgarantie gaben. Und schon macht man sich daran, die Vergangenheit in Ordnung zu bringen, die schlechten Erinnerungen an die Krise zu tilgen und die Welt, wie sie früher war, wiederherzustellen.

Die Banken sind aufgrund von Hebeleffekten und nicht mit wirklichem Geld so reich geworden. Der Bankensektor scheint je länger, desto weniger dazu in der Lage, in der realen Wirtschaft als Zugpferd zu wirken. Das Kapital wird verschwendet, um unproduktive Finanzaktivitäten zu fördern: Im Schnitt wechseln die Börsentitel ihre Inhaber in Sekundenschnelle. Man bevorzugt äußerst kurzfristige Transaktionen statt langfristiges Investieren und Sparen. Man zieht die Gegenwart der Zukunft vor und privilegiert bei der Einkommensverteilung eine Finanzaristokratie statt die Wohlfahrt des ganzen Volkes. Die Ungleichheiten in der Schweiz, bei unseren Nachbarn und in der Welt vertiefen sich. Die Regierungen verordnen Sparprogramme, Stellen gehen verloren und Gehälter werden gekürzt. Die Nachfrage stockt weiterhin.

Da kann es nicht erstaunen, dass wir seit dem Ausbruch dieser Krise dünnhäutig geworden sind, wenn es ums Geld geht. Wir debattieren über Bankenkontrolle, die Regulierung des Finanzplatzes oder Beschränkungen für Manager-Boni.[7] Mit anderen Worten: Die Finanzkrise hat eine Debatte über das Geld, die Ethik des Geldes und moralische Aspekte der Geldgeschäfte bewirkt. Das Geld wird gefürchtet und geachtet zugleich: um der Macht willen geachtet, die es seinem Besitzer verleiht, und genau aus demselben Grund auch verdächtigt. Das Wort «Geld» samt allem, was es bedeutet, weckt Ängste und tiefe Verunsicherung. In den Praktiken der Banken treten Korruption und Ineffizienz zu Tage. Unterdessen sind mehr als ein Dutzend Banken angeklagt, den Libor-Referenzsatz manipuliert zu haben.[8] Die UBS musste 1,4 Milliarden Franken Buße bezahlen.[9] Faszination und Misstrauen. Beherrschung und Unterwerfung. Konfusion zwischen Geld und Tugend. Am Geld und seiner Verteilung klebt unterdessen der Ruch von Ungerechtigkeit und Ungleichheit.

Für uns Schweizer steht das Bankgeheimnis im Brennpunkt der Problematik. Während sehr langer Zeit ging die Schweiz mit Steuersündern nachsichtig um und versteckte sich hinter ihrem Bankgeheimnis. Aber die Argumente dafür – Schutz der Privatsphäre und etwas tun, was andere auch tun – stechen nicht mehr.

Die Staaten sind verschuldet. Die Schweiz geht auf Raubzug, man stößt Drohungen gegen sie aus und erdrückt sie unter dem Gewicht schrecklicher Vorwürfe.

Am 19. Juni 2008 gibt Bradley Birkenfeld, ein Ex-Mitarbeiter der UBS, vor den amerikanischen Gerichten zu, Kunden bei der Steuerhinterziehung in ihrem Land geholfen zu haben.

Am 13. März 2009 stimmt der Bundesrat der Übernahme der OECD-Standards beim Austausch von Steuerdaten zu.[10] Die Schweiz beschließt, dass die bisherige Unterscheidung zwischen Steuerhinterziehung und Steuerbetrug in ihren Außenbeziehungen nicht mehr gelten soll. Im Grunde gelangt sie zur Erkenntnis, dass man ihre Steuerphilosophie auf internationaler Ebene nicht mehr versteht.

Diese politische Entscheidung schlägt sich an verschiedensten Orten nieder: bei der Umsetzung der im Rahmen der Doppelbesteuerungsabkommen vereinbarten Standards, im Benehmen fehlbarer Bankangestellter und in offener und immer heftigerer Kritik aus dem Ausland.

Im August 2009 schließt die Schweiz mit den Vereinigten Staaten das sogenannte UBS-Abkommen.[11] Dieses Abkommen regelt den Austausch von Auskünften, und damit auch Namen, und vermeidet so eine Konfrontation zwischen der schweizerischen und der amerikanischen Rechtsordnung. Die vom Justiz-, Finanz- und Außendepartement geführten Verhandlungen waren hart, denn die Amerikaner wollten nicht verhandeln. Man musste Überzeugungsarbeit leisten. Eveline Widmer-Schlumpf, damals Justizministerin, rief ihren Amtskollegen an. Ich habe bei Außenministerin Clinton interveniert, mehrfach und indem ich unsere Zusammenarbeit im Iran oder im Südkaukasus betonte. Ich flog nach Washington, um die festgefahrenen Verhandlungen in Gang zu bringen.

Hillary Clinton empfängt mich im orangefarbenen Kostüm, strahlend und liebenswürdig. Sie versteht es zu beruhigen und weiß, was man sagen muss, damit ein Gespräch konstruktiv verlaufen kann. Ich habe von ihr die Kunst gelernt, auf mein Gegenüber zuzugehen, das Verbindende zu benennen, die Ziele zu definieren und die Übereinstimmungen und gemeinsamen Interessen selbst in einer so asymmetrischen Beziehung wie jener zwischen der Schweiz und den Vereinigten Staaten aufzuspüren. Bei unserer allerersten Begegnung gab ich ihr die Hand und drückte ihr meine Freude über dieses Treffen aus. Hillary Clinton antwortete: «Die Freude ist ganz meinerseits.» Obwohl ich die Formel kannte, war ich gerührt und beeindruckt. In Washington, mitten im Sommer 2009, unterstreicht sie dann vor der Presse das Interesse, eine Verhandlungslösung für unsere Steuerstreitigkeiten zu finden, denn mit der Schweiz arbeite man auf anderen Gebieten der Außenpolitik konstruktiv zusammen.[12]

Die Verhandlungsatmosphäre war schwierig: Die Sitzungen dauerten den ganzen Tag, ohne Essenspause, nur Wasser gab es zu trinken. Wenn der inoffizielle Chef der Schweizer Delegation Michael Ambühl (der Staatssekretär im Außendepartement war ein Meister der Verhandlungsführung, aber formell lag die Zuständigkeit beim Justizdepartement) auf unerschütterlichen Widerstand traf, führte er die Anweisungen seiner Chefin ins Feld und unterstrich seine Worte, indem er seinen Gesprächspartnern meine Nachrichten zeigte, die auf seinem Handy erschienen: «Geben Sie nicht nach.» In Bern arbeiteten Eveline Widmer-Schlumpf und ich den ganzen Sommer lang. Auf der Suche nach einer Lösung, die mit dem Schweizer Recht vereinbar war, zerbrachen wir uns den Kopf und ließen uns beraten. Schließlich glaubten wir mit diesem Abkommen einen Schlussstrich unter unsere Probleme mit den Vereinigten Staaten ziehen zu können, als aufgrund weiterer Ermittlungen plötzlich ein Dutzend Schweizer Banken unter Druck standen, die beteuert hatten, nie, niemals wie die UBS gehandelt zu haben. Die Banken spielten mit dem Feuer und verbrannten sich die Finger: Gemäß der Eidgenössischen Finanzmarktaufsicht «wurde die Hälfte der Gelder amerikanischer Herkunft, die ab 2008 von der UBS abgezogen wurden, zu anderen Schweizer Banken verschoben.»[13] Die Schließung der Privatbank Wegelin Anfang 2012 ist eine Folge davon.

Am 16. März 2012 sagt das Eidgenössische Parlament ja zu Gruppenanfragen und stimmt der nötigen Anpassung im Doppelbesteuerungsabkommen zu.[14] Im April 2012 genehmigt der Bundesrat die Übergabe von Dokumenten, die über die Offshore-Aktivitäten der Banken auf amerikanischem Boden seit 2000 Auskunft geben.[15] Am 19. Juni 2013 beerdigt das Schweizer Parlament formell die sogenannte Lex USA, die es den Banken erlaubt hätte, den US-Behörden die verlangten Daten herauszugeben, ohne Schweizer Recht zu brechen.[16] Der Bundesrat stand unter Druck des US-Justizdepartements und war geneigt gewesen, das Schweizer Recht für ein Jahr zu suspendieren und vierzehn Banken, gegen die Ermittlungen liefen, zu gestatten, Informationen über Transaktionen auf amerikanischen Konten zwischen Schweizer Banken zu liefern und die Namen von Bankmitarbeitern, Vermögensverwaltern, Wirtschaftsanwälten und Treuhändern preiszugeben, die diese Kontenbewegungen aktiv veranlasst und verwaltet hatten. Damit stand nun der Weg zu einer Globallösung des Steuerstreits für alle Schweizer Banken offen. Am 29. August 2013 ersetzt ein sogenannter US-Deal, eigentlich ein unilaterales Programm zur Regelung der Vergangenheit, das in einer gemeinsamen Erklärung festgehalten wird, das obsolete Gesetz.[17] Es ist eine große Kröte, die sich nur mit Mühe schlucken lässt, und vermutlich die erste eines ganzen Kröten-Banketts.

Im Juli 2012 erlaubt die OECD in ihren Richtlinien die Möglichkeit von Gruppenanfragen ohne formelle Kundenidentifizierung, um an Steuerdaten zu gelangen.[18] Die Schweiz erklärt sich bereit, diese Regel im Rahmen der laufenden Überprüfung von neunzig Doppelbesteuerungsabkommen zu übernehmen.[19]

Ebenso verpflichtet sie sich, schwere Steuerdelikte gemäß OECD-Standard als Vorbereitungshandlungen zur Geldwäscherei zu betrachten.[20]

Am 14. Februar 2013 unterzeichnen die Schweiz und die USA das sogenannte Fatca-Abkommen (Foreign Account Tax Compliance Act).[21] Dieses Abkommen erlaubt den Informationsaustausch zwischen den Schweizer Finanzinstituten und der amerikanischen Steuerverwaltung, ja verpflichtet dazu, die identifizierten amerikanischen Konten zu melden.

Seit 2007 sieht sich die Schweiz auch mit einem Steuerstreit mit der Europäischen Union konfrontiert. Dieser Konflikt hat zwei Aspekte: Zum einen geht es dabei um die Anerkennung einer Alternative zum von der EU favorisierten automatischen Informationsaustausch und zum andern um die Besteuerung der Unternehmen.

Am 12. Dezember 2012 weigert sich Deutschland, ein schon von ihm selbst paraphiertes Abkommen zu unterzeichnen, das die Einführung einer Quellensteuer auf dem Kapital deutscher Bürger in der Schweiz und zugleich die Regelung der Vergangenheit mittels einer einmaligen Zahlung auf unversteuerten europäischen Vermögen auf Schweizer Banken sichert.[22] Am 1. Januar 2013 treten mit Österreich und Großbritannien abgeschlossene ähnliche Abkommen in Kraft.[23] Danach gibt es ein längeres Hin und Her: Am 19. Dezember 2012 unterbreitet die Finanzministerin dem Bundesrat ihre Weißgeldstrategie.[24] Ein automatischer Informationsaustausch ist damals für ihn noch kein Thema. Am 20. Dezember erklärt dieselbe Finanzministerin an einer Pressekonferenz, dass die Schweiz sich Alternativen zur Quellensteuer überlegen und auch über den automatischen Informationsaustausch nachdenken müsse.[25] In einem Interview, das die Ministerin wenige Tage später einer Sonntagszeitung gewährt, spricht sie sich dann aber gegen den automatischen Informationsaustausch aus.[26]

Seitdem hat sich einiges geklärt oder verdüstert, je nach Standpunkt: Im April 2013 setzt die G20 die OECD unter Druck, den automatischen Informationsaustausch in Steuerfragen als internationalen Standard festzulegen.[27] Die Schweiz stellt ihn offiziell für künftige oder kürzlich eröffnete Bankkonten in Aussicht, wenn andere Möglichkeiten, die Kundenidentität zu verbergen, wegfallen und alle großen Finanzplätze sich daran halten. Aber die Schweiz kommt zu spät. Alle wichtigen Länder wenden den automatischen Informationsaustausch bereits an oder stehen ihm positiv gegenüber, erklärt Pascal de Saint-Amans, Direktor des Zentrums für Steuerpolitik der OECD, und die Schweiz kann deshalb mit Blick auf die Regelung der Vergangenheit keine Geschenke erwarten.[28] Immerhin gibt sich die Schweiz mit diesem Positionsbezug eine Chance, ihre rein defensive Haltung aufzugeben und sich aktiv an der Ausgestaltung des automatischen Informationsaustauschs zu beteiligen. Allerdings wird die vorsichtige Offensive des Bundesrats, kaum begonnen, auch gleich wieder gebremst: Am 19. Juni 2013 lehnt das Parlament die Option eines automatischen Informationsaustauschs im Rahmen von Gesprächen mit der EU ausdrücklich ab.[29] Es gilt somit eine Kapitulation zu verhandeln.

Mit der Ratifizierung des Fatca-Abkommens war es tatsächlich schwierig geworden, sich an das System der Abgeltungssteuer zu klammern, das uns eine Alternative zu sein schien. Unsere traditionellen Mitstreiter für die Abgeltungssteuer, Luxemburg und Österreich, haben die Position der EU übernommen, die an der Umsetzung des automatischen Informationsaustauschs arbeitet und die Schweiz zur Revision des Zinsbesteuerungsabkommens drängt. Doch auch diesmal waren wir nicht sehr weitsichtig und entschieden uns für eine Fatca-Variante ganz ohne Automatismus und verzichteten damit auch auf die Gegenseitigkeit mit dem Argument, in den kommenden Verhandlungen mit der EU keinen Präzedenzfall schaffen zu wollen!

Was die Unternehmensbesteuerung betrifft, hat die Schweiz
der EU eine Dialogrunde angeboten, die nun schon seit fünf Jahren andauert. Es geht um Sonderbestimmungen der Kantone bei
der Gewinnbesteuerung ausländischer Unternehmen. In der Tat
werden Erträge aus- und inländischer Herkunft unterschiedlich
besteuert: Ein Schweizer Unternehmer, der in der Schweiz produziert und verkauft, wird höher besteuert als eine Firma, die im
Ausland produziert und verkauft. Die Europäische Union betrachtet diese Praxis als staatliche Subventionierung und verlangt ihre Abschaffung.[30] Würde die Schweiz ohne weiteres auf
diese Sonderbesteuerungen verzichten, ist anzunehmen, dass die
betroffenen Unternehmen umziehen würden, was den Verlust
von Arbeitsplätzen und Steuerausfälle zur Folge hätte. Sollte die
Schweiz sich jedoch für den von einigen Kantonen befürworte-
ten Weg entscheiden und aus- und inländische Unternehmen
gleich tief besteuern oder auch nur eine mittlere Lösung ins Auge
fassen, würden die Steuerausfälle sich auf Hunderte von Millionen beziffern, mit entsprechenden Folgen für den interkantona-
len Finanzausgleich. In beiden Fällen stellt sich die Frage, wie die
Schweiz allfällige Ausgleichsleistungen finanzieren könnte, und
man hört schon den Vorschlag, dass die betroffenen Kantone zum
Beispiel ihre Universitäten weniger subventionieren könnten.
Das Dilemma ist groß. Denn wie man sich auch entscheidet, gilt
die Regel, wonach Steuererleichterungen nicht nur den Reichen
und Superreichen, sondern letztlich der ganzen Bevölkerung zu-
gutekommen, in diesem Fall bestimmt nicht. Die Schwierigkeiten bei der Konsensfindung sind absehbar, und man begreift,
dass eine heftige innenpolitische Debatte bevorstehen könnte.

Diese unerwarteten Ereignisse ändern unsere Selbstwahr-
nehmung und das Bild, das wir von uns selbst in unseren Köpfen
haben. Seitdem leben wir in einer Art Schockzustand, man könnte
fast schon von einem nationalen Trauma sprechen. Schließlich
wollen uns manche weismachen, wir seien das schlimmste Steu-

erparadies auf Erden. Ein unmoralisches Land, das den andern ihr Geld klaut. Frankreich erklärt den Krieg, und die Vereinigten Staaten sind unzufrieden. Man benutzt gestohlene CDs. Und mitten in diesem Sturm gibt es keinen politischen Konsens im Land. Die einen sagen, wir sollten aufhören, für die letzten Reste des Bankgeheimnisses zu kämpfen, und auf eine Politik der Transparenz in der allgemein akzeptierten Form des automatischen Informationsaustauschs setzen; die anderen finden, wir gingen zu weit und sollten gar nichts mehr tun und überhaupt keine Konzession mehr machen. Am 20. März 2013 kündigt ein überparteiliches Komitee die Lancierung einer Volksinitiative an, die den Schutz der Privatsphäre für Personen mit Wohnsitz in der Schweiz in die Verfassung schreiben will.[31] Der Bundesrat wird für all seine Entscheidungen kritisiert, und vor allem wirft man ihm vor, er reagiere nicht, verfolge keine aktive Politik in dieser Sache und setze die Grundsätze, zu denen er sich selber bekannt hat, mit zu wenig Überzeugungskraft um.

Ich habe die Positionen meines Landes in Sachen Bankgeheimnis verteidigt, weil es meine Aufgabe und meine kollegiale Pflicht war, auf dem internationalen Parkett für unsere Gesetze und unsere Standpunkte einzutreten. Wenn wir unsere Rechtsprechung ändern und uns an die internationalen Normen anpassen wollen, liegt es an uns, darüber zu debattieren und zu entscheiden. Wir sind bis jetzt langsam vorgegangen, Schritt für Schritt. Ich bin jedoch überzeugt davon, dass die Schweiz ihre Praxis ändern und sich für eine proaktive Strategie entscheiden sollte, denn der andauernde Todeskampf des Bankgeheimnisses ist schwer erträglich und die juristische Unsicherheit Gift. Die Steuerstreitigkeiten sind dem Ruf der Schweiz abträglich. Sie wird als Hindernis bei den Bemühungen um Transparenz und für die Durchsetzung einer bestimmten Vorstellung von Steuergerechtigkeit wahrgenommen.

Die Lehre, die man aus den Geschehnissen seit 2008 ziehen

kann, ist, dass wir zu wenig fähig sind, die weltweiten Entwicklungen vorauszusehen und eine Gesamtstrategie auszuarbeiten. Statt uns aktiv und konstruktiv an der Diskussion zu beteiligen, stellen wir unsere Igelstacheln auf und beschränken uns selbst auf einem so wichtigen Gebiet wie der Steuerpolitik auf das Reagieren, kosten bis zur letzten Minute unsere Besonderheiten aus und beteiligen uns wenig oder gar nicht an der Suche nach internationalen Lösungen. Dabei hätten wir alles Interesse daran, die internationale Gemeinschaft an unseren Erfahrungen und unserem Sachverstand teilhaben zu lassen. Wir zögern zu sehr, uns etwas zuzutrauen. Wir lassen die Dinge geschehen und schweigen, bis es zu spät ist, um noch etwas anderes zu tun, als nur zu reagieren.

In Europa und auf der ganzen Welt ist eine große Bewegung für mehr Transparenz und Gerechtigkeit im Allgemeinen und für mehr Steuergerechtigkeit im Besonderen zu beobachten. Die Wirtschafts- und Finanzkrise hat das Verlangen nach Rechtmäßigkeit durch eine Rückbesinnung auf Werte, die als fundamental betrachtet werden, bestärkt. Die Schweiz hat diese Grundwerte in ihrer Verfassung verankert. Es gibt also keinen prinzipiellen Widerspruch. Es gibt höchstens einen Widerspruch zwischen unmittelbaren materiellen Interessen, den Interessen des Finanz- und Werkplatzes und den internationalen Normen, die mehr Transparenz und eine bestimmte Vorstellung von Steuergerechtigkeit befürworten. Und es war zu beobachten, dass die materiellen Interessen sich in diesem Fall den Geboten der internationalen Politik unterordneten, hat die Schweiz sich doch bereit erklärt, sich mit dem automatischen Informationsaustausch in Steuerfragen zu befassen. Mit dieser Perspektive vor Augen ist die Regierung zu konsequentem Handeln verpflichtet. Doch der Bundesrat sagt bloß ja, ja und nein, nein, eröffnet Baustellen, ohne eine Gesamtstrategie mitzuteilen, und macht Konzessionen ohne irgendwelche Gegenleistungen.

Aus diesem Grund wage ich die These, dass die wirtschaftlichen, steuer- oder finanzpolitischen und alle anderen Teilbereiche der internationalen Politik zu einer kohärenten außenpolitischen Gesamtstrategie zusammengeführt werden müssen, selbst wenn sich dies als kompliziertes Unterfangen erweist. Unsere isolierte Art des Regierens und die schwach ausgebildete Führungsrolle des Bundesrats erleichtern das Entscheiden nicht. Die Wirtschafts- und Finanzkrise wird von einer politischen Krise begleitet. Sie äußert sich bei uns darin, dass Bundesrat und Parlament keine deutliche Orientierung haben und keine politischen Prioritäten erkennen lassen.

So konnte die Deutschschweizer Wochenzeitung *Die Weltwoche* in einem Artikel vom 20. Juni 2013,[32] am Tag nach der Ablehnung der Lex USA durch das Parlament, schreiben, viele Schweizer Parlamentarier ließen sich weniger von den Landesinteressen als der Sorge um ihre eigene politische Zukunft leiten. Das Blatt erwähnte die Bürgerlich-Demokratische Partei, die Partei der Finanzministerin, die es nur um ihretwillen gebe, und die Christlichdemokratische Volkspartei, ihre treue Stütze, die an einer Wiederwahl der Ministerin 2015 arbeite, um bei ihrem Rücktritt, den sie sich für bald erhofft, den 2007 verlorenen zweiten Bundesratssitz zurückzuerobern. Sollten die politischen Strategien tatsächlich von solchen Absichten geleitet sein und sich auf die Wahlerfolge der Parteien und die Wiederwahlchancen ihrer Bundesräte beschränken, so kann es nicht verwundern, dass sie einem gewöhnlichen Sterblichen wenig verständlich erscheinen.

3. Oberst Ghadhafi und sein Sohn Hannibal

Am 12. Juli 2008 erstatten zwei Angestellte eines Sohnes des libyschen Revolutionsführers Anzeige gegen ihre Arbeitgeber wegen einfacher Körperverletzung, Freiheitsberaubung und Entführung, Drohungen und Nötigung. Am 15. Juli 2008 werden Hannibal Ghadhafi und seine Ehefrau Aline in Genf festgenommen. Diese Festnahme löst eine diplomatische Krise zwischen der Schweiz und Libyen und die Inhaftierung zweier Schweizer in Libyen aus, Rachid Hamdani und Max Göldi. Der eine wird neunzehn, der andere dreiundzwanzig Monate lang festgehalten, weil sie gegen das libysche Aufenthaltsrecht für Ausländer verstoßen haben sollen. Während dieser Zeit werden sie für dreiundfünfzig Tage an einen geheimen Ort verbracht, ohne Möglichkeit der Kontaktaufnahme. Die Krise geht mit der Freilassung von Rachid Hamdani am 22. Februar und von Max Göldi am 13. Juni 2010 zu Ende.[1]

Die Libyenkrise ist ein mustergültiges Beispiel dafür, wie unterschiedlich die Politik von innen und außen wahrgenommen werden kann. Aus ausländischer Sicht bewirkte die Schweizer Strategie der Visabeschränkung und der Internationalisierung der Krise die Rückkehr der Geiseln. Aus Schweizer Optik sah man sich völlig im Recht, was ein umgehendes Ende der Krise, die Feststellung der Unschuld der Geiseln und ihre Rückkehr nach Hause hätte bewirken sollen. Als dies nicht geschah, veröffentlichten die Medien täglich neue Berichte voller Indiskretionen, was nicht hilfreich war oder – schlimmer noch – zuweilen der Gegenpartei in die Hände spielte.

Die Libyenkrise ist auch ein gutes Beispiel für unseren ständigen Hang, den «Liebesentzug» der anderen zu betonen und mit uns selbst besonders ungnädig zu sein. Wie vermutlich Unzählige vor mir habe ich eine wahrhaft bestürzende Erfahrung gemacht: Während offiziell diskret mit Libyen verhandelt wird, äußern sich ganze Heerscharen von «Spezialisten», Experten, Professoren und Journalisten, die an kein Amtsgeheimnis gebunden sind, öffentlich und decken die Diplomaten mit guten Ratschlägen ein. Was habe ich nicht alles gehört über «die Unfähigkeit der Schweizer, die Mentalität der Beduinen zu begreifen», und die Notwendigkeit, härtere Positionen zu beziehen, «denn die Araber verstehen nur Gewalt», oder im Gegenteil flexibel zu sein, denn «es wird um alles gefeilscht». Kurz, die sogenannten Experten predigten alles und sein Gegenteil, und wer unterdessen an einer Lösung des Konflikts arbeitete, hatte zu schweigen. Einmal wurde in einer Westschweizer Zeitung das Departement für auswärtige Angelegenheiten heftig kritisiert, weil «es sich nicht an Ahmed Ben Bella, den ehrwürdigen Helden der algerischen Unabhängigkeit, wohnhaft am Genfer See, [gewandt habe], den Muammar Ghadhafi zutiefst verehrt».[2] Das Departement brach sein Schweigen nicht, obwohl Ben Bella schon Wochen zuvor erfolglos beim Leader interveniert hatte.

Wir konnten feststellen, wie viele sich zum Retter und Vermittler berufen fühlten, nicht weniger als dreißig haben sich engagiert, bekannte und weniger bekannte Leute, internationale, nationale oder lokale Persönlichkeiten, die alle als kompetent und entschlossen galten.

Ich lernte dabei einen europäischen Diplomaten kennen, der die Freilassung der bulgarischen Krankenschwestern ausgehandelt hatte, die vielen Freunde und Geschäftspartner von Oberst Ghadhafi und seines Sohnes Saïf, die als Vermittlungsposten dienten, bis hin zu einem ehemaligen Regierungsrat und einem Genfer Arzt, der mit einem hochrangigen libyschen Offizier in Verbindung stand: Alle fühlten sich aufgefordert, ihre Meinung kundzutun. Kein Kontakt wurde außer acht gelassen. Ohne Erfolg.

Diese Krise entstand, weil zwei Menschen, Hausangestellte der Familie Ghadhafi, geschlagen, gequält und wie Sklaven behandelt wurden, worauf sie in Genf Anzeige erstatteten. Niemand hat das Verhalten der Genfer Justiz und Polizei unter diesem Blickwinkel betrachtet, außer um ihr Handeln zu kritisieren. Ich kann mich des Eindrucks nicht erwehren, dass die Medien- und Politikerkaste das Krisenmanagement des Bundesrats nur allzu gern attackierte und nicht davor zurückschreckte, dadurch die Schweizer Verhandlungsposition zu schwächen, ohne sich im mindesten über das wenig beneidenswerte Schicksal der beiden Hausangestellten zu ereifern, die sich zu ihrer eigenen Sicherheit verstecken mussten.

Mitte Juni 2009 überträgt der Bundesrat informell die Federführung in diesem Fall auf den Bundespräsidenten, in der Annahme, Hans-Rudolf Merz sei als Mann und Präsident der Richtige, um beim libyschen Revolutionsführer zu intervenieren.[3] Auf Bitte des Präsidenten stellt das Außendepartement seine Kontakte zum Premierminister und libyschen Diplomaten ein. Im Herbst, nachdem der Bundespräsident das Abkommen vom 20. August 2009[4] unterzeichnet hat, das für die Freilassung der Geiseln folgenlos bleibt, nach seiner Entschuldigung und seinem Treffen mit Oberst Ghadhafi in New York, nachdem man sich bewusst geworden ist, dass die direkte Konfrontation zwischen Libyen und der Schweiz die Krise nur verlängert, kehrt das Dossier ins Außendepartement zurück, und der Bundesrat beschließt, auf die Europäisierung der Krise zu setzen, eine Strategie, die zur Freilassung der Geiseln führen wird.

Oft wird auf das angeblich schlechte Einvernehmen zwischen Hans-Rudolf Merz und mir verwiesen, um die Irrungen um die Behandlung des Libyendossiers zu erklären. Die Erklärung ist einfach, und hier ist sie falsch. Als das Dossier dem Bundespräsidenten übertragen wurde, habe ich nicht gejubelt, aber aufrichtig auf seinen Erfolg gehofft, so sehr ging mir die Sache emotional nahe. Ich habe meinen Kollegen unterstützt und die involvierten Dienste, insbesondere die Direktion für Völkerrecht, haben seine Gespräche mit dem libyschen Premierminister aufmerksam verfolgt und dem Bundespräsidenten ihre Einschätzung mitgeteilt. Am 14. und am 18. August 2009, also einige Tage vor der Reise des Präsidenten nach Tripolis, macht ihn das Außendepartement auf einige heikle Stellen im diskutierten Text aufmerksam und empfiehlt ihm, sich darüber mit dem Bundesrat zu beraten.[5] Diese Ratschläge fielen offensichtlich nicht auf fruchtbaren Boden.

Im Grunde verweist die Libyenkrise auf Schwierigkeiten, die über Unwägbarkeiten und Zufälligkeiten der Beziehung zwischen Bundesräten hinausgehen: erstens die von der Verfassung gesetzten Grenzen der Zuständigkeit des Bundesrats für die Außenpolitik, die mit Rücksicht auf den föderalen Aufbau unseres Staates zu respektieren sind; zweitens die beschränkte Handlungsfähigkeit der Regierung beim Krisenmanagement und schließlich der Stellenwert der Kooperation mit den europäischen Ländern in der Außenpolitik.

Die Frage der verfassungsgemäß begrenzten Kompetenzen des Bundesrats in der Außenpolitik tritt in den Vordergrund, wenn man das Verhältnis des Bundes zum Kanton Genf beleuchtet. Der Kanton Genf verbat sich die Einmischung des Bundes in kantonale Verfahren, selbst bei allfälligen Auswirkungen auf die Außenpolitik. Der Kanton war, unterstützt von der Konferenz der Kantonsregierungen, der Ansicht, dass die Vereinbarung vom 20. August 2009 über ein Schiedsgerichtsverfahren, das auch in den Aktionsplan vom 14. Mai 2010[6] einfloss, «eine Einmischung in die Polizei- und Justizhoheit des Kantons Genf sowie in das Prinzip der Gewaltentrennung zwischen Exekutive und Judikative darstelle».[7] Tatsächlich hätte der Kanton Genf, je nach Urteil des von Vereinbarung und Aktionsplan vorgesehenen Schiedsgerichts, mit schwerlich annehmbaren Konsequenzen konfrontiert werden können, wie der Empfehlung von Strafmaßnahmen gegenüber Genfer Polizisten, was für den Genfer Regierungsrat inakzeptabel war, oder bezüglich der finanziellen Genugtuung, die Libyen nach der Veröffentlichung von Polizeifotos des Ghadhafi-Sohns in der *Tribune de Genève* vom Bund zugestanden worden war.[8] Der Genfer Regierungsrat stellte offensichtlich fest, dass seine Interessen und die des Bundes nicht zwangsläufig dieselben sein mussten.

Das am 20. August 2009 unterzeichnete Abkommen zwischen der Schweiz und Libyen und der Aktionsplan vom 14. Mai 2010 gelten aus völkerrechtlicher Sicht als verbindliche Staatsverträge. Völkerrechtlich verbindlich sind sie allein für die Schweiz und nicht für den Kanton Genf. Diese Verträge beschneiden auch nicht die verfassungsmäßigen Kompetenzen der Kantone. Das Abkommen vom 20. August, das die Schaffung eines Schiedsgerichts vorsieht, hält fest, dass dieses Gericht nur in abstrakter Form einen Rechtsbruch feststellen, aber nicht direkt Strafen gegen Einzelpersonen verhängen kann. Dies bleibt den zuständigen Bundes- und kantonalen Behörden vorbehalten, nach deren eigenem Recht. Die internen Zuständigkeiten in unserem Land wurden also respektiert und die kantonalen Kompetenzen blieben gewahrt. Und wäre die Schweiz letztlich nicht auf die Feststellungen des Schiedsgerichts eingegangen und hätte zum Beispiel – entgegen dem Gericht – keine Strafen verhängt, hätte dies in der Verantwortung der Schweiz als völkerrechtlich verpflichteter Staat gelegen und nicht in jener des Kantons Genf.[9]

Das ist im Übrigen der Grund, weshalb Libyen nach dem Motto «Auge um Auge, Zahn um Zahn» in allen Diskussionen immer wieder verlangt hat, dass die Schweiz für das Handeln der Genfer Polizisten, die das Ehepaar Ghadhafi verhafteten, geradestehen und sich dafür entschuldigen müsse, dass die Polizisten bestraft würden und die Strafe im Text klar zu benennen sei, da die Empfehlungen eines Schiedsgerichts in diesem Punkt unbestimmter sind als die Artikel in einem Vertragstext. Die ganze Kunst der Schweizer Diplomaten war nötig, um eine Verurteilung der Genfer Polizisten aus dem Text herauszuhalten, doch eine Entschädigung für die Fotos konnte so wenig vermieden werden wie die Bildung eines Schiedsgerichts und das Beharren auf dem Abkommen vom 20. August, nach dem die Schweiz zu einer «öffentlichen und offiziellen» Entschuldigung gehalten war, die Bundespräsident Merz am 20. August vor den Medien und in Anwesenheit des libyschen Premierministers aussprach.[10] Die Libyer argumentierten, dass das vom Bundespräsidenten unterzeichnete Abkommen die Schweiz in die Pflicht nehme und sie sich im später diskutierten Aktionsplan an die Vertragsbedingungen halten müsse.

Nach Artikel 54 der Bundesverfassung sind die auswärtigen Angelegenheiten ausschließlich Sache des Bundes.[11] Das Institut für Föderalismus der Universität Fribourg stellt in einem Gutachten im Auftrag der Kantone in einer ersten «Würdigung der Vereinbarung vom 20. August 2009 zwischen der Schweiz und Libyen aus föderalistischer Sicht» fest, dass der Bund dennoch gehalten ist, die Verfassungsbestimmungen, die an die Grundfesten des Föderalismus rühren, zu respektieren.[12] «Artikel 55 der Bundesverfassung gibt den Kantonen zudem die Möglichkeit, ihre Interessen selber zu vertreten, indem er ihnen das Recht auf Information, Stellungnahme und Mitwirkung an der Vorbereitung außenpolitischer Entscheide einräumt, die ihre Zuständigkeiten oder ihre wesentlichen Interessen betreffen.»[13]

Von Beginn der Verhandlungen an wurde der Kanton Genf informell beigezogen. Genf wurde im August 2008 vorgängig konsultiert, als eine erste Verständigung versucht wurde; Kantonsvertreter wirkten im Herbst 2008 in einem ad-hoc-Ausschuss Schweiz–Libyen mit; von April bis Mai 2009, vor meinem Besuch in Tripolis, wurden die großen Linien einer möglichen Einigung mit dem Kanton entworfen, und während der ganzen Diskussionen zwischen Januar und Juni 2010 wurden die Kontakte aufrechterhalten. Regierungsrätin Isabel Rochat, die in Genf für das Dossier zuständig war, wurde laufend und im Detail über den Aktionsplan informiert, während eine Schweizer und eine libysche Delegation ihn in Berlin aushandelten, und dann von mir persönlich aus Tripolis am 13. Juni 2010.[14]

Die verfassungsmäßigen Grenzen der Kompetenzen des Bundesrats verpflichten ihn also zur Konsultation und Information, wovon er nur ausnahmsweise abweichen kann, wenn übergeordnete außenpolitische Interessen es verlangen. Der Kanton Genf hat sich in einem Brief an den Bundesrat über mangelnde Information über die Vereinbarungen mit Libyen beschwert.[15] Was den im Mai 2010 unterzeichneten Aktionsplan betrifft, ist der Vorwurf unbegründet. Hingegen hält das gemeinsame Gutachten der Völkerrechtsdirektion und des Bundesamts für Justiz fest, dass die kantonalen Behörden von Mai bis Ende 2009 nicht beigezogen wurden, und erklärt sich dies mit dem Zeitdruck rund um die Verhandlungen, die zur Vereinbarung vom 20. August 2009 führten.[16] Es ist einleuchtend, dass der Umgang mit einer Krise von solcher Tragweite zu außergewöhnlichen Situationen führen kann und ein Zwei-, Drei- oder Vier-Parteien-Ansatz, der die ganze Regierung, die Kantone und das Parlament mit einbezieht, die Entscheidungsfindung verlangsamt und Indiskretionen und Polemiken auslösen kann, während doch kurze Entscheidungswege und eine klare Delegation von Kompetenzen für ein wirksames Krisenmanagement dringend wären.

Und in der Tat betrifft eine zweite Schwierigkeit, die bei der Untersuchung der Libyenkrise eruiert wurde, die Handlungsfähigkeit der Regierung.

Die Schweiz verfügt über keine föderalen Einrichtungen, die die Herausbildung einer starken Zentralgewalt begünstigen könnten. Die Bundesregierung spielt die Rolle eines Katalysators, sie ist weder zentralisiert noch hierarchisiert. Trotzdem denke ich, dass sie in der Lage sein sollte, dringende und heikle Situationen, die das Ansehen einer Person und des ganzen Landes beschädigen könnten, zu bewältigen. Zweimal wurde der Bundesrat während meiner Amtszeit von den Geschäftsprüfungskommissionen der Eidgenössischen Räte wegen Kompetenzüberschreitung gerügt, einmal während der Libyenkrise,[17] das zweite Mal im Fall Hildebrand.[18]

Im Rahmen ihrer Untersuchung zur Bewältigung der diplomatischen Krise zwischen der Schweiz und Libyen sah die GPK-Delegation der Eidgenössischen Räte keinen Grund, die Rechtmäßigkeit der Aufbietung einer Spezialeinheit zur Evakuierung der beiden in Libyen festgehaltenen Schweizerbürger anzuzweifeln. Die Delegation hält auf Seite 4093 ihres Jahresberichts 2010 fest, «dass sich ein moderner Rechtsstaat die notwendigen Mittel geben muss, um derartige Optionen vorzubereiten und sie gegebenenfalls mit der Hilfe anderer Staaten durchführen zu können».[19] Hingegen kam die Delegation zum Schluss, dass die beiden betroffenen Departemente, das Außen- und das Verteidigungsdepartement, den Gesamtbundesrat nicht in die Vorbereitung eines solchen Vorhabens mit einbezogen.[20]

Drei mögliche Einsatzpläne wurden von Oktober 2008 bis Anfang Mai 2009 verfolgt. Bei allen drei Szenarien wurde die Lage laufend neu eingeschätzt, und es wurde systematisch vermieden, unnötige Risiken einzugehen. Keiner dieser Pläne führte zu einem operativen Eingreifen, das allein gemäß einem internen Rechtsgutachten des Verteidigungsdepartements vom Dezember 2008 einen Bundesratsentscheid erfordert hätte.[21] Hingegen wurden die GPK-Delegation, die Vorsteherin des Außen- und die jeweiligen Vorsteher des Verteidigungsdepartements sowie die Bundespräsidenten 2008 und 2009 informiert.

Einige Kommentatoren behaupteten, diese Vorbereitungen hätten auf die Isolierung unserer beiden Mitbürger einen Einfluss gehabt. Doch nach internen libyschen Quellen waren die

Gründe dafür die folgenden: die Veröffentlichung der Fotos von Hannibal Ghadhafi durch die *Tribune de Genève* am 4. September 2009 und das Inkrafttreten einer restriktiven Visapolitik bezüglich Saïf Ghadhafi am 17. September 2009.[22] Unmittelbar danach, nämlich am 18. September 2009, wurden die beiden Schweizer in Gewahrsam genommen.[23]

Ein Rechtsstaat, der mit einer Geiselnahme konfrontiert wird, hat im Prinzip nur drei Möglichkeiten: Gleichgültigkeit, Befreiung durch Gewalt oder List und Verhandlungen. Ersteres kam für die Schweiz nie in Frage. Die Geiselbefreiung durch Gewalt ist für ein Land wie das unsere von vornherein ausgeschlossen. Andere, diskretere Methoden wurden laufend evaluiert und kamen nie aus dem Vorbereitungsstadium heraus. Also haben wir verhandelt. Und die bilateralen Verhandlungen scheiterten.

Der Grund dafür liegt darin, dass wir es mit einer Diktatur in all ihrer Willkür zu tun hatten, und dass wir mit Repräsentanten des libyschen Staats verhandelten, die keinerlei Entscheidungsbefugnisse hatten. Der Grund liegt auch in der Asymmetrie der Kräfte, denn bei einer solchen Konfrontation ist die Partei mit Geiseln in ihrer Gewalt im Vorteil gegenüber einem Staat, der sich in einem genau definierten Rechtsrahmen bewegt und sich öffentlich zu seinem Ziel der Geiselbefreiung bekennt. Darum stellte sich in einer recht frühen Phase des Geschehens die Frage nach möglichen Vergeltungsmaßnahmen, insbesondere bei der Visaerteilung. Das Vorgehen war behutsam, aus Sorge um die möglichen Folgen für das Leben und die Freiheit der Geiseln.

Die ersten Maßnahmen gegen Libyen im Visabereich wurden Ende 2008 ergriffen, als die Visaabteilung der Schweizer Botschaft geschlossen wurde und man zu einer selektiven Politik in dieser Sache überging. Die Anfragen wurden von nun an in Bern geprüft, in Zusammenarbeit mit dem Bundesamt für Migration und der Politischen Direktion des Außendepartements. Daraufhin wurde Saïf Ghadhafi am 17. September 2009 ein Visum verweigert, und am 18. September wurden die Schweizer Geiseln isoliert und dreiundfünfzig Tage lang festgehalten. Am 18. November 2009 sprach der Bundesrat auf meinen Antrag ein Einreise- und Transitverbot für gezielte Gruppen hochrangiger libyscher Staatsbürger aus.[24] Da die Schweiz zum Schengen-Raum gehört, schränken diese Bestimmungen die Bewegungsfreiheit dieser Personen im Schengen-Raum ein. Am 15. Februar 2010 reagieren die libyschen Behörden, indem sie Libyen für den ganzen Schengen-Raum schließen und damit die Europäische Union in die Lösung des Konflikts hineinziehen. Im eigenen Interesse und um interne Differenzen zu vermeiden, zeigt sich die EU und vor allem auch deren spanische Präsidentschaft daran interessiert, zusammen mit Deutschland zu vermitteln. Man will die Beschränkungen hüben und drüben aufheben und dazu einen für beide Parteien annehmbaren Aktionsplan und eine Strategie diskutieren, die zur Freilassung der Geiseln führen soll.

Der spanische König und der spanische Außenminister Miguel Moratinos engagieren sich persönlich in den Verhandlungen über den strategischen Plan zur Freilassung der Geiseln. Der deutsche Außenminister Guido Westerwelle ist Gastgeber der Beratungen zum Text eines Aktionsplans und ordnet seinen Staatssekretär dafür ab. Die Verhandlungen, an die Bern Staatssekretär Peter Maurer delegiert, verlaufen ausgezeichnet, trotz verschobener Sitzungen, Wartezeiten auf dem Flughafen, Einigungen gefolgt von Differenzen und langen Pausen. Es ging im Wesentlichen darum, das Abkommen vom 20. August so gut wie möglich zu korrigieren, das heißt, es mit der Freilassung der Geiseln zu verbinden. Die Vermittler sahen sich überdies vor die Aufgabe gestellt, die restriktive Visumspolitik der Schweiz vor den europäischen Gremien zu verteidigen – was einem Kunststück gleichkam, weil die Mitgliedstaaten ungehalten auf die Aktion der Schweiz reagierten. Dabei wurde man da und dort laut. Ich habe empörte Telefonanrufe bekommen – «du hättest mich informieren können, bevor du derartige Maßnahmen ergreifst», worauf ich entgegnete: «Hätte ich es getan, wäre ich außerstande gewesen, eine solche Politik umzusetzen, ihr hättet mich daran gehindert.» Ich wurde in aller Eile nach Brüssel «zitiert», vor die Hohe Vertreterin der EU für die Außenpolitik, Cathy Ashton, die mich beschwor, auf die Liste der im Schengen-Raum unerwünschten libyschen Staatsangehörigen zu verzichten. Die Libyer waren wütend und drohten mit Vergeltungsmaßnahmen. Nun liefert Libyen aber Erdöl von sehr guter Qualität, und nicht unbeträchtliche Investitionssummen flossen aus Europa ins Land. Es war nicht leicht, zu widerstehen und zu wiederholen, die Schweiz werde die Liste aufheben, sobald man sich auf einen Aktionsplan und eine Strategie geeinigt habe, inklusive Freilassung der Geiseln. Miguel Moratinos gestand mir, er habe noch nie Verhandlungen unter so misslichen Umständen geführt.

Diese Zeit war sehr hart für mich. Immerhin ging es hier um Leben und Freiheit unschuldiger Menschen. Eine der Etappen der verhandelten Strategie sah vor, dass die Schweizer Geiseln, die man auf der Schweizer Botschaft beherbergt und geschützt hatte, diese verlassen sollten, der eine, um am nächsten Tag freizukommen, der andere, um in einem libyschen Gefängnis eine Strafe abzusitzen, die es Libyen erlauben sollte, den Anschein von Rechtsstaatlichkeit zu wahren. Ich erinnere mich noch gut an dieses Wochenende im Februar 2010, als die Geiseln, ihre Familien, der Botschafter und ich diskutierten: Wie groß war das Risiko, wenn sie in der Botschaft blieben, im Wissen darum, dass Libyen das Gebäude mit Sicherheitskräften umstellt und damit gedroht hatte, den Angriffsbefehl zu geben? Und wie standen die Chancen, dass das libysche Regime sein Versprechen, sie freizulassen, halten würde, wenn wir die abgemachte Strategie in die Tat umsetzten? Ich denke noch immer mit Schrecken an jenen Februarsonntag, als ich den Geiseln riet, die Botschaft zu verlassen. Die Bedenken und Zweifel waren angebracht, weil die üblichen rationalen Denkmuster versagten: Wir hatten es mit einer Diktatur zu tun, die per se unberechenbar war. Beim Treffen in New York mit dem libyschen Revolutionsführer fand unser Uno-Botschafter die Begegnung zwischen Ghadhafi und dem Bundespräsidenten positiv, während der ebenfalls anwesende Staatssekretär für auswärtige Angelegenheiten bestürzt war und sie unnötig und demütigend fand. Sehr hart war diese Zeit auch darum, weil nur das Engagement der EU garantieren konnte, dass auch Libyen auf seine Liste verzichten und die Freilassung der Geiseln erlauben würde, wenn die Schweiz ihren Teil des Aktionsplans erfüllte und zunächst die Schweizer Liste und in einer zweiten Etappe auch die Liste libyscher Staatsbürger im Schengen-Raum aufgab. Der Bundesrat war skeptisch und schwer zu überzeugen. Er verlangte Sicherheiten, die ich nicht geben konnte. Der Bundesrat machte eine Mittagspause, und ich nutzte sie, um meine Kollegen Miguel Moratinos und Guido Westerwelle anzurufen und mir von ihnen bestätigen zu lassen, dass sie sich bei einer Weigerung der Schweiz nicht mehr für uns einsetzen würden. Diese Telefonate wurden protokolliert und dem Bundesrat vorgelegt. Und der europäische Druck auf Oberst Ghadhafi muss in der Tat so wuchtig und eindrücklich gewesen sein, dass er schließlich nachgab.

Jedenfalls führte die Strategie der Europäisierung des Konflikts doch zum Erfolg, nämlich der Freilassung unserer beiden Mitbürger und ihrer Heimkehr. Am 13. Juni 2010, dem Tag der Freilassung von Max Göldi, hatte ich die Europäische Union unter dem Zeltdach des Revolutionsführers Ghadhafi zur Seite, vertreten durch den spanischen Außenminister, den Premierminister Sloweniens und den italienischen Ratspräsidenten, wie auch mehrere in Libyen akkreditierte Botschafter. Miguel Moratinos und ich waren am Vorabend angekommen. Am Nachmittag des nächsten Tages hatten wir Max Göldi immer noch nicht gesehen und warteten weiterhin in unserer Hotellobby auf die kommenden Ereignisse. Da mein Handy in Libyen nicht funktionierte, konnte ich Max Göldi mit dem Telefon eines hilfsbereiten europäischen Botschafters anrufen und mit ihm sprechen. Schließlich kommt dann gegen 16 Uhr der Bescheid, wir sollten uns bereitmachen, einem Konvoi zu folgen, der uns zu Oberst Ghadhafi bringen werde. Zu einem Treffen der Vergebung, teilt man uns mit und: «Erwähnen Sie vor allem nicht Max Göldi.» Wir drehen gut zehn Minuten lang Runden um eine hohe, mit Stacheldraht geschützte Mauer, bis der Wagen von Präsident Berlusconi erscheint. Dann betreten wir eine Kaserne. Ein großer Rasen und in der Mitte ein Wüstenzelt. Der Limousinentross bleibt vor dem Zelteingang stehen, und ich reibe mir die Augen. Ist das, was ich sehe, wirklich? Sind wir im richtigen Leben?

Das Treffen beginnt. Etwa sechzig Personen sind da, auf einen großen Diwan verteilt, der rings um das ganze Zelt läuft. Der Revolutionsführer thront in einer Ecke vor einem runden Tisch, auf dem ein Buch und seine Brille liegen. Er spricht, und es wird fortlaufend übersetzt. Ich bin die einzige Frau. Begleitet von Staatssekretär Peter Maurer, setze ich mich etwas abseits. Das Gespräch beginnt harmlos, mit einigen Witzen über die Frauen. Ich drücke mich in meinen Sitz und vergesse nicht, dass ich am Schluss mit Max Göldi zurückkehren muss. Ein Gast fragt: «Oberst, wie denken Sie über den Konflikt zwischen Israel und dem palästinensischen Volk?» Und es folgt ein langer Monolog über die Kleinheit des betreffenden Gebiets und die Unmöglichkeit, dass zwei Staaten dort koexistieren könnten. Dann bemerkt mich der Oberst und fragt: «Aus welcher Gegend der Schweiz kommen Sie?» – «Aus Genf», antworte ich. Wir müssen nun eine vom libyschen Revolutionsführer schon am G8-Gipfel in Italien vernommene Tirade anhören, wonach man die Schweiz zerschlagen müsse und ihr ganzer französischsprachiger Teil zu Frankreich gehören sollte. Da erhebt sich Silvio Berlusconi und antwortet auf Ghadhafis Kritik an der Schweiz sinngemäß: «Ich wurde im

Krieg mit meinen Eltern in der Schweiz aufgenommen, die Schweiz ist ein Land des Friedens. Ich werde es nicht zulassen, dass man die Schweiz vor mir kritisiert.» Darauf nahm der Oberst das Thema nicht wieder auf. Am Ende wurden wir zu einem Hammelspieß eingeladen. Ich lehnte dankend ab, denn mein Kollege Moratinos und ich müssten gehen, sagte ich, und ich sollte am selben Abend noch mit Max Göldi wieder zurück in der Schweiz sein.

Man sieht: Durch das Einschalten der Europäischen Union ändert sich das Gleichgewicht der Kräfte, und Libyen hat sich ernsthaft auf die Freilassung der Geiseln einzustellen. Dies unterstreicht die Bedeutung der Zusammenarbeit in der Außenpolitik, insbesondere mit den europäischen Staaten.

Die Libyenkrise scheint mir symptomatisch für unsere Probleme: Im internationalen Kräftemessen sind wir bereit, uns zu kasteien, wenn die Dinge nicht nach unseren Wünschen verlaufen, und schrecken nicht davor zurück, unseren Gegnern in die Hände zu spielen. Wir haben Mühe, die Kräfteverhältnisse zu unseren Gunsten zu beeinflussen, weil wir weder Mitglied der EU noch der Nato sind und darum wenig darin geübt, uns die multilateralen Beziehungen zu Nutzen zu machen. Ich bin erstaunt, dass die Lösung der Libyenkrise dank einer restriktiven Visumspolitik und unserer Mitgliedschaft bei Schengen nicht stärker kommentiert und analysiert worden ist. Die Libyen-Affäre lehrt uns die Nützlichkeit einer Allianz, um die Kräfteverhältnisse zu unseren Gunsten zu verschieben.

4. Manövrieren wir uns in eine Sackgasse?

Die Welt verändert sich. Unsere Nachbarn reagierten auf diesen Wandel mit einem politischen und wirtschaftlichen Zusammenschluss auf regionaler Ebene. In der Meinung, wachsende Größe bedeute auch wachsende Stärke, gründeten sie die Europäische Union. Die Schweiz ist nicht Mitglied: Was bedeutet dies für ihre Beziehungen zum europäischen Kontinent und für ihre Stellung in der Welt?

1996 war ich Präsidentin des Genfer Großen Rates. Ich hatte die Parlamentspräsidenten aus der ganzen Deutschschweiz eingeladen, um ihnen den westlichsten Punkt unseres Landes zu zeigen. Dieser Punkt wird von einem Grenzstein markiert, der das Königreich Sardinien vom Kanton Genf und heute die Schweiz von Frankreich trennt.[1] Wir wollen die Delegation würdig empfangen und bereiten vor Ort ein Buffet vor. Die französischen Einwohner von Valleiry en Haute-Savoie erfahren davon und wollen sich am Anlass beteiligen, um den Gästen aus der fernen Deutschschweiz zu erklären, wie man sich über die Grenzen hinweg kennt, schätzt und zusammenarbeitet. Man will Champagner und Camembert anbieten. Doch hier mischt sich der Zoll ein: Es kommt nicht in Frage, heimlich Lebensmittel aus Frankreich in die Schweiz zu bringen. Das französische Buffet muss auf französischem Boden und das Schweizer Buffet auf Schweizer Boden bleiben. So wurde eben, einen Meter voneinander entfernt, zu beiden Seiten des Grenzsteins je ein Buffet errichtet, und wir konnten die Landesspezialitäten genießen und gleichzeitig die Zollvorschriften einhalten. Manche von uns haben an jenem Tag die EU mit einer modernen Burg verglichen, die Bergfriede und Wassergräben errichtet, um ihre äußeren Grenzen zu schützen.

Während der neun Jahre, die ich im Außendepartement verbrachte, war die Europapolitik meine erste Priorität. Als Dossierverantwortliche, zusammen mit meinem Kollegen vom Wirtschaftsdepartement, habe ich an der Definition der Europastrategie mitgewirkt, fünf Kampagnen für die bilateralen Verträge geführt und diese Politik mit meinen Bundesratskollegen umgesetzt. Ich habe mehrfach bei den Ministern und Präsidenten der EU-Mitgliedstaaten vorgesprochen. Als ich mein Mandat übernahm, habe ich sie alle besucht. Ich bekundete ihnen die Absicht der Schweiz, dem Schengen-Abkommen eine Erklärung beizufügen, die es erlauben würde, sich Rechtshilfeersuchen zu Hausdurchsuchungen und Beschlagnahmungen in Steuersachen zu widersetzen und eine Klausel aufzunehmen, wonach die Schweiz eine Erweiterung des Schengen-Abkommens nicht übernähme, wenn die Amtshilfe bei Steuerdelikten gemäß Artikel 51 der Vereinbarung ausgeweitet würde.[2] Ich sehe noch vor mir, wie perplex die Minister waren, als ich ihnen gleich zu Gesprächsbeginn eröffnete, von Artikel 51 der Schengen-Vereinbarung sprechen zu wollen! Einige Monate vor seiner Behandlung im EU-Ministerrat wussten sie über dieses Thema noch rein gar nichts.

Ich konnte zu manchen Ministern enge Kontakte knüpfen und wurde an informelle Treffen zur Lage im Nahen Osten oder zur Erweiterung der Union eingeladen; ich pflegte eine enge Zusammenarbeit mit ihr etwa beim Libyen-Dossier oder der iranischen Atomfrage, bei der Vermittlung zwischen der Türkei und Armenien oder zwischen Russland und Georgien. Dadurch hatte ich das Privileg, die Hauptakteure kennenlernen und die europäischen Entwicklungen aus der Nähe verfolgen zu können. Ich lernte die Speisesäle und die Menus von Brüssel, die heiklen und angespannten Treffen, aber auch das Bemühen um konstruktive Lösungen kennen. Ich bekam ihren Ärger über unsere Wünsche nach Sonderbehandlung mit, aber auch den Respekt vor unseren Institutionen und unserer Arbeit.

Zu Beginn meiner Amtszeit wollten die Vertreter der Europäischen Union vom «bilateralen Weg» nichts wissen. Bei unserem dritten Treffen im Jahr 2011 in Genf betonte der Präsident der Europäischen Kommission, José Manuel Barroso, die Notwendigkeit, den bilateralen Weg zu reformieren und seine Institutionalisierung zu verfolgen. Wenn ich da an das Jahr 2004 zurückdenke, als ich den Schweizer Wunsch vorbrachte, über einen Schengen-Beitritt zu verhandeln, und der Kommissar Patten mir einen Verzicht nahelegte, was ich kategorisch ausschlug, worauf er erwiderte: «Wenn Sie das wollen, dann treten Sie doch der Europäischen Union bei.» Und heute spricht man von der Institutionalisierung des bilateralen Wegs.

Der Beitrag der Schweiz zur Mobilität innerhalb Europas ist bemerkenswert: Ein ausgewanderter europäischer Arbeitnehmer von zehn und ein europäischer Grenzgänger von vieren arbeitet in der Schweiz.[3] Deren Beitrag zur finanziellen Stabilisierung der Eurozone ist weniger bekannt und doch wirksam: Die Geldpolitik der Schweizerischen Nationalbank führt zu immer höheren Reserven an Euros. Seit Jahrzehnten trägt die Schweiz zudem mit Entwicklungsprojekten und friedensfördernden Maßnahmen zu Wohlstand und Sicherheit des Kontinents bei. Sie geht paradoxerweise – wenn dies denn ein Paradox ist – so weit, andere zur Reform anzuhalten, um eines Tages der EU beitreten zu können, bei der sie selber nicht mitmacht.

Es ist daher nicht überraschend, dass der Europarat Jahr um Jahr die schweizerische Unterstützung zu schätzen weiß: Beteiligung an den friedenserhaltenden Maßnahmen in Bosnien-Herzegowina und im Kosovo; Beiträge der Schweiz zur Reduktion der sozialen und wirtschaftlichen Ungleichheiten in der EU oder der Durchschlag des Gotthard-Basistunnels. Der Europarat betrachtet diesen als «wichtigen Meilenstein bei der Verwirklichung dieses eindrücklichen Infrastrukturprojekts, das wesentlich dazu beitragen wird, die Weiterentwicklung des Verkehrs in Europa effizient und umweltfreundlich zu gestalten».[4] So hat die Schweiz eine Europapolitik, die sich nicht allein auf ihre Beziehungen zur EU reduzieren lässt.

Die Schweiz mit ihren acht Millionen Einwohnern wird ringsum von einer Union mit 500 Millionen Menschen umschlossen. Sie liegt geographisch im Herzen Europas, ist institutionell aber ein Drittstaat. Die Beziehungen zu den Nichtmitgliedstaaten waren bisher durch institutionelles Abseitsstehen gekennzeichnet, will heißen, eine wirtschaftliche ohne politische Einbindung. Wegen der vielfältig verflochtenen Beziehungen ist der Umgang mit dieser Situation in einem sehr dynamischen System eine tägliche Herausforderung. Die EU ist nämlich bei weitem der wichtigste Handelspartner für die Schweiz: Sie ist das Ziel von 57 Prozent ihrer Exporte und der Ursprung von 78 Prozent ihrer Importe.[5] Die Schweiz ist der drittwichtigste Handelspartner der EU nach den Vereinigten Staaten und China.[6] Aus dem Handel mit der Schweiz hat die Union 2011 einen Überschuss von 47 Milliarden Schweizer Franken erwirtschaftet.[7] Die Schweizer Unternehmen beschäftigen etwa eine Million Personen in der EU, über eine Million Europäer leben in der Schweiz, und mehr als 260 000 Grenzgänger fahren täglich zur Arbeit in die Schweiz.[8] Die Schweiz ist einer der Wirtschaftsmotoren Europas.

Auch wenn das schriftlich und mündlich bekundete Interesse der Schweiz gegenüber der EU vor allem wirtschaftlicher Natur ist und die Schweiz permanent einen Zugang zum großen europäischen Markt sucht, gehen die Beziehungen zwischen der Schweiz und der EU über reine Wirtschaftsbeziehungen hinaus und umfassen auch den Beitritt der Schweiz zum Schengen- und Dublin-Abkommen, das Betrugsbekämpfungs- und Zinsbesteuerungsabkommen. Die europäischen Institutionen haben demnach einen großen Einfluss, und sie entwickeln das Unionsrecht weiter, mit Auswirkungen auf andere Staaten. Eine der Herausforderungen zwischen der Schweiz und der EU ist folglich ihr

Einfluss auf die Rechtsordnung der Schweiz sowie unsere Möglichkeit, auf gewisse Entwicklungen des EU-Rechts Einfluss zu nehmen.

Als Nichtmitglied der Europäischen Union hat die Schweiz ein höheres Risiko, diskriminierenden Maßnahmen ausgesetzt zu werden, und die politischen und wirtschaftlichen Opportunitätskosten aufgrund unterschiedlicher und abweichender Normen steigen mit diesem Risiko. Nehmen wir etwa die Regulierungen für Finanzdienstleistungen im Nachgang der internationalen Finanzkrise, die den Schutz der Investoren verstärken möchten. Man hat den Eindruck, dass auch andere, protektionistische Überlegungen eine Rolle spielen. Zum Beispiel enthalten die neuen EU-Bestimmungen für Hedgefonds, vor allem aufgrund des Drucks der Mitgliedstaaten, Elemente, die eine unterschiedliche Behandlung für Drittstaaten vorsehen und dadurch neue Hürden errichten.[9]

Die Beschränkung auf die Verwaltung der bestehenden Dossiers wäre infolgedessen ein Rückzug mit wirtschaftlichen Konsequenzen, da die Handelshemmnisse mit der EU wahrscheinlich rasch zunehmen würden. Darum sind Rückzugs- oder Konfrontationsstrategien keine vernünftige Option. Die Schweiz ist ein entschieden europäisches Land. Man braucht ja nur eine Europakarte anzuschauen und die Schweiz dort umgeben von EU-Ländern zu sehen, mit Ausnahme von Liechtenstein, um sich klarzumachen, dass die beiden Seiten gar keine andere Wahl haben, als den Dialog zu suchen und aufrechtzuerhalten.

Die bislang von der Schweiz verfolgte Politik hat es ihr erlaubt, ihre Ziele im Bereich Wohlstand und Sicherheit gut, ja sehr gut zu erreichen. Die in den letzten zehn Jahren im Rahmen des bilateralen Wegs in Kraft getretenen Abkommen haben einen bedeutenden Anteil an diesem relativen Erfolg. Dies ist umso bemerkenswerter, als das Gelingen dieser kontinuierlichen, im Vergleich zu einem Beitritt allerdings bescheidenen Annäherung nicht garantiert war, weder aus außenpolitischer noch aus innenpolitischer Sicht, und dass jede Phase beträchtliche Anstrengungen erforderte.

Es gilt jedoch einzuräumen, dass die Bilanz einer solchen Politik mit Blick auf das Kriterium der Souveränität durchzogen ausfällt. In einer statistischen Studie hat die ETH Zürich gezeigt, dass ein Drittel der Bundesgesetze in den letzten zwanzig Jahren ein- oder mehrmals revidiert wurde, um sie an europäisches Recht anzupassen.[10] Dies scheint logisch, solange es sich um Bereiche handelt, die von den bilateralen Abkommen zwischen der Schweiz und der EU erfasst werden. Ein Drittel dieser Gesetzesrevisionen fällt jedoch unter die Kategorie «autonomer Nachvollzug», das heißt, in manchen Bereichen übernimmt die Schweiz das Europarecht, ohne an dessen Ausarbeitung mitgewirkt zu haben, oder sie hat zwar mitgewirkt, besaß aber kein Stimmrecht.

Es ist deshalb angebracht, alle Optionen, mit denen das Verhältnis zur EU geregelt werden soll, laufend mit Blick auf die Souveränität der Schweiz zu prüfen.

Die Schweiz hat in den letzten Jahren rund 120 bilaterale Abkommen mit der Europäischen Union ausgehandelt.[11] Der dadurch gewährte Zugang zum europäischen Binnenmarkt ist wichtig, bleibt aber beschränkt. Das heißt, dass die Schweiz nur in jenen Bereichen Marktzugang hat, die von den Vereinbarungen abgedeckt werden. Dieser Ansatz erlaubt ihr Spielräume und eröffnet der Diskussion ein weites Feld. So stehen die möglichen Interessenabwägungen im Mittelpunkt der Beziehungen zwischen der Schweiz und der Europäischen Union.

Man hat der Europapolitik der Schweiz oft vorgeworfen, von einer Krämermentalität beherrscht zu werden, mutlos und phantasielos zu sein. Das Schweizer Modell ist eine Baustelle, und man kann dem sektoriellen Ansatz gewiss mangelnde Lesbarkeit vorwerfen. Doch muss die Schweizer Europapolitik deswegen

gleich phantasielos und mutlos sein? Sollte Mut einerseits heißen, aussichtslose Initiativen zu ergreifen und andererseits, auf
Konfrontationskurs zu gehen, in der Hoffnung, er sei nicht mehr-
heitsfähig? So hofften bei der Abstimmung über die Weiterführung der bilateralen Verträge vom Februar 2009 wohl nur einzelne
Vertreter der Schweizerischen Volkspartei auf eine ablehnende
Mehrheit. Ihr Ziel bestand viel eher darin, einen Stimmenanteil
zu erreichen, der ihre effektive Parteienstärke übertraf. Das ist
schon an sich eine bedenkliche Entwicklung und wäre noch viel
schlimmer, wenn dieselben oder andere politische Akteure sich
von dieser Praxis ermutigen ließen.

Die Schweiz sieht sich vor institutionelle wie auch politisch-
juristische Fragen gestellt, die die laufenden Verhandlungen be-
hindern. Die Union ist in der Tat der Ansicht, dass Drittländer,
die an ihrem Binnenmarkt teilhaben wollen, sich jederzeit an
dieselben Rechtsnormen zu halten haben. Werden strengere Bestimmungen eingeführt, sollten sie auch für all jene gelten, die
freien Marktzugang haben. Aus Sicht der EU bedeutet dies, dass
die Abkommen, die einen nicht diskriminierenden Marktzugang
erlauben, auch einen einheitlichen Rechtsraum bilden sollten.

Was heißt dies konkret? Für die Union bedeutet es, dass nicht
nur das bestehende, sondern fortlaufend auch das neue Recht
mehr oder weniger automatisch zu akzeptieren ist und dass die
Erklärungen und Auslegungen des Europäischen Gerichtshofs,
und somit die Rechtsprechung der Union, vollständig zu befol-
gen sind. Die Europäische Kommission hält zudem dafür, dass
die Unternehmen von Drittländern derselben Aufsicht zu unterziehen seien wie jene der Mitgliedstaaten.[12]

Diese Standpunkte, die zum Teil in den Schlussfolgerungen
des EU-Ministerrats vom 8. Dezember 2008 zu den Beziehungen
mit den Mitgliedstaaten der EFTA und der Schweiz enthalten
sind,[13] stellen die Schweiz in ihrem künftigen Verhältnis zur EU
vor neue Herausforderungen. Diese will die Praxis der gegensei-

tigen Anerkennung der Gleichwertigkeit schweizerischer und europäischer Rechtsnormen aufgeben. Sie betrachtet dieses Vorgehen als zu umständlich und schwerfällig. In Zukunft möchte sie den sektoriellen Marktzugang an die Übernahme der entsprechenden europäischen Rechtsnormen binden, ohne dass Dritte auf die internen Entscheidungsabläufe Einfluss nehmen könnten, um sich ihre Entscheidungsfreiheit, Rechtsunabhängigkeit und Souveränität zu wahren. Durch diese Stoßrichtung möchte die EU auch Konkurrenzvorteile verhindern, die der Schweiz aus unterschiedlichen Rechtsstandards erwachsen könnten. Es geht in dieser Sache also nicht nur um politisch-juristische, sondern auch um wirtschaftliche Interessen.

Die EU ist bei ihren Forderungen in institutionellen Fragen kategorisch. Aus ihrer Sicht wird nur die Lösung der institutionellen Fragen Fortschritte in neuen Verhandlungsdossiers und die Fortsetzung des bilateralen Wegs erlauben. Sie geht davon aus, dass die Schweiz bei der Entwicklung, Umsetzung, Auslegung und Differenzbereinigung mit neuen Lösungen leben kann, die einige Prisen Supranationalität enthalten.

Die Schweiz befürwortet Lösungen, die ihr einen Zugang zum Markt erlauben und gleichzeitig ihre Souveränität und das gute Funktionieren ihrer Institutionen respektieren; die ihre wirtschaftlichen Interessen berücksichtigen und im Rahmen des Möglichen ihre Wettbewerbsvorteile erhalten. Das alles ist nicht selbstverständlich. Wenn die Schweiz inskünftig keine akzeptablen Lösungen mehr fände, wäre sie vor ein großes Dilemma gestellt: Sie müsste sich entweder für den Marktzutritt oder die strikte Wahrung ihrer Souveränität entscheiden und müsste also ihre wirtschaftlichen gegen ihre politischen Interessen abwägen. Die Frage lässt sich demnach wie folgt stellen: Welchen politischen Preis ist die Schweiz bereit zu bezahlen, um allfällige diskriminierende Maßnahmen zu vermeiden und voll am großen europäischen Markt teilzunehmen? Wenn ein EU-Beitritt oder ein Beitritt zum Europäischen Wirtschaftsraum nicht in Betracht kommt, werden institutionelle Lösungen in einem horizontalen Abkommen oder Rahmenabkommen gefunden werden müssen. Darin werden klare Regeln und Verfahrensweisen zu verankern sein, die die Homogenität des anwendbaren Rechts garantieren.

Es gibt ein gegenseitiges Interesse an Verhandlungen. Das ist Tatsache. Aber wieder einmal ist eine große Kakophonie ausgebrochen, indem ein Vorgeplänkel über institutionelle Fragen begonnen hat. Die EU verkündet stirnrunzelnd ihre Positionen, die Schweiz befürchtet zitternd das Ende des bilateralen Wegs, und die einen rufen nach einem Plan B, die anderen propagieren den Beitritt zum Europäischen Wirtschaftsraum und wieder andere einen möglichst langen Status quo.

Ende Juni 2013 gibt der Bundesrat dem Außenminister den Auftrag, ein Verhandlungsmandat vorzubereiten. Das Szenario ist bekannt: Seine Vorschläge lassen die nationalistische Rechte aufschreien, denn der Entwurf anerkennt die ausschließliche Zuständigkeit des Europäischen Gerichtshofs für die Auslegung des gültigen europäischen Rechts. Gleichzeitig werden wohl auch in Brüssel keine Begeisterungsstürme zu erwarten sein: Im Konfliktfall wird nämlich diesem selben Gericht die Autorität abgesprochen, ein definitives Urteil zu fällen und somit europäisches Recht auf Schweizer Boden durchzusetzen. Zudem werden rote Linien gezogen, das heißt, man verlangt Ausnahmeregelungen für flankierende Maßnahmen im freien Personenverkehr. Ohne diese Ausnahmen hätten es die politischen Akteure mit einem Kompromiss auf der innenpolitischen Bühne schwer, und mit den Ausnahmen könnte Brüssel Widerstand leisten. Zu den institutionellen Fragen kommen die Steuer- und Energiedossiers, die Verordnung zur Registrierung und Zulassung chemischer Stoffe («Reach»), die Regelung des CO_2-Emissionshandels, die Beteiligung am Satellitennavigationssystem Galileo, das Forschungsdossier und die Schweizer Beteiligung am EU-Kohäsionsfonds, die alle ein Eigenleben führen. Eine Koordination der verschiedenen Dossiers steht derzeit noch aus. Die institutionellen Fragen werden gesondert behandelt. Dabei scheint es mir sehr fraglich, dass ein reines Rahmenabkommen bei einer Abstimmung vor dem Schweizervolk große Chancen hätte.

Auch die Methode scheint mir fraglich: Der nach Brüssel übermittelte Vorschlag zur institutionellen Erneuerung ist das Ergebnis einer Vernehmlassung in den interessierten Kreisen.[14] Diese Methode hat zwar den Vorteil, die Formulierung einer mehrheitsfähigen internen Position zu erlauben, mutet der Schweiz aber zu, mit einer zementierten Ausgangsposition in die Verhandlungen einzusteigen, was ihren Verhandlungsspielraum stark einschränkt. Der Bundesrat hat sich eine schöne Herausforderung gestellt.

Angesichts der innenpolitischen Debatten, die die Schweiz im Takt der Diskussionen mit Brüssel beleben, und angesichts der geringen Sympathie, auf die ein Modell der quasi automatischen Übernahme europäischen Rechts stoßen wird, das uns potentiell zum Passivmitglied der EU macht, fürchte ich die Versuchung einer Politik der Schwarzmalerei. Ich fürchte deren Attraktivität umso mehr, als die Globalisierung Ängste auslöst. Diese Ängste sind doppelter Natur: Sie betreffen einerseits den Fortbestand unserer bäuerlichen Kultur und andererseits den freien Personenverkehr.

Der Bundesrat hat mit der Europäischen Union Verhandlungen aufgenommen über ein Freihandelsabkommen im Agrarbereich.[15] In bäuerlichen Kreisen widersetzt man sich seit Jahrzehnten einer Öffnung. Schon das Freihandelsabkommen mit der EU von 1972 schloss den Agrarsektor aus.[16] Auch als es im Rahmen der Doha-Runde der Welthandelsorganisation darum ging, die landwirtschaftlichen Märkte zu liberalisieren, kämpften die Bauern dagegen.[17] Man muss einräumen, dass der Verlauf der Wirtschafts- und Finanzkrise Zweifel nährt: Zweifel an der

Öffnungsfähigkeit der Märkte mit dem Ziel eines besseren Lebens für alle und an Kurskorrekturen auf internationaler Ebene. Die Bauernorganisationen ziehen inzwischen bilaterale Freihandelsabkommen vor, die mehr Opportunismus zulassen und es beispielsweise der Schweiz erlauben, den Zollschutz, von dem ihre Landwirtschaft profitiert, nicht ganz aufzuheben. Angesichts der Ungewissheiten über die weltweiten Entwicklungen ist die Agrarfrage zu einer Schicksalsfrage geworden, denn von ihr hängt die Versorgungsautonomie eines Landes ab. Dem Freihandelsabkommen mit der EU ist inzwischen die Luft ausgegangen, nicht nur wegen der Verknüpfung mit institutionellen Verhandlungen, sondern auch wegen mangelnder Motivation auf Schweizer Seite.

Was die Migrationsfrage betrifft, so mögen zwar die meisten Beobachter unterstreichen, dass die Schweiz, wie die meisten anderen europäischen Länder auch, Einwanderung braucht, um ihre ökonomische Stärke und ihren Lebensstandard zu bewahren, trotzdem wird Einwanderung in erster Linie als Bedrohung wahrgenommen: als Gefahr für die kulturelle Identität des Landes, für den Zugang zum Arbeitsmarkt und zu gewissen knappen Ressourcen.

Das Abkommen über die Personenfreizügigkeit ist Teil der Bilateralen I und trat 2002 in Kraft.[18] 2005 und 2009 stimmte das Schweizervolk seiner Ausdehnung auf zwölf neue Mitgliedstaaten der Europäischen Union zu.[19] Die Umsetzung der Abkommen erfolgt schrittweise, und eine Ventilklausel erlaubt unter gewissen Bedingungen die Wiedereinführung von Kontingenten.

Die Bilanz der ersten Runde weist eine kräftige und noch anwachsende Einwanderung aus. Im Mai 2012 verlängerte der Bundesrat die Beschränkung für osteuropäische Länder,[20] und im April 2013 führte er die Kontingentierung für alle europäischen Länder wieder ein.[21] Die Anrufung der Schutzklausel hat den Vorteil zu zeigen, dass der Bundesrat gegenüber dieser Frage nicht gleichgültig ist und die Regierung alle Steuerungsinstrumente nützt, die ihr zur Verfügung stehen. Trotzdem ist die Wirkung minimal und auf ein Jahr beschränkt: Ab 1. Januar 2014 kann die Schweiz die Einwanderung aus den ersten 15 Signatarstaaten der EU nicht mehr begrenzen,[22] so dass der Bundesrat sich schon mögliche Antworten auf die Erfordernisse der Einwanderung überlegt: in den Bereichen Wohnsituation, öffentlicher Verkehr, Ausbildungsplätze und Arbeitsbedingungen. Ich habe die Kampagnen zugunsten der Personenfreizügigkeit geleitet. Die Existenz einer Ventilklausel war beruhigend, doch das entscheidende Argument waren die flankierenden Maßnahmen, mit denen die Risiken des Lohndumpings und die Verschlechterung der Arbeitsbedingungen vermieden werden sollten und über die gleichzeitig mit den Abkommen abgestimmt wurde.

Allerdings werden die verstärkten Begleitmaßnahmen in den Bereichen Wohnen, Mobilität, Ausbildung, Arbeitsbedingungen, zu denen der Bundesrat sich Gedanken macht, ihre Wirkung erst mittel- und langfristig entfalten, und die Situation bleibt heikel: Das emotionale Umfeld der Migration kann zu großer Zurückhaltung bei der Europapolitik führen, im Klartext zum Unvermögen, den bilateralen Weg fortzusetzen, könnte doch die Annullierung eines Abkommens der Bilateralen I auch zur Annullierung sämtlicher anderer Abkommen führen. Dabei konnte die Schweiz mit den Abkommen über die Personenfreizügigkeit eine Migrationspolitik vorausschauend gestalten, die sich zweifellos positiv auswirkte, auch wenn damit echte Probleme verbunden sind.

Bundesrat Max Petitpierre, 1957 Chef des Politischen Departements, schreibt: «Es gibt einen gewissen Widerspruch zwischen unserer Überzeugung – die mindestens für ihre Anhänger eine ist, und es scheint mir schwierig, sie nicht zu teilen –, dass das Schicksal unseres Landes mit jenem Europas verbunden ist und mit der passiven Haltung, die wir der europäischen Integration entgegenbringen.»[23]

Petitpierre konstatiert den Widerspruch, konnte ihn aber nicht lösen. Denn die Schweiz mag zwar sehr enge Beziehungen zur EU auf vielen Gebieten haben, ist aber viel zurückhaltender, um nicht zu sagen feindselig gegenüber dem Versuch eingestellt, diese auf politischer Ebene zu stärken. In einer politischen Annäherung würden viele Schweizer einen Angriff auf die Souveränität des Landes sehen. Bei ihrem Bemühen, einen alternativen Weg zur Verständigung mit der Europäischen Union zu finden, hat die Schweiz den von Petitpierre formulierten Widerspruch zu lösen versucht: die geostrategische Lage im Herzen des europäischen Kontinents, die uns mit dem Schicksal Europas verbindet, und eine mehr als zurückhaltende Haltung gegenüber einer politischen Annäherung an die Europäische Union.

5. Die K18

Die Libyenkrise, die Behandlung der internationalen Steuerfragen und der Wirbel um die Europapolitik sind symptomatisch für die zugleich strukturellen und konjunkturellen Schwächen unseres Landes bei der Wahrung seiner außenpolitischen Interessen.

Strukturelle Schwächen: Wir verstehen unter Gemeinnutz die Summe der Partikularinteressen. Die Machtausübung ist diffus und erlaubt es nicht, oder nur schwer, ein übergeordnetes Interesse des Staats, das sich von den Komponenten und Individuen, die ihn ausmachen, unterscheidet, zu erkennen und zu definieren.

Nimmt man die Volksrechte Initiative und Referendum noch hinzu, ist es darum nicht erstaunlich, dass die politische Debatte offen geführt wird und unterschiedliche Meinungen geltend gemacht werden. Ein solches Gouvernanzsystem hat gewiss seine Vorteile, vor allem in der Anerkennung der Verschiedenheit seiner Komponenten, trotzdem muss es in der nationalen Debatte von einem Minimum an Leadership begleitet sein, denn die Außenpolitik will durch ihr Auftreten auf der internationalen Bühne eine Identität vermitteln und nicht die abweichenden Positionen der heimischen Akteure hinter den Kulissen zum Ausdruck bringen. Doch lässt die Kommunikation des Bundesrats zu wünschen übrig, oder vielmehr: Es gibt sie nicht.

Konjunkturelle Schwächen: Die Außenpolitik der Schweiz ist durch ihren Pragmatismus gekennzeichnet; den Interessen ihrer Wirtschaft verpflichtet, erweist sie sich als «formbar und opportunistisch».[1] Dies erklärt zugleich ihre mangelnde Lesbarkeit und ihre mangelnde Transparenz.

Die wirtschaftliche und Finanzkraft der Schweiz steht in keinem Verhältnis zu ihrer geographischen und demographischen Größe, und die aktuellen Entwicklungen sind für ein Land wie das unsere mit einer offenen Volkswirtschaft, das mit der Welt möglichst ungehindert Handel treiben will, nicht ungünstig. Warum also dieses Misstrauen gegenüber der «großen Politik»? Warum diese Vorbehalte gegenüber der Einbindung in Europa oder der Mitgliedschaft in internationalen Organisationen, unter Hinweis auf ihren politischen Charakter? Sollte denn die «große Politik» für ihre wirtschaftlichen Interessen gefährlich sein? Was wir zurzeit in unseren Beziehungen zu der EU erfahren, deutet eher auf das Gegenteil hin: Das Unvermögen, einen innenpolitischen Konsens zu erzielen, verschlechtert den Zugang zum großen Markt und erweist sich als schädlich für die wirtschaftlichen Interessen der Schweiz.

So oder so stehen die Probleme der Schweiz mit der EU am Anfang der Ausarbeitung einer universellen Politik.

Ich werde mich noch lange an jene Reise nach Nordkorea und China nur wenige Monate nach meinem Amtsantritt erinnern: Zwei Tage vor dem vorgesehenen Abreisetermin rutsche ich auf den Stufen zum Bundeshaus aus und verletze mich am Knie. Der Arzt, der mich untersucht, schlägt eine Operation vor. Ich wehre mich und will lieber einen Gips und eine Schiene zur Ruhigstellung des Beins, damit die Reise stattfinden kann. Die Vizekanzlerin des Bundes begleitet mich in die Stadt, um Schuhe mit flachen Absätzen zu kaufen, in denen ich gehen kann. Die einzigen passenden in meiner Größe, die es an dem Tag im Geschäft gab, waren rote Turnschuhe mit weißem Kreuz auf dem Absatz. Diese Schuhe stehen heute in einem Museum. Die roten Turnschuhe waren nicht das einzig Originelle an diesem Besuch: Im Frachtraum des Flugzeugs führten wir einen Karton tiefgekühlte Insekten mit, die für nordkoreanische Bauern bestimmt waren. Wieder aufgetaut und in die Felder entlassen, halfen sie mit, die

Ernteschädlinge zu bekämpfen. Dies geschah im Rahmen eines humanitären Hilfsprogramms der Schweizer Direktion für Entwicklung und Zusammenarbeit in diesem von Armut und Hungersnot heimgesuchten Land.[2]

Nordkorea hatte ein Energieproblem, und man fühlte sich in die fünfziger Jahre zurückversetzt. Nichts erinnerte an die Schweizer Konsumgesellschaft, obwohl das Land gerade eine Art Tauwetter erlebte und zaghafte wirtschaftliche Reformen auf den Weg brachte. Es war in dieser Zeit, als in Kaesong ein Industriekomplex entstand, wo auch Südkoreaner arbeiteten. Und es war in dieser Zeit, als die Eisenbahnlinie geplant wurde, die die beiden Hälften der Halbinsel verbinden sollte. Den kollektiven Betrieben hatte man erlaubt, ihre Produktionsquoten zu übertreffen und den Überschuss zu verkaufen. Wir wurden um Rat gefragt, wie man eine öffentliche Buchhaltung führe und wie man die Einkünfte unter den Mitgliedern des Kollektivs am besten verteilen könne. Die Schweizer Entwicklungshelfer erklärten ihrerseits, wie man Joghurt herstellt und wie man sich dem Geschmack der Kundschaft anpasst.

Auf politischer Ebene stand das Überschreiten der Demarkationslinie zu Fuß im Mittelpunkt der Gespräche. Was hatten wir den Südkoreanern zu sagen? Was bedeutete diese Grenzüberschreitung? Eigentlich war das Überschreiten der Linie schon von langer Hand von den Departementsdiensten geplant worden, und mein Vorgänger Joseph Deiss war für diese Reise vorgesehen, wenn er nicht den Wunsch gehabt hätte, sein Departement zu wechseln. Die Koreaner haben Sinn für Symbolik: Mit diesem Überschreiten der Demarkationslinie zu Fuß wollte Nordkorea dem Süden und den Amerikanern seine Gesprächsbereitschaft signalisieren. In der Tat sollte der südkoreanischen Seite über Lautsprecher bekundet werden, dass wir bereit seien, und dann gefragt werden, ob wir passieren könnten. Ich überschritt also die Demarkationslinie, eigentlich ein rund zehn Zentimeter hohes Mäuerchen, mit meinem verletzten Knie und meinen roten Turnschuhen. Und binnen Sekunden wurde die Schweizer Delegation in eine andere Welt katapultiert. Wir kamen aus einer Welt ohne Telefon, aus einer Welt der Vergangenheit, und dann nahm uns ein großer, aufgeregter US-General am Arm, und wir standen vor unzähligen Fotografen und Journalisten, die gespannt auf unsere Botschaft waren. Ich bin verblüfft, wie unverändert die Lage nach all den Jahren ist: Nordkorea befindet sich im Kriegszustand mit seinem von den USA unterstützten Nachbarn, der sich isoliert und von Feinden umgeben fühlt. Es ist ein abgeschottetes Land, wo der Hunger grassiert. Diese Situation verleitet es regelmäßig zu Drohungen, deren Ziel es damals wie heute ist, von den USA Sicherheitsgarantien zu erlangen. «Für Pjongjang ist ein Friedensabkommen die Vorbedingung für seine Abrüstung. Die USA sehen es genau umgekehrt: Abrüstung zuerst und erst dann ein Friedensvertrag.»[3]

Ich war die einzige Regierungsvertreterin, die sich mitten im Sars-Fieber (Severe Acute Respiratory Syndrome) in diese Gegend wagte. Bei der Landung in Pjongjang wurde die ganze Schweizer Delegation, noch bevor sie das Bundesratsflugzeug verlassen konnte, einer medizinischen Kontrolle unterzogen, um sicherzustellen, dass wir die Epidemie nicht nach Nordkorea einschleppten.

In China flitzt die Staatslimousine durch halb verlassene Straßen. Die paar erspähten Passanten tragen einen Mundschutz. Der chinesische Präsident sagt zu mir: «Danke, Madame, wir haben ein ganz kleines Flugzeug vom Himmel herabkommen sehen. Und Sie hatten die Güte, dieses kleine Flugzeug mit Sanitätsmaterial für uns zu beladen. Das berührt uns sehr.» Auch ich war von seiner Freundlichkeit berührt und fragte ihn spontan, ob er in Betracht ziehen möge, die Schweiz auf die Liste der «zugelassenen Reiseziele» zu setzen. Er nimmt meinen Wunsch entgegen, erkundigt sich aber, ob die Schweiz die Hotelkapazitäten habe, um jedes Jahr Hunderttausende von chinesischen Besuchern aufzunehmen. Und tatsächlich begannen ab 2005/06 zahlreiche chinesische Gäste in die Schweiz zu kommen, nachdem 2004 die Vereinbarung über den Status als zugelassenes Reiseziel unterschrieben worden war.[4] Was in den Beziehungen zwischen der Schweiz und China immer auffällt, ist das große Ungleichgewicht der Zahlen. Alles ist unglaublich groß: die Zahl der Schüler und Studenten, die Kapazitäten der Infrastruktur, die Investitionssummen, die Anzahl Beamte, die Größe der Ministerien.

Einige Jahre und einige Arbeitstreffen später lud ich meinen chinesischen Amtskollegen Li Zhaoxing nach Bern ein. Am Rand seines Besuchs wollte ich ihm die Alpen und den Schnee zeigen, den er noch nie aus der Nähe gesehen hatte. Zwei Helikopter flogen unsere Delegationen an einem schönen Tag auf das Jungfraujoch: blauer Himmel, weißer Schnee, märchenhafte Landschaft. Wir überfliegen den Aletschgletscher. Das chinesische Fernsehen filmt, und mein Kollege macht sich Notizen (zum Reden war der Helikopterlärm zu laut): «How beautiful!» Er will laufen und Schneebälle schmeißen. Nach einer chinesischen Tradition werfen wir Schlüssel in die Luft, was Glück bringen soll, und bekräftigen unseren beidseitigen Willen, unsere bilateralen Beziehungen zu festigen.

Bei einem späteren Besuch in China lädt Li Zhaoxing mich zu einem Besuch der Verbotenen Stadt in seiner Begleitung ein. Für meine Delegation, sich selbst und seine engen Mitarbeiter samt deren Kinder hat er einen mehrstündigen Rundgang geplant. An einem wunderbaren, sonnigen Nachmittag empfängt er uns am Eingang, kommentiert und erklärt, was wir sehen. Wir spazieren inmitten einer eindrücklichen Menschenmenge. Man erkennt ihn. Er schüttelt Hände und unterhält sich mit mehreren Leuten, lädt uns in ein Teehaus ein. Beim Tee überreicht er mir Plüschtiere, die Maskottchen der Olympischen Spiele von Peking, für meine Enkelinnen. Am Ende des Tages konnte ich mich des Eindrucks nicht erwehren, dass dies eine Antwort durch die Blume war. Eine Antwort worauf? Bei seinem Staatsbesuch in der Schweiz war der chinesische Präsident sehr schockiert und verärgert darüber gewesen, dass man den tibetischen Organisationen erlaubt hatte, auf seinem Weg vom Bundeshaus zum Hotel Bellevue, einer Strecke von einigen hundert Metern, gegen ihn zu demonstrieren. Er war überzeugt gewesen, dass die Schweiz damit seine Sicherheit gefährde und die Behörden ihm demnach nicht den angebrachten Respekt erwiesen. Danach begann eine ganze Weile lang jedes Treffen mit einer chinesischen Delegation mit einem ausführlichen Monolog zur Tibetfrage. Dagegen sollte der Besuch der Verbotenen Stadt der Schweizer Regierung beweisen, dass wir uns mitten in der Menge der chinesischen Besucher, die dem Minister und seinen fremden Gästen freundlich applaudierten, sorglos bewegen konnten.

Die Beziehungen zu China können rasch vom Lächeln in Irritation umschlagen, wenn heikle Themen wie die Achtung der Menschenrechte vorgebracht werden. In diesem Umfeld kann ein sorgsam gepflegter persönlicher Kontakt entscheidend sein, um diese Fragen anzugehen, ohne zu beleidigen. Tatsächlich war die chinesische Regierung, die mein Engagement in dieser Sache kannte, darauf gefasst, dass dieses Thema bei jedem Treffen zur Sprache kommen würde, und bereitete sich darauf vor. Der Schweiz hielt man diesbezüglich immer wieder vor, wie lange es gedauert hatte, bis das Schweizervolk den Frauen ihr Stimmrecht gab. Noch heute führen die Schweiz und China einen institutionalisierten Dialog über die Menschenrechte.[5]

China gefällt die Schweiz. Man sagte zu mir: «Sie ist ein schönes, malerisches Land.» Ich hatte 2003 Mühe, begreiflich zu machen, dass die Schweiz ein hochtechnologisiertes und hochentwickeltes Land ist. Inzwischen hat die Schweiz ihre Beziehung zu China durch eine privilegierte Partnerschaft institutionalisiert, zu der sie 2007 eine gemeinsame Absichtserklärung unterschrieb.[6] Expertengruppen treffen sich. Ein Freihandelsabkommen wird unterzeichnet.[7] Wir sind ein Konzentrat westlicher Methoden und Kompetenzen, ein Einfallstor nach Europa. Darum sind wir für China interessant. In einem Artikel in der *Neuen Zürcher Zeitung* vom 23. Mai 2013 erklärt der chinesische Ministerpräsident Li Kequiang, warum er für seinen ersten offiziellen Besuch die Schweiz ausgewählt hat.[8] Der Grund ist wirtschaftlicher Natur, es geht darum, ein Freihandelsabkommen zu schließen mit einer der zwanzig wichtigsten Ökonomien der Welt und einem kontinentaleuropäischen Land, und damit ein Zeichen zu setzen zugunsten einer Liberalisierung des Welthandels und des Multilateralismus. Es gibt auch einen finanziellen Grund: Durch die finanzielle Zusammenarbeit mit der Schweiz will China eine offene chinesische Wirtschaft stärken. Und schließlich erwähnt der chinesische Premierminister das gegenseitige Vertrauen und Verständnis. Die Schweiz gehört zu den ersten westlichen Ländern, die diplomatische Beziehungen zu China aufnahmen. Das erste Joint Venture im Industriebereich war chinesisch-schweizerisch gewesen, und schließlich war die Schweiz eines der ersten europäischen Länder, die China den Status einer Marktwirtschaft zusprachen.[9]

Die gestärkten Beziehungen zu China sind eines der Beispiele für die neue universelle Politik der Schweiz, die darin besteht, mit den wichtigsten ökonomischen und politischen Partnern strategische Abkommen und eine aktive Politik der internationalen Zusammenarbeit auszuarbeiten und umzusetzen. Die Schweiz hat bilaterale und multilaterale Beziehungen jenseits ihrer europäischen Interessen gepflegt und sich in eine globale Politik der Zusammenarbeit und Entwicklung eingebracht. Diese Politik wurde vom Bundesrat am 18. Mai 2005 in einer geschlossenen Strategiesitzung definiert, einer Klausur. Im Bundeshausjargon wird abgekürzt: Inskünftig sollte diese Sitzung unter dem Namen K18 bekannt sein.

Der Bericht zur Außenpolitik von 2000[10] bot eine angemessene Beschreibung des globalen, auch des europäischen Umfelds und der weltweiten Herausforderungen der Zukunft. Inzwischen war jedoch einiges geschehen. Das Außendepartement sah sich veranlasst, den Einfluss dieser Ereignisse auf den Kurs der Schweizer Außenpolitik zu erhellen und die Konsequenzen daraus zu ziehen. Dabei handelte es sich um die Erweiterung der EU um zehn neue Mitgliedstaaten und um den Abschluss der Bilateralen II; um den 11. September 2001 und Al-Kaida; um den Beitritt der Schweiz zu den Vereinten Nationen und das Auftauchen neuer Mächte auf dem internationalen Parkett. Diese Entwicklungen betrafen die Schweiz in mindestens dreierlei Hinsicht direkt: in ihrem Verhältnis zu den Vereinigten Staaten, in ihrer Beteiligung am kollektiven Sicherheitssystem der Uno und in ihrer Fähigkeit, sich den neuen weltweiten Kräfteverhältnissen mittels Verteilung und Dichte des Netzes ihrer internationalen Vertretungen anzupassen. Das Departement für auswärtige Angelegenheiten erarbeitete Vorschläge dazu, die ich dann dem Scharfsinn meiner Kollegen unterbreitete.

Am späten Nachmittag entscheidet der Bundesrat: Jenseits der Option Europa wollen wir unsere bilateralen Beziehungen zu unseren bedeutsamsten Partnern wie den USA, China, Russland oder Indien ebenso wie jene zu unseren engsten Verbündeten stärken.[11] Wir wollen die Möglichkeiten der Interessenwahrung bis an die Grenzen unserer Handlungsfähigkeit ausloten und dazu unsere diplomatische Expertise entfalten und uns reorganisieren.

Das Außendepartement hat die weißen Flecken auf der Weltkarte ausgefüllt, neue Konsulate und Botschaften eröffnet und andere geschlossen. Es hat konsularische Regionalzentren geschaffen, diplomatische Kanäle eröffnet, die allein der Interessenvertretung dienen, Sonderbotschafter ernannt und Sonderbotschaften für Projekte und Programme ins Leben gerufen. So bilden sich neue Formen der Auslandvertretung, denn die Welt dreht sich so schnell, dass die Informationsflüsse und Entscheidungswege laufend angepasst werden müssen. Die veränderten Informationstechnologien, darunter insbesondere die sozialen Medien, eröffnen neue Möglichkeiten der Einflussnahme. Das alte System der Diplomatie, das auf offiziellen Treffen und Verträgen basiert, ist im Fluss. Mehr und mehr wird auf die elektronische Vernetzung gesetzt.

Bis vor kurzem und einer langen Tradition entsprechend, herrschten bei den Diplomaten strenge Regeln. Kontakte, Sprache, Verhaltenskodex: Alles war reguliert, inklusive Titel, Kleidervorschriften, Sitzordnungen, und das beinahe unterschiedslos von Land zu Land. Diese Praxis erleichterte den Diplomaten das gegenseitige Verständnis in einer wohlgeordneten Welt. Auch innerhalb des diplomatischen Korps herrschte Ordnung: Seine Mitglieder waren vom selben Zuschnitt und nahmen dieselben Denkweisen an. Ihre Karrieren nahmen denselben Verlauf, und eine erfolgreiche Laufbahn endete auf einer europäischen Botschaft. Eine Berufung an einen anderen Ort kam einer Strafe gleich. Diversität hatte in diesem Schema keinen Platz, selbst wenn das soziale, familiäre und professionelle Umfeld unterschiedlich war. Die Außenminister neigten dazu, eine eigene Kultur aufzubauen, die sie von ihren Regierungskollegen entfremdete. Und innerhalb des Eidgenössischen Departementes für auswärtige Angelegenheiten galt die Direktion für Entwicklung und Zusammenarbeit nicht wirklich als Teil des Departements, sondern wurde eher als Fremdkörper betrachtet, als Parallelwelt ohne Berührungspunkte.

Mit solchen Strukturen und einer solchen Unternehmenskultur konnte den zahlreichen Herausforderungen, denen die Außenpolitik sich stellen muss, nicht mehr begegnet werden. Um die Globalisierung und die zunehmenden gegenseitigen Abhängigkeiten richtig zu analysieren und zu verstehen, muss auf Vielfalt mit Vielfalt und auf Komplexität mit Komplexität geantwortet werden.

Die Schweiz war mit diesen Überlegungen nicht allein: Die Außendepartemente haben ihre Strukturen und ihre Methoden teilweise angepasst. Die heutigen Außenminister haben es mit einem viel breiteren Themenspektrum zu tun als ihre Vorgänger, und auf direktere Art. Telefonate und SMS sind an die Stelle der diplomatischen Depeschen getreten. Die Leistungsanforderungen und die Arbeitsmethoden ändern sich. Es kann daher kaum überraschen, dass sich auch die Zusammensetzung des Personals verändert. Im Außendepartement ist der Frauenanteil gewachsen. Auch die Einwanderer der zweiten Generation sind stärker vertreten, was sich als besonders sinnvoll erweist, wenn es zwischen den unterschiedlichen Kulturen Brücken zu bauen gilt. Zudem beträgt der Anteil der vor Ort rekrutierten Personen inzwischen über fünfzig Prozent, eine Entwicklung, die den Schweizer Charakter der Auslandmissionen verändert.

Die K18 fand ein gemischtes Echo. Für einige Diplomaten ist sie nichts anderes als ein unerkundeter Berg der Himalajakette. Und einige Beobachter der Schweizer Außenpolitik ignorieren sie gar völlig.

Ich erkläre mir die Verweigerung als Unerfahrenheit und Furcht vor Veränderung.

Unerfahrenheit: Abflug nach Bamako zu einem Treffen des «Human Security Network».[12] Wir starten von Belp aus mit dem Bundesratsflugzeug, mit Militärpiloten am Steuer. Ich sitze schon im Flugzeug und warte, während eine meiner Mitarbeiterinnen sich auf Schweizerdeutsch mit den Piloten unterhält. Das Gespräch wird lauter, und wir sind anscheinend nicht abflugbereit. Ich bin beunruhigt: «Was ist los? Haben wir ein Problem?» – «Ja», antwortet der Chefpilot. «Mein Kopilot und ich sind nicht gegen

Gelbfieber geimpft und können darum in Bamako nicht landen.» Ich bin sprachlos, die Reise war von langer Hand vorbereitet, und die Schweizer Delegation, die geimpft ist, wird erwartet: Am Treffen nehmen rund zehn Minister teil, und es soll am nächsten Morgen beginnen. Schließlich wird beschlossen, dass der Pilot und Kopilot uns in Bamako absetzen und gleich nach Algier weiterfliegen werden, wo die Crew zwei Tage warten und uns dann wieder abholen soll. Nach diesem Abenteuer ließen die Schweizer Militärpiloten sich impfen. Ich konnte mich trotzdem nie des Gedankens erwehren, es sei wohl das erste Mal gewesen, dass das Bundesratsflugzeug die Grenzen des europäischen Kontinents hinter sich ließ.

Furcht vor Veränderung: Die Diplomaten bekundeten Mühe – wie sollten sie ihre Rolle auffassen, wenn die Minister miteinander direkt Kontakt aufnehmen und gar verhandeln? Die Botschafter genossen einst große Unabhängigkeit und diktierten die Politik der Zentrale. Heute fallen die strategischen Entscheide in Bern, und ein Berner Beamter im Umfeld der Bundesräte verfügt über aktuellere Informationen und einen größeren Einfluss als ein Botschafter in einer fernen Residenz. Zudem will der Bundesrat sich mit der K18 die Mittel geben, um die Schweizer Politik wirksamer und großflächiger umzusetzen, wodurch er die Hierarchie der Botschaften und Botschafter durcheinanderbringt, wonach die Besten in die europäischen Länder und die anderen sonst wohin geschickt werden.

Der Bundesrat setzt sich mit seinem Vorhaben klar zum Ziel, die wirtschaftlichen und politischen Risiken zu verteilen. Jedermann wird zugeben, dass der erfolgreiche Aufbau von Märkten außerhalb des Alten Kontinents einer der Schlüssel zum Erfolg der Schweiz ist. Die Wettbewerbsfähigkeit der Schweizer Industrie misst sich an ihren Exporten. Die Märkte verschieben sich. Die Firmen verkaufen zunehmend an aufstrebende Märkte oder Transformationsländer, während der Anteil der Exporte in die EU tendenziell sinkt: von 66,1 Prozent im Jahr 1998 fiel er auf 56 Prozent 2012.[13] Im Zuge der Globalisierung muss die Kleinheit unseres Binnenmarkts kein zwingendes Hindernis für unseren Handel mehr sein, wenn die Rahmenbedingungen des Freihandels und des Schutzes des geistigen Eigentums Schritt halten. In afrikanischem Boden «liegen 12 Prozent der weltweiten Ölreserven und 40 Prozent des Goldes verborgen, auch 60 Prozent der ungenutzten Ackerflächen liegen dort».[14] – «Russland generiert 11,8 Prozent der weltweiten Energieproduktion. Rund 50 Prozent der in Europa produzierten Energie stammt aus Russland.»[15] Es ging folglich für den Bundesrat darum, die Wahrung der Schweizer Interessen bei den Beziehungen zu anderen Weltgegenden konsequent mit zu bedenken.

Auf der politischen Ebene hat der Bundesrat einerseits seine Effizienzstrategie bekräftigt, indem er sein internationales Netz neu organisierte und nach einer kohärenteren Politik strebte, indem er etwa in den Bereichen weltweite Gesundheit oder Migration auf departementsübergreifende Strategien setzte. Andererseits betont er sein umfassendes Engagement, indem er seinen hauptsächlichen Partnern mehr Aufmerksamkeit widmet und primär auf multilaterale Politik, seine Beziehungen zu den Vereinten Nationen und zu internationalen Organisationen, auf Entwicklungs-, Friedens- und Sicherheitspolitik setzt. Die Entscheide, die der Bundesrat an diesem 18. Mai 2005 trifft, markieren somit gewissermaßen eine Öffnung. Auf diplomatischer Ebene folgte eine ganze Reihe von Memoranden, zunächst mit den USA, Russland, Südafrika und China, in denen der Rahmen verstärkter Beziehungen in allen Bereichen abgesteckt und festgeschrieben wurde. Da kann es sogar geschehen, dass Expertentreffen, zum Beispiel zwischen der Schweiz und den USA, zwecks Auslegeordnung unserer Beziehungen zu Platzproblemen führen können, sind doch die Säle, die dafür in Bern normalerweise zur Verfügung stehen, alle zu klein!

Einige hellsichtige Geister werden zweifellos einwenden, dass all dies die USA nicht daran hindert, unseren Banken, die derzeit mehr Geld für Bußen aufwenden, als sie in ihre Aktivitäten investieren, beträchtliche Schwierigkeiten zu bereiten; dass unser Lächeln und Händeschütteln die europäischen Kommissare nicht daran hindert, uns zu warnen und manchmal gar zu drohen. Das stimmt. Trotzdem haben die privilegierten Partnerschaften zweifellos die wirtschaftlichen und politischen Rahmenbedingungen verbessert. Trotzdem erhöht die Betonung der internationalen Zusammenarbeit die Einflussmöglichkeiten und ist eine Art Gegengewicht zum bescheideneren Einfluss der Schweiz auf dem europäischen Kontinent. Die Schweiz muss an den weltweiten Bewegungen teilhaben. Die Bedeutung der weltweiten Beziehungen abstreiten und sich auf seine Nachbarn konzentrieren, die eigene Nützlichkeit beschränken, indem man sich nicht an der Entwicklung globaler öffentlicher Güter beteiligt, verstärkt nur die Isolation.

Aus diesem Grund kam der Bundesrat zum Schluss, dass es lebenswichtig sei, die schweizerischen Interessen klar zu definieren, gemeinsam Strategien zu erarbeiten, die wichtigsten Partner zu benennen und seine Interessen bekannt zu machen, um in der Lage zu sein, seine Anliegen und Argumente durchzubringen.

Andere Beobachter meinen, dieser Blick über den europäischen Kontinent hinaus habe die Schweizer Diplomatie dazu verleitet, die Beziehungen zu den Nachbarn zu vernachlässigen. Als ich 2003 mein Amt antrat, schrieben die Diplomaten vor, was zu tun sei: anfangen mit einem ersten Besuch in Österreich und dann bei den anderen Nachbarn. Sie haben das organisiert und ich bin ihnen gefolgt. Außer dass ich mit Finnland begann, dem ersten Land, das bereit war, mich zu empfangen.[16] Auf die harte Tour habe ich gelernt, dass wir nicht interessieren, weil wir schön, gut oder gar besser sind. Wir interessieren entweder wegen unseres Störpotentials, und da gilt in der Regel doch, dass wir es mit Stärkeren zu tun haben und wir uns meist erst nach viel Geschrei beugen, oder indem wir unsere Kompetenzen und unser Können zur Verfügung stellen. Trotzdem bedeutet der Blick über Europa hinaus nicht, dass man den Blick in die Runde vernachlässigen soll. Ich habe die Beziehungen mit den europäischen Nachbarn und mit der Europäischen Kommission stets als besonders wichtig erachtet, denn schließlich lässt sich an der geostrategischen Lage der Schweiz rein gar nichts ändern.

Aber jedenfalls sind die zwischenstaatlichen Allianzen und Partnerschaften fundamental, um die asymmetrischen Beziehungen aufzuwiegen, und dies umso mehr für jene Länder, die nicht im Club der Großmächte mitspielen. Um ihre Sicherheit zu gewährleisten, braucht die Schweiz eine gerechte Weltordnung. Es gilt darum nicht nur, unser bilaterales Verhältnis mit anderen zu pflegen, sondern vor allem auch Einfluss in den multilateralen Gremien zu gewinnen, wo eine solche Ordnung entsteht. Die Schweiz profiliert sich als Vermittlerin in den internationalen Beziehungen, sie schmiedet Ad-hoc-Allianzen in der Uno, sie ergreift Initiativen, sie engagiert sich im Kampf gegen den Terrorismus und für eine nachhaltige Entwicklung und sorgt sich um das Schicksal der Zivilbevölkerung in Konflikten. Unter diesen Umständen ist die Fähigkeit, mit der Globalisierung und der gegenseitigen Abhängigkeit umzugehen, die weltweiten Hauptakteure zu erkennen und die eigenen Interessen klar zu definieren, eine Strategie zu entwickeln und die wichtigsten Partner und Gremien zu benennen, mit denen die Schweiz handeln will, eine durchaus vernünftige Tugend.

War die Schweiz in ihren bilateralen und multilateralen Beziehungen über die europäischen Grenzen hinaus sehr aktiv gewesen, so engagierte sie sich ab den 1950er Jahren, wie Daniel Trachsler[17] zu Recht festhält, auch aus Gründen der beschränkten Entfaltungsmöglichkeiten für die Schweizer Europapolitik, in der Entwicklungszusammenarbeit mit osteuropäischen und Drittweltländern.

Es gibt Ungleichheiten auf der Welt, die sich nicht ohne weltweites Handeln beseitigen lassen. Man denke an Afrika, wo fünfzehn Prozent der Weltbevölkerung wohnen, wohin aber nur 5,3 Prozent der Gesamtinvestitionen gehen und wo kaum mehr als ein Prozent der weltweiten Industrieproduktion angesiedelt ist.[18]

In absoluten Zahlen nimmt der Abstand zwischen reichen und armen Ländern ständig zu. 2010 ist das Bruttoinlandprodukt pro Kopf in den reichsten Ländern fünfmal höher als in den Ländern mit mittleren Einkommen und dreißigmal höher als in den einkommensschwachen Ländern, und zwar obwohl das Bruttoinlandprodukt von 1992 auf 2010 um vierzig Prozent pro Kopf stieg.[19]

Es gibt demnach immer weniger Grund, daran zu glauben, dass Wohlstand automatisch auf Wachstum folgt, und was die Länder des Südens betrifft, gar keinen.

Die schweizerische Entwicklungszusammenarbeit war in ihren Anfängen auf die ärmsten Länder konzentriert. Heute hat die Direktion für Entwicklung und Zusammenarbeit ihre Strategie einer veränderten Welt angepasst. 1990 lebten 90 Prozent der Armen auch in armen Ländern. 2012 leben 70 Prozent der Armen in Ländern mit durchschnittlichen Einkommen, und auch in einkommensstarken Ländern fehlt die Armut nicht.[20] Heute weiß man, dass Umweltprobleme wie die Klimaveränderung vor allem die Ärmsten treffen. Das Leben von Millionen Menschen in Afrika, Süd- und Mittelasien und Lateinamerika hängt direkt von den natürlichen Ressourcen ab. Sie haben immer öfter mit extremen Wetterereignissen wie Dürre und Überschwemmungen oder mit Epidemien zu kämpfen. Man weiß zum Beispiel, wie stark Umweltfaktoren am Aufstand von 2003 der schwarzen Stämme von Darfur gegen die Zentralregierung in Khartum mitbeteiligt waren. Mehrere Dürren trieben die Wanderhirten des Nordens auf die besser bewässerten Weiden des Südens. Die sesshaften Bauern im Süden legten Bewässerungssysteme und -kanäle an, die das Umherziehen der Herden behinderten, wodurch zwischen den schwarzen Siedlern und den arabischen Züchtern Spannungen um den Zugang zum Wasser und zu den Ländereien entstanden. Die globalen Probleme wie Naturkatastrophen, Unsicherheiten, Wirtschaftskrisen, mangelnde Staatsführung wirken sich in den betroffenen Ländern auf die Armen relativ stärker aus. Hier ist die internationale Gemeinschaft, sind Wissenschaft und Ökonomie gefordert, kollektive Antworten auf Risiken dieser Art zu finden.

Die Botschaft vom 15. Februar 2012 zur Internationalen Zusammenarbeit der Schweiz 2013–2016[21] sieht darum neben den bilateralen und multilateralen Programmen der Armutsbekämpfung auch ein Engagement der Schweiz bei Programmen zur Konfliktbewältigung und Krisenresistenz, der Gesundheitsversorgung und des Zugangs zu Wasser, zu Unterricht und Berufsbildung, Landwirtschaft und Nahrungssicherheit, Privatwirtschaft und Finanzdienstleistungen, Staatsreform, lokaler Verwaltung und Bürgerbeteiligung, Klimawandel und Migration vor. Die Schweizer Entwicklungszusammenarbeit weitet sich mit globalen Programmen auf neue Gebiete aus. Und sie wird aufgestockt.

Im Februar 2011 beschließt das Parlament, die Entwicklungshilfe auf 0,5 Prozent des Bruttonationaleinkommens zu erhöhen.[22] Mit diesem Prozentsatz situiert sich die Schweiz im Mittelfeld der Geberländer der OECD, doch vor allem ist sie eines der wenigen Länder, die mitten in einer hartnäckigen Wirtschaftskrise die Budgetmittel für die Entwicklungszusammenarbeit erhöhen.

Die Veränderungen in der weltweiten Dynamik haben ihre Auswirkungen auf die Außenpolitik der Schweiz: Sie geht außer-

halb von Europa privilegierte Partnerschaften ein, sie wird multi-
lateral, sie dehnt ihre Entwicklungszusammenarbeit mit globalen Programmen auf den ganzen Planeten aus.

Die K18 war dazu ein erster Schritt. Sie gab eine Richtung an.
Sie trug dazu bei, die Beziehungen der Schweiz mit ihren wichtigsten Partnern zu festigen. Sie trug zu neuen Einsichten und
neuen Einflussmöglichkeiten bei. Darum ist sie so wichtig.

6. Die Neutralität, eine Illusion?

Die Neutralität der Schweiz, ein für ihre Identität sehr bedeutsames Merkmal, ist oft als Rückzug auf die eigenen unmittelbaren Interessen interpretiert worden. Nun aber haben die traditionellen Guten Dienste als Schutzmachtmandate im engeren Sinn nach dem Zweiten Weltkrieg an Bedeutung verloren, während internationale Mandate und neue Ansätze der Konfliktlösung und Friedensförderung in den Vordergrund rücken. Eine aktive Rolle der Schweiz in diesem Umfeld wurde erst mit einem gewandelten Verständnis der schweizerischen Neutralität möglich. Dieser Wandel trat nach dem Ende des Kalten Krieges ein, nachdem es nicht mehr so attraktiv schien, sich aus allem herauszuhalten und zu isolieren. Der Außenpolitische Bericht 1993 bringt diesbezüglich wichtige konzeptuelle Veränderungen, indem er die Förderung von Frieden und Sicherheit als Hauptziel der Schweizer Außenpolitik definiert.[1]

Trotzdem musste man mehrere Jahre warten, bis der Übergang von einer eher passiven zu einer aktiven Politik vollzogen war, die auf Konfliktprävention und -lösung samt Projekten im Bereich Demokratie, menschliche Sicherheit und Vermittlung setzte. Die ersten Ansätze einer solchen Politik sind in Kolumbien[2] ebenso wie im Sudan[3] zu beobachten.

Ich muss einräumen, dass ich wenig Sinn darin sehe, laufend nach dem zu fragen, was die Neutralität uns verbietet. Die Regeln der Neutralität sind nur auf Situationen anwendbar, in denen Länder Krieg gegeneinander führen, und sie schreiben nur wenig vor, im Grunde drei Dinge: Erstens, dass wir uns nicht an den Kriegen der anderen beteiligen dürfen. Zweitens, dass wir den kriegführenden Parteien weder unsere Truppen noch unsere

87

Waffen zur Verfügung stellen. Drittens, dass wir unser Territorium verteidigen müssen, um zu vermeiden, dass es von den Kriegsparteien zu militärischen Zwecken genutzt wird, zum Beispiel für den Truppentransit oder für die Errichtung von Militärstützpunkten. Und da die Schweiz für die immerwährende Neutralität optiert hat, ist sie auch verpflichtet, alles zu meiden, was sie in einen künftigen Krieg hineinziehen könnte, wie den Beitritt zu einem Militärbündnis.[4]

Innerhalb dieser Grenzen haben wir in Friedenszeiten volle Handlungsfreiheit. Es steht uns frei, unsere Neutralität in den Dienst unserer Außenpolitik zu stellen, um unsere Interessen zu wahren und unsere Sicherheit zu gewährleisten. So begründe ich das Konzept der aktiven Neutralität, das ich entschieden befürworte, einer Neutralität, die sich dafür einsetzt, Konflikten vorzubeugen oder sie auf diplomatischem Weg durch Dialog und Verhandlungen zu lösen, gestützt auf das Völkerrecht, zivile Friedensförderung und die Verteidigung der Menschenrechte.

Ein Blick auf die Vergangenheit mag uns beim Nachdenken darüber helfen, wie wir heute und morgen unsere Neutralität nutzen können. Es war die Schlacht von Marignano im 16. Jahrhundert, die die Schweizer dazu bewog, neutral zu werden. Die Eidgenossenschaft verständigte sich 1647 offiziell auf die Neutralität,[5] ein Jahr vor der Unterzeichnung des Westfälischen Friedens. Die Botschaft der Eidgenossen war klar: Wir werden niemanden angreifen, wir werden uns höchstens verteidigen, wenn wir angegriffen werden sollten. Dies kam einem immerwährenden Verzicht auf militärische Gewalt als Instrument der Sicherheit gleich. Mit diesem Entscheid haben wir uns verpflichtet, nie mehr die Durchsetzung unserer nationalen Interessen mit Waffengewalt zu suchen. Und dies taten wir dreihundert Jahre ehe das Völkerrecht den Krieg ächtete. Aus heutiger Sicht war dies ein wahrhaft revolutionärer Akt zu einer Zeit, als der Krieg als legitimes Mittel eines Landes galt, seine Interessen gegen außen zu wahren. Welchen Verlauf die Geschichte wohl genommen hätte, wenn mit uns noch weitere Staaten auf den Krieg verzichtet hätten? Ohne ihre Neutralität wäre die Schweiz vielleicht den religiösen, ideologischen oder Machtkonflikten zum Opfer gefallen, die Europa während Jahrhunderten zerrissen. Passt eine Politik der Neutralität noch in die heutige Welt? Dient sie als Vorwand für Isolationismus? Ist sie für unsere Sicherheit weiterhin nützlich?

Professor René Schwok vertritt die Meinung, dass «die Neutralität der Schweiz keinen großen Nutzen mehr» hat.[6] Einst erfunden, um uns aus zwischenstaatlichen Konflikten herauszuhalten, könne sie uns nicht mehr als Bollwerk gegen die Gefahren der Welt dienen. Was vermag die Neutralität in der Tat auszurichten gegen Terroristengruppen, gegen die Klimaerwärmung oder gegen zwischenstaatliche Konflikte? Doch Schwok betont auch, es sei «tatsächlich logisch, dass kriegführende Staaten sich leichter an ein neutrales Land wenden, das ihnen helfen soll, ihre Differenzen beizulegen».[7]

Man muss tatsächlich anerkennen, dass die Neutralität nicht mehr im selben Kontext wie einst praktiziert werden kann.

Heutzutage hängt der Status eines Landes in der Welt von seinen Einflussmöglichkeiten auf internationaler Ebene ab. Und aus dieser Perspektive betrachtet, sind Größe und militärische Macht nicht alles.

Wir sind Zeugen von großen Umwälzungen weltweit. Dieser Wandel der modernen Gesellschaft bleibt selbstverständlich nicht ohne Auswirkungen auf den Platz der Schweiz in der Welt. Ganz im Gegenteil – und ob uns das gefällt oder nicht – haben unserem direkten Einflussbereich entzogene Faktoren oder Ereignisse entscheidende Auswirkungen auf unsere Wirtschaft oder unseren politischen Handlungsspielraum. Dabei haben wir doch eine schöne Demokratie aufgebaut. Wir haben unseren Mitbürgern versprochen, dass sie etwas zu sagen hätten zu den

Gesetzen, die sie in ihrem Alltag betreffen. Nun zeigen uns aber die aktuellen Entwicklungen, dass dies nicht unbedingt zutrifft, denn manche Entscheidungen fallen außerhalb der Landesgrenzen, und sie können nicht direkt darauf einwirken.

Der Begriff der Macht selbst ist im Wandel begriffen. Sie misst sich nicht mehr nur an der Größe einer Armee und der Wirtschaftskraft eines Landes. Sie wird heute durch Überzeugungskraft erworben, durch Ausstrahlung auf der internationalen Bühne, durch Können, die Fähigkeit, Netzwerke zu bilden und die öffentliche Meinung für sich zu gewinnen. Sie festigt sich in den internationalen Organisationen mittels Initiativen und Vorstößen, aber auch durch ein gutes Auge dafür, wie diese Organisationen effizient funktionieren. In der Uno sind die Small Five, die fünf Länder (Liechtenstein, Jordanien, Singapur, Costa Rica und die Schweiz), die Vorschläge zur Demokratisierung und größeren Transparenz der Arbeitsmethoden des Sicherheitsrats gemacht haben, fast so bekannt wie die Marke Coca-Cola! Die diplomatischen Initiativen der Small Five zeugen von der Wichtigkeit, die Debatte öffentlich auszutragen, selbst wenn die Schweiz die von ihr vorbereitete Resolution angesichts des Widerstands der ständigen Sicherheitsratsmitglieder schließlich zurückziehen musste.[8] Die Erfolge der Schweizer Diplomatie bei der Friedenspolitik und beim Dialog legen denselben Schluss nahe, nämlich dass in einer vernetzten und globalisierten Welt ein Land wie das unsere Einfluss nehmen kann.

Auf diese Weise gelang es der Schweiz, ihre Idee eines Menschenrechtsrats dank der intensiven Zusammenarbeit mit dem Präsidenten der Uno-Generalversammlung und einer kleinen Gruppe Mitgliedstaaten zu konkretisieren.[9] Kaum war sie formuliert, schon wurde sie kritisiert. Ich bin ziemlich sicher, nach kurzem Suchen würde man schon auf Zeitungsartikel stoßen, die mich als Ministerin darstellen, die von Utopien schwärmt und zur Verteidigung der Schweizer Interessen darum nicht sehr geeignet sei. Einer meiner Amtskollegen hat mich sogar einmal während einer Bundesratssitzung gefragt, wie ich denn von solchen Höhen wieder sicher auf den Boden zurückfände. Diese Höhen gehören zu unserer Welt. Die Glaubwürdigkeit eines Landes lässt sich nicht teilen, es ist genau umgekehrt: Mit allzu aggressivem Egoismus hat man keinen Erfolg. Im Januar 2013 begibt sich eine Delegation von sechs Bundesräten, die fest entschlossen sind, ein wenig Verständnis für unsere Probleme mit dem Bankgeheimnis und unsere Schwierigkeiten im Umgang mit der EU zu gewinnen, nach Davos. Die Ergebnisse sind gelinde gesagt enttäuschend. Ein Treffen zwischen unserem Bundespräsidenten und der deutschen Kanzlerin wird abgesagt. Für die Großen der Welt sind unsere Probleme nicht prioritär: Sie sind nach Davos gekommen, um über die Finanz- und Wirtschaftskrise, über Mali, Syrien, die Rede des britischen Premiers und über die europäische Zukunft zu sprechen.

Politische Untätigkeit, Passivität und Rückzug helfen uns nicht. Die Schweiz muss versuchen, ihren internationalen Einfluss durch die partnerschaftliche Zusammenarbeit mit anderen Staaten oder Staatenbündnissen zu stärken und auf die Autorität des Völkerrechts pochen, um ihre Interessen und ihre Unabhängigkeit zu schützen. Das tut die Schweiz. Sie ist präsent bei der Weiterentwicklung des Völkerrechts, sie stattet sich mit den nötigen Mitteln für eine wirksame Entwicklungszusammenarbeit aus, sie verstärkt ihre Aktivitäten bei der Friedensförderung, sie ist Mitglied internationaler Finanzinstitutionen wie des Internationalen Währungsfonds oder des Financial Stability Board, ihre Soldaten unterstützen die internationalen Friedensbemühungen in Bosnien und im Kosovo.

Diese Entwicklungen wurden nicht als unvereinbar mit der schweizerischen Neutralität erachtet. Sie überzeugten den Bundesrat gar davon, das kollektive Sicherheitssystem im Namen der neutralen Schweiz mitzutragen, noch bevor die Schweiz Mitglied der Vereinten Nationen war.

Am 7. August 1990 beschließt der Bundesrat Wirtschaftssanktionen gegen den Irak, gestützt auf eine Resolution des Sicherheitsrats.[10] Dieser Entscheid stellt einen Wendepunkt in der Außenpolitik und bei der konkreten Umsetzung der Neutralität dar: Seitdem hat die Schweiz das kollektive Sicherheitssystem der Uno immer unterstützt. 1995 stimmte der Bundesrat auf der Grundlage des Dayton-Abkommens dem Transit von Beobachtungstruppen samt Ausrüstung durch unser Hoheitsgebiet und unseren Luftraum nach Bosnien-Herzegowina zu, da diese Operation die Unterstützung des Sicherheitsrats hatte.[11]

Die Uno-Mitglieder sind gehalten, die Bestimmungen der Charta zu respektieren und die daraus entstehenden Verpflichtungen zu übernehmen. Artikel 103 hält den Vorrang der Charta gegenüber allen anderen Verträgen fest: «Widersprechen sich die Verpflichtungen von Mitgliedern der Vereinten Nationen aus dieser Charta und ihre Verpflichtungen aus anderen internationalen Übereinkünften, so haben die Verpflichtungen aus dieser Charta Vorrang.»[12]

Zunächst einmal wirkt diese Bestimmung allem Anschein nach wie eine gröbere Einmischung. Allerdings geht das internationale Recht von den Staaten selber aus; sie bekunden damit ihren gemeinsamen Willen, sich an bestimmte Regeln zu halten, im Interesse und zum Wohl aller. Die Rechtskraft dieser Bestimmung erwächst ihr also aus der Tatsache, dass die Länder selber beschlossen haben, sich ihr zu unterziehen. Man stelle sich vor, in einer Gruppe von Schiffbrüchigen auf einer einsamen Insel zu sein. Um zu überleben, käme man nicht darum herum, sich auf gemeinsame Regeln zu verständigen und sie einzuhalten. Jedes Gruppenmitglied wird ein gewisses Benehmen akzeptieren und sich aufgrund einer Art Übereinkunft daran halten. Diese Abmachung zwischen Personen, die sich durch die Umstände ge-

zwungen sehen, sich zu organisieren, ohne einer übergeordneten Instanz verpflichtet zu sein, ist mit einer Übereinkunft auf
internationaler Ebene vergleichbar.

Das Organ, das die höchste Verantwortung ausübt, wenn es
um Frieden und Sicherheit geht, ist der Sicherheitsrat. Artikel 24
der Charta umschreibt seine Rolle so: «Um ein schnelles und
wirksames Handeln der Vereinten Nationen zu gewährleisten,
übertragen ihre Mitglieder dem Sicherheitsrat die Hauptverant-
wortung für die Wahrung des Weltfriedens und der internationalen Sicherheit und erkennen an, dass der Sicherheitsrat bei der
Wahrnehmung der sich aus dieser Verantwortung ergebenden
Pflichten in ihrem Namen handelt.»[13]

Mit ihrem Beitritt zur Uno hat die Schweiz formell die Autorität des Sicherheitsrats anerkannt. Artikel 25 der Charta präzisiert
in der Tat: «Die Mitglieder der Vereinten Nationen kommen
überein, die Beschlüsse des Sicherheitsrats im Einklang mit dieser Charta anzunehmen und durchzuführen.»[14] Die Resolutio-
nen, die der Rat in Ausübung seiner Friedensprävention und Sicherheit übernimmt, haben demnach bindende Kraft für die
Schweiz. Dieses Prinzip bleibt gültig bis auf die Ausnahmefälle,
in denen er sich zur Gewaltanwendung entschließt.

Die Neutralitätsregeln beziehen sich nur auf bewaffnete zwischenstaatliche Konflikte und nicht auf militärische Sanktionen,
die der Sicherheitsrat aufgrund von Kapitel VII der Charta verhängt. Diese Sanktionen lassen sich nicht auf einen Konflikt zu-
rückführen, es sind Maßnahmen zur Umsetzung von Entscheidungen, die der Rat im Namen der Weltgemeinschaft trifft, um
den Frieden und die nationale Sicherheit wiederherzustellen.
Will heißen, das Neutralitätsrecht verbietet es dem neutralen
Staat nicht, sich den Militärsanktionen anzuschließen, die der
Sicherheitsrat gestützt auf Kapitel VII der Charta ergreift: Die
Schweizer Armee kann sich somit an den friedenserhaltenden
Maßnahmen der Uno und OSZE außerhalb der Landesgrenzen

beteiligen. Das Volk hat diese Politik bestärkt, indem es im Jahr 2000 eine Änderung des Armeegesetzes annahm.[15] Aber unsere Gesetzgebung verbietet formell jede Beteiligung an friedenserzwingenden Maßnahmen. Abgesehen davon kann der Sicherheitsrat uns nicht zwingen, an einer Militäroperation teilzunehmen, und er hat ebenso wenig die Macht, am fakultativen Charakter eines Einsatzes der Schweizer Armee im Ausland das Geringste zu ändern, noch uns zu zwingen, die einschlägigen Vorbehalte in unserer Gesetzgebung aufzugeben.

Hingegen ist jeder Militäreinsatz, der nicht auf einer Resolution des Sicherheitsrats beruht, ein klassischer zwischenstaatlicher Konflikt. In einem solchen Fall beachtet die Schweiz die Gebote der Neutralität. So verhängte sie 2003 im Irakkrieg für die Kampfflugzeuge der Kriegsparteien vor und während des Konflikts ein Flugverbot über ihr nationales Hoheitsgebiet. Sie verbot jegliche Lieferung von Kriegsmaterial aus der Schweiz an die Konfliktparteien und unterstellte die Rüstungsexporte des staatlichen Rüstungsbetriebs RUAG und anderer privater Schweizer Firmen an Länder, die an Konflikten beteiligt sind, der Bewilligungspflicht, um zu verhindern, dass in der Schweiz hergestellte Rüstungsgüter vor Ort zum Einsatz kämen.[16]

Die Entscheidungen des Bundesrates im Umfeld dieses Konflikts haben dazu beigetragen, die Neutralitätspolitik der Schweiz klarer zu definieren und sie deutlicher auf den Multilateralismus und die Achtung des Völkerrechts auszurichten, insbesondere bezüglich des Prinzips des Gewaltverzichts. Sie haben auch bekräftigt, dass keinerlei Unterstützung möglich ist für Militäreinsätze, die nicht den Prinzipien der Uno-Charta entsprechen.

Was andere als militärische Sanktionen betrifft, folgt der Bundesrat der allgemein akzeptierten Maxime, wonach die Gebote der Neutralität bei Wirtschaftssanktionen nicht gelten. Wenn die Vereinten Nationen, die Europäische Union oder irgendeine andere Gruppierung von Staaten Sanktionen beschließt, steht es der Schweiz also frei, ob sie sich anschließen will.

Die Neutralität ist demnach kein Hinderungsgrund für die Schweiz, sich am kollektiven Sicherheitssystem der Vereinten Nationen zu beteiligen und ihren Einfluss auf dem internationalen Parkett geltend zu machen.

Das System der kollektiven Sicherheit hat sich bewährt, auch wenn es nicht über jede Kritik erhaben ist, vor allem was die fragliche Repräsentativität des Sicherheitsrats angeht. Der Multilateralismus der Uno sollte mehr Gewicht haben als die unilaterale Entscheidung einer oder mehrerer wohlmeinender Hegemonialmächte, die sich zum Richter über Gut und Böse in der Welt aufschwingen könnten.

Wenn wir also davon ausgehen, dass wir unsere Sicherheit und Unabhängigkeit am besten in einem System der kollektiven Sicherheit bewahren, dann müssen wir die Vereinten Nationen stärken und ihre friedenserhaltenden Maßnahmen unterstützen, um uns am wirksamsten gegen den Krieg zu wappnen. Auf diese Weise achtet die Schweiz auch den Grundgedanken der Neutralität am besten.

In der Tat wollte ich die Friedensbotschaft, die dem Neutralitätsgedanken zugrunde liegt, zu einer der großen Linien und einem wichtigen Parameter der Schweizer Außenpolitik machen. Die zentrale Frage war nur, wie man sie sich am besten zunutze macht. Reicht es, den Verheerungen der Zwietracht ringsum ungerührt ins Auge zu schauen? Hoffen Sie noch auf Frieden und Sicherheit daheim, wenn Feuer und Schwert in Ihrem Viertel gewütet haben und das Recht dort jeden Einfluss verloren hat?

So verhält es sich auch zwischen den Ländern: Wir können uns erst am Frieden erfreuen, wenn rund um uns Frieden herrscht. Und indem wir uns vom Rest der Welt abkoppeln, können wir unsere Sicherheit bestimmt nicht stärken.

So zu denken, hieße verkennen, dass die Welt sich gewandelt hat. Die Bürgerkriege, die großen Epidemien, die Umweltkatastrophen, die Terroranschläge nehmen rasant zu. Die beste Art, um hier bei uns Naturkatastrophen vorzubeugen, besteht darin, sich für internationale Umweltnormen einzusetzen und uns dafür zu verwenden, dass sie auch eingehalten werden; mit anderen zu kooperieren und Allianzen zu knüpfen. Die beste Art, die Auswirkungen eines Konflikts auch bei uns zu meiden, ist, ihnen vorzubeugen, sie zu verhindern durch Vermittlung, friedensfördernde Maßnahmen und den Kampf gegen die Armut. Damit die Neutralität uns Frieden und Sicherheit bringt, müssen wir sie aktiv nutzen.

Neutralität bedeutet nicht Gleichgültigkeit. Neutral sein heißt nicht, die Werte aufgeben, die uns teuer sind. Es ist uns sehr an unseren Freiheiten und unserer Demokratie gelegen. Wir haben unsere Überzeugungen nie aufgegeben und werden es auch künftig nie tun. Die Menschenrechte und Grundfreiheiten sind wesentliche Werte unserer Bundesverfassung, aber auch der «Weltverfassung», wie man das Völkerrecht nennen könnte. Denn das Völkerrecht gilt für alle Länder. Wie viel Tinte ist nicht vergossen worden zu einer Pressemitteilung des Außendepartements vom Juli 2006, die Verletzungen des humanitären Völkerrechts bei einem der Zwischenfälle im israelisch-palästinensischen Konflikt anprangerte: «Das Eidgenössische Departement für auswärtige Angelegenheiten (EDA) verurteilt die unverhältnismäßige Reaktion der israelischen Streitkräfte im Libanon, insbesondere die Blockade der Küsten und die Luftangriffe gegen Ziele in der Hauptstadt Beirut und die Flughäfen des Landes. [...] Das EDA verurteilt auch die Angriffe der Hisbollah auf Wohnsiedlungen im Norden Israels, die ebenso gegen das humanitäre Völkerrecht verstoßen.»[17] Man befand, es widerspreche dem Grundsatz der Neutralität, das Verhalten Israels zu verurteilen, und als das Departement darauf hinwies, dass das Communiqué auch die Angriffe der Hisbollah gegen Siedlungen im Norden Israels verurteilte, bemühte man sich akribisch, nachzuweisen, dass eine der beiden Parteien mehr als die andere verurteilt worden sei! Dabei geht es nicht um Parteilichkeit, wenn man die eine oder andere Konfliktpartei auffordert, die Menschenrechte und das internationale humanitäre Recht zu achten und den von ihr unterzeichneten Abkommen und Konventionen nachzuleben. Es geht nicht darum, sich auf die eine oder andere Seite zu schlagen. Es geht darum, für das Recht einzustehen. Für das Recht einzustehen heißt, den Protest zu wagen, wenn unterzeichnete internationale Abkommen missachtet werden.

Friedliche Konfliktlösung, gute Regierungsführung, Minderheitenschutz, Wohlstand, Menschenrechte und internationales humanitäres Recht bilden die Werte und Normen, die wir überall auf der Welt verteidigen, die mit den Grundsätzen übereinstimmen, auf die wir in der Schweiz Wert legen und auf denen unser Rechtsstaat beruht. Diese gemeinsamen Werte, die wir für uns wie für die anderen bewahren wollen, stärken die Kohäsion unserer politischen Aktion dies- und jenseits unserer Grenzen. Und dasselbe gilt für die Neutralität.

Das ist der Grund, weshalb die Schweiz bis 2012, als sie sich auf die Seite der syrischen Rebellen schlug,[18] nie zu diplomatischen Mitteln griff, um einen Regierungswechsel herbeizuführen, oder wegen ideologischen Unverträglichkeiten auf Diplomatie verzichtete.

Ein Beispiel: Als der Internationale Gerichtshof im Juli 2004 befand, dass die Sicherheitsmauer, die Israel in den besetzten Gebieten errichtet hatte, völkerrechtswidrig war, beauftragte die Uno-Generalversammlung die Schweiz damit, mit den Signatarstaaten der Genfer Konvention zu erreichen, dass das humanitäre Völkerrecht in der Region besser beachtet würde.[19] Die Uno-Resolution zur Weiterverfolgung des Goldstone-Berichts[20] ist ein jüngeres Beispiel. Diese Mandate belegen klar, dass die internationale Gemeinschaft die Rolle anerkennt und schätzt, die die Schweiz als neutraler Staat spielen kann. Naturgemäß besteht der nächste Schritt darin, diese Kooperationen auszubauen. Ich bin im Übrigen überzeugt, dass die Zukunft der «soft power»[21] gehört und nicht der militärischen Schlagkraft.

Der internationale Strafgerichtshof, der Menschenrechtsrat, die Konvention über ein Verbot von Antipersonenminen, all dies sind die Früchte der Arbeit von Koalitionen, in denen Länder aus allen Weltregionen vertreten waren, die dieselbe Vorstellung von den Regeln menschlichen Zusammenlebens hatten. Und dasselbe gilt für alle großen Abkommen, die in den letzten Jahren geschlossen wurden.

Eine dynamische Interpretation der Neutralität in Friedenszeiten gibt zu Diskussionen Anlass. Ich sehe darin die Umsetzung der ursprünglichen Auffassung von Neutralität; für andere, Befürworter des Nichtstuns und des Schweigens zur Politik, ist sie ein Hindernis bei der Wahrung unserer Interessen. Heute ist die Schweiz Kandidatin für den Sicherheitsrat und bewirbt sich um einen nicht dauerhaften Sitz für den Zeitraum 2023/24.[22] Diesem Entscheid ist eine gründliche Reflexion vorangegangen. Ein Sitz im Sicherheitsrat gäbe der Schweiz eine Chance, noch aktiver an der Friedensförderung mitzuwirken. Ihre Rolle als Vermittlerin würde gestärkt. Die intensiven internationalen Kontakte rund um die Tätigkeit des Sicherheitsrats würden zwangsläufig ihre Netze erweitern, die für eine wirksame Außenpolitik nötig sind. Die Schweiz könnte dabei noch stärker ihre Bereitschaft betonen, globale Verantwortung zu übernehmen, und würde dabei ihre Stellung in der Welt festigen. Schließlich wäre ein Sitz im Sicherheitsrat einundzwanzig Jahre nach dem Uno-Beitritt der Schweiz eine logische Konsequenz ihrer Tätigkeit und des Profils, das sie sich bei den Vereinten Nationen erworben hat. Alle Uno-Mitglieder streben nach dieser Aufgabe und danach, ihren Stein zum Gebäude beizutragen.

Die Frage der schweizerischen Neutralität kehrt in der nationalen Debatte regelmäßig wieder: Die Umsetzung einer aktiven Neutralitätspolitik löst unterschiedliche Interpretationen, Meinungsverschiedenheiten und Kontroversen aus. Sie motiviert auch und weckt Zustimmung und Stolz im Hinblick auf das, was die Schweiz beitragen kann. Dieses Balancieren zwischen Tun und Lassen oder alles anders machen dominiert die Ausrichtung der Schweizer Außenpolitik.

7. Freudentag in Wil

Am 17. Februar 2008 nehme ich den Zug nach Wil, einer kleinen Stadt in der Ostschweiz. Die Katholische Albanermission hat mich zur Teilnahme an einer Messe eingeladen. Der Termin steht seit Wochen fest. Und es ist auch der Tag, den Kosovo für seine Unabhängigkeitserklärung wählt. In einer außerordentlichen Sitzung des Parlaments in Pristina legt Premierminister Hashim Thaçi eine Resolution vor, die die Unabhängigkeit und Souveränität von Kosovo ausruft.[1] Sie wird unter Applaus gutgeheißen. Als ich aus dem Zug aussteige, empfängt mich der Priester unter Tränen. Er sieht in diesem Zusammentreffen der Unabhängigkeitserklärung Kosovos mit meiner Gegenwart gewissermaßen ein Zeichen des Himmels. «Da ist ein Wunder geschehen, Madame, ein Wunder!» Meine Bundesratskollegen hingegen konnte ich wohl nie davon überzeugen, dass hier allein der Zufall Regie geführt und es sich nicht um einen cleveren Propagandacoup gehandelt hat! Da konnte ich ihnen lange erklären, ich möge ja einen gewissen Einfluss haben, aber so weit, dass ich den Unabhängigkeitstermin Kosovos diktieren könnte, reiche er doch nicht.

Die Kirche ist brechend voll und kann die Hunderte von katholischen Albanern nicht alle aufnehmen, die zur Feier drängen. Die Stimmung ist freudig. Doch der Krieg hat bei ihnen, ihren Familien und ihren Kindern Narben hinterlassen. Sie haben Armut, Verwundungen, den Verlust ihres Hab und Guts, Vertreibungen und manchmal gar den Tod erfahren. Die Konflikte, die ihr Land zerrissen, berührten durch die geographische und menschliche Nähe auch die Schweiz. In der Kirche wird die Unabhängigkeit Kosovos als eine Art Anerkennung ihrer Existenz und ihrer Würde gefeiert. Die kleinen Mädchen tragen ihre Festtagskleider, und die Menschen küssen sich. Auch mich ließ dieser Tag nicht unberührt, und ich empfand ihn gewissermaßen als eine Art krönenden Abschluss.

2004 brechen zwischen den Kosovaren und den serbischen Minderheiten heftige Konflikte aus. Der Status Kosovos beschäftigt die internationale Gemeinschaft, und die Differenzen zwischen Serbien und Kosovo bedrohen die Stabilität des Balkans. Die Schweiz sieht sich vor allem bei der Visaerteilung vor praktische Probleme gestellt. In der Schweiz leben nämlich annähernd 200 000 Kosovaren, das heißt zehn Prozent der Bevölkerung von Kosovo. Es handelt sich um eine der größten Ausländergemeinden in der Schweiz, manche sprechen gar vom 27. Kanton. Konfrontiert mit Problemen der Migration und einem kontinuierlichen Austausch mit dieser Region, organisiert Bern jährliche Treffen ihrer wichtigsten Exponenten in Luzern, um die Situation zu beruhigen.[2] Im Mai 2005 entschließt sich die Schweiz zu einem wichtigen Schritt und spricht sich vor dem Sicherheitsrat für eine rasche Regelung des Status Kosovos aus.[3] Die Schweiz ließ sich dabei von politischen und humanitären Überlegungen leiten: Man war der Ansicht, ein unabhängiger Staat sei besser in der Lage, die internationalen Menschenrechtsstandards und rechtlichen Grundsätze durchzusetzen als eine Grauzone, deren Bewohnerinnen und Bewohner sich für nichts verantwortlich fühlten.

Das Engagement in Kosovo ist seit langem ein wichtiger Pfeiler der Schweizer Außenpolitik. Die Schweiz beherbergt nicht nur eine große kosovarische Gemeinschaft, sondern hat im Land die verschiedensten Beziehungen geknüpft. 2008 zählt die Schweiz zu den wichtigsten Gebernationen von Kosovo.[4] Die Direktion für Zusammenarbeit und Entwicklung und das Sekretariat für Wirtschaft engagieren sich beim Wiederaufbau einer darbenden Wirtschaft und der Unterstützung einer notleidenden Bevölkerung. Ebenso beteiligt sich die Schweiz seit 1999 mit rund zweihundert in Kosovo stationierten Soldaten am Friedenskorps der Uno.[5]

Die Schweiz sprach als erstes Land von der Unabhängigkeit Kosovos. Sie wird zur festen Bezugsgröße, und ich werde als Verfechterin der Unabhängigkeit Kosovos auf die internationale Bühne katapultiert. Ich reiste nach Serbien und nach Kosovo. 2005 traf ich dort Präsident Ibrahim Rugova, den man auch den Gandhi des Balkans genannt hat. Der Präsident ist krank und schwach. Doch er ist felsenfest davon überzeugt, dass Kosovo unabhängig werden wird. Präsident Rugova ist ein Sammler: Er führt mich in einen Raum unweit seines Büros, der mit Erzen aus seinem Heimatland gefüllt ist, und schenkt mir einige Stücke zum Zeichen der Freundschaft. Im Januar 2006 kehre ich nach Kosovo zurück und nehme dort an der Trauerfeier für Rugova teil, der an Lungenkrebs gestorben ist.

Ich habe mich persönlich an multi- und bilateralen Treffen engagiert, weil der Kampf dieses Landes für seine Freiheit mich berührte. Am transatlantischen Treffen, das die US-Außenministerin Condoleezza Rice im Herbst 2005 anberaumt, bin ich zum ersten Mal bei einer Versammlung der Außenminister der Nato-Staaten, der Europäischen Union und der Schweiz mit dabei, hebe unter dem Traktandum Austausch zu Kosovo die Hand und lege meine Argumente dar. Und zwar in vollem Bewusstsein, dass ich nach den ungeschriebenen Gesetzen solcher Treffen keine Chance gehabt hätte, das Wort zu ergreifen, kommt die Schweiz auf der Rednerliste doch an letzter Stelle, hinter den USA, der EU, deren Präsidium und deren Hohen Vertretern für Außen- und Sicherheitspolitik, Großbritannien, Frankreich, Deutschland und so fort. Man war überrascht, aber man hat mir zugehört. Condoleezza Rice nickte.

Mit dem russischen Präsidenten habe ich mich in einem weißen Saal des Kreml mehr als zwei Stunden lang über Kosovo unterhalten: über Eigentumsrechte, Investitionen, Minderheitenschutz und den Frieden in Europa. Der Präsident legte die russische Politik in der Region dar und sprach von den Auswirkungen eines Präzedenzfalls auf den Südkaukasus. Getreu der Politik eines neutralen Staates, der Schweiz, achtete ich in meinem Positionsbezug darauf, die legitimen Anliegen beider Seiten zu berücksichtigen: den Wunsch der Minderheiten, in Sicherheit zu leben und dieselben wirtschaftlichen und sozialen Chancen zu haben wie die übrige Bevölkerung, und den Anspruch der Mehrheit auf ihr Recht der Selbstbestimmung. Ich sprach mit keinem Wort davon, eine Lösung irgendwelcher Art zu erzwingen. Jedenfalls blieben die schweizerischen und russischen Positionen unvereinbar, und man sagte mir sehr schlechte Beziehungen zu Russland und zu Serbien voraus, beschuldigte mich, unsere Neutralität verletzt und jegliche Vermittlungsmöglichkeiten begraben zu haben, wo und mit wem es auch sei. Es entbrennt eine Kontroverse, die serbische Gemeinschaft erklärt sich schockiert, die Beziehungen zwischen Bern und Belgrad werden unterbrochen. Eine Zeitlang kommunizieren mein serbischer Amtskollege Vuk Jeremic und ich nicht mehr. Einmal wirft man mir vor, mich zum Sprachrohr der amerikanischen Interessen in der Region zu machen, ein andermal, das Völkerrecht mit Füßen zu treten. In den Spalten der Schweizer Presse verbirgt man seine Skepsis nicht: «Die einseitige Unabhängigkeitserklärung Kosovos ist ein Verstoß gegen das Völkerrecht, der von Rechtsstaaten befördert wurde»,[6] kritisiert Thomas Fleiner, Direktor des Föderalismus-Instituts in Fribourg und Berater der serbischen Delegation. Man befürchtet auch, dass die Anerkennung Kosovos durch die EU und die Schweiz ausgerechnet in einem Moment, wo Belgrad sich der EU annähern möchte, Serbien stattdessen Russland in die Arme treiben könnte. Die Außenpolitischen Kommissionen der Räte äußern sich schließlich positiv, und die Schweiz anerkennt Kosovo gemeinsam mit der Mehrheit der europäischen Länder.[7]

Die Frage der Unabhängigkeit Kosovos gibt auch in den Monaten danach noch zu reden. Ende März 2008 wird die Botschaft der Schweiz in Kosovo eröffnet.[8] Dieser Akt füge «der langen Liste von Vorstößen, die einem großen Teil der politischen Kreise, ob zu Recht oder zu Unrecht, als Provokation erscheint, eine neue Episode hinzu»,[9] schreibt die Zeitung *Le Temps* am 27. März 2008. Dabei klärt und erleichtert die Umwandlung des Schweizer Verbindungsbüros in eine Botschaft die juristische Situation erheblich, präzisiert Paul Seger, Chef der Direktion für Völkerrecht im Außendepartement, in einer Dienstnotiz und kommt zum Schluss: «Ein künftiger Beitrag der Schweiz zur demokratischen Entwicklung und zur Förderung der Rechtsstaatlichkeit und der Menschenrechte wird ohne einen klaren Status unserer Vertreter in Kosovo stark erschwert.»[10]

Im Juli 2010 anerkennt der Internationale Gerichtshof, dass die Unabhängigkeitserklärung Kosovos vom 17. Februar 2008 das Völkerrecht nicht verletzt hat.[11] Darauf gewinnen Hashim Thaçi und seine Partei die Parlamentswahlen vom Dezember. Zwei Tage später, am 14. Dezember, schlägt eine Nachricht aus einer Sitzung des Europarats wie eine Bombe ein: In einem vom Schweizer Ständerat Dick Marty für die Kommission für Rechts- und Menschenrechtsfragen des Europarats erstellten Bericht sieht sich Premierminister Thaçi verdächtigt, ein kriminelles Organhandelnetz begünstigt zu haben.[12] Im Januar 2011 überweist die Parlamentarische Versammlung des Europarats Martys Bericht. Sie fordert in ihrer Resolution die Regierung von Kosovo auf, «unverzüglich eine ernsthafte und unabhängige Untersuchung der Hinweise auf geheime Inhaftierungszentren einzuleiten, wo kosovarische Gefangene sowohl serbischer wie albanischer Herkunft unmenschlich behandelt worden seien», während und nach dem Konflikt in Kosovo. Die Versammlung ruft die Behörden Kosovos auch dazu auf, «vorbehaltlos mit der Rechtsstaatlichkeitsmission der Europäischen Union (Eulex) zusammenzuarbeiten»,[13] um die in Kosovo begangenen Verbrechen ans Licht zu bringen.

Heute ist Kosovo gefordert, einen Rechtsstaat aufzubauen, gegen Menschenhandel und Korruption und für den Schutz der Minderheiten zu kämpfen. Europäische Standards werden nicht erreicht. Immerhin macht eine zwischen Serbien und Kosovo unter der Schirmherrschaft der EU erreichte Einigung den Weg zu einem Assoziierungsabkommen mit strengeren Anforderungen und stärkerer Überwachung durch die EU frei.[14]

Die Schweiz trägt zu diesen Entwicklungen bei. Im Dezember 2011 in Vilnius konnten Serbien und die Schweiz die OSZE-Mitgliedstaaten von einem gemeinsamen Vorsitz der Schweiz und Serbiens für die Jahre 2014 und 2015 überzeugen, und zwar unter Zustimmung Kosovos. Die Vorgeschichte ist diese: Ich bekomme eine überraschende Anfrage des OSZE-Präsidiums, ob die Schweiz dazu bereit wäre, im Jahr 2014 anstelle Serbiens den Vorsitz der Organisation zu übernehmen. Es sei keine Mehrheit zugunsten Serbiens zu erwarten. Ich antworte nein, unter diesen Umständen komme dies nicht in Frage. Nachdem ich über das Anliegen nachgedacht und es in der Departementskonferenz und mit anderen Ministerkollegen besprochen habe, rufe ich meinen serbischen Kollegen Vuk Jeremic an und schlage ihm einen gemeinsamen Vorsitz der Schweiz und Serbiens für 2014 und 2015 vor: ein echtes Doppelpräsidium mit gemeinsamen Zielen, gemeinsamer Agenda und Terminplanung und mit festen Spielregeln bezüglich der Beziehungen zu Kosovo. Hillary Clinton hält den Kompromiss für machbar. Der ebenfalls konsultierte Außenminister von Kosovo stimmt zu und unterstützt den Vorschlag. Ich reise nach Belgrad, um zu versuchen, Präsident Tadic zu überzeugen. Trotzdem muss ein Konsens in Vilnius hart errungen werden. Deutschland ist dagegen, Albanien möchte serbische Garantien bei der Anerkennung albanischer Diplome, Armenien verlangt ein sofortiges Communiqué des serbischen

Außenministeriums, Russland will schon unterschriebene Protokolle der geplanten Zusammenarbeit zwischen der Schweiz und
Serbien sehen! Nachdem ich den ganzen Tag mit allen Seiten eif-
rig telefoniert, verhandelt, den Anliegen entsprochen und doch
ständig gezweifelt habe, einigt man sich in letzter Minute auf
ein Schweigeverfahren: Nach Ablauf der Einsprachefrist von ein
paar Wochen wird der doppelte Vorsitz der Schweiz und Serbiens
genehmigt.[15]

Anscheinend wird ein klarer Positionsbezug der Schweiz mit
solider Rechtsgrundlage von der internationalen Gemeinschaft
nicht als Bruch des Neutralitätsprinzips gewertet. Die Schweiz
hat ihre Reputation als neutrales Land nicht verspielt, indem sie
für die Unabhängigkeit Kosovos Partei ergriff. Vielmehr hat ihre
Stellungnahme und ihr konsequentes Handeln ihr in solchem
Maß den Ruf der Verlässlichkeit eingetragen, dass sie einen ein-
stimmigen Beschluss der OSZE erwirken konnte, unter Zustimmung Kosovos, während die internationale Gemeinschaft an-
fänglich gegenüber einer Präsidentschaft Serbiens zumindest
Vorbehalte hatte. Darum kann die Schweizer Kosovo-Politik nach
Maßgabe der internationalen Kriterien der Diplomatie als Erfolg betrachtet werden: Die Schweiz unterhält gute Beziehungen
zu Russland, zu Serbien und zu Kosovo. Sie verhilft einem serbischen Vorsitz zum Erfolg. Sie wird von der internationalen Gemeinschaft als Akteurin geachtet.

8. Die Politik des Friedens und des Dialogs

Der Friede und die Achtung der Menschenrechte sind das Herz-stück der schweizerischen Außenpolitik. Sie sind gar zu ihrem Sinnbild geworden.

In ihrer Rolle als Vermittlerin bei spezifischen Konflikten, durch ihre zwischenstaatlichen Beziehungen und in den interna-tionalen Gremien konnte die Schweiz sich positionieren, indem sie auf den Dialog und die Berücksichtigung der gegenseitigen Interessen setzte. Sie hat sich in Regionen engagiert, wo sie ein Interesse hat, aktiv zu sein, und sie dank ihrer aktiven Neutra-litätspolitik und bereits geknüpfter wertvoller Kontakte ihren Beitrag leisten kann, indem sie weitere Aspekte ihrer Außenpoli-tik ins Spiel bringt.

Die Schweiz hielt lange dafür, sie könne ihre Solidarität am besten dadurch bekunden, dass sie sich als Schutzmacht zur Ver-fügung stellte und bereit zeigte, internationale Organisationen und Konferenzen zu beherbergen.

Es war in Genf, wo in der sogenannten Alabamafrage zum ersten Mal ein internationaler Schiedsspruch erging;[1] es war in Genf, wo Henri Dunant das Internationale Komitee vom Roten Kreuz gründete; es war in Genf, wo der Völkerbund und später der europäische Hauptsitz der Vereinten Nationen sich nieder-ließ. Genf ist Gastgeberin und ermöglicht es der Schweiz, inter-national eine überproportional bedeutsame Rolle zu spielen.

Genf stellt seine Traditionen, seine internationalen Organi-sationen und NGOs, aber auch seine Forschungs- und Bildungs-institutionen zur Verfügung. Dieses Angebot von Institutionen und Austauschplattformen stellt einen Konkurrenzvorteil dar, und ihr Zusammenwirken wird je nach Projekt vorangetrieben und angepasst: In den letzten Jahren wurde der Sitz der Welthandelsorganisation ausgebaut, die Akademie für humanitäres Völkerrecht und Menschenrechte geschaffen, wie auch das «Haus des Friedens» mit seinem Hochschulinstitut für internationale Beziehungen und den drei Zentren des Außendepartements,[2] wo Lehre, Dialog und Reflexion, zivile und militärische Expertise und ortsspezifisches Fachwissen zusammenkommen.

Genf befindet sich auf dem Staatsgebiet eines neutralen Landes und Nichtmitglieds der Europäischen Union und der Nato, das den Dialog und die friedliche Konfliktbeilegung fördern will, und verfügt über ein phantastisches Potential. Hier wird über unsere Zukunft debattiert und entschieden: bei der Weltgesundheitsorganisation, der Weltwetterorganisation, der Internationalen Arbeitsorganisation, beim Uno-Menschenrechtsrat, Wirtschafts- und Sozialrat und bei der Abrüstungskommission. Dies gilt es überzeugt zu vertreten, denn die Konkurrenz ist hart, und auch andere Orte investieren große finanzielle und politische Ressourcen, um internationale Akteure anzuziehen. Die Stärkung der Rahmenbedingungen, die durch die Zustimmung des Eidgenössischen Parlaments zu einem Gaststaatgesetz ermöglicht wurde,[3] und die finanzielle Unterstützung reichen alleine nicht; noch viel mehr braucht es eine echte internationale Politik. Das Schicksal des internationalen Genf hängt auch von einer aktiven Außenpolitik ab.

Neutral und verfügbar sein genügt nicht mehr, einen Ort und ein Hotel anzubieten ebenso wenig. Man muss kreativ sein, über gute Beziehungen und qualifiziertes Personal verfügen. Die Schweizer Vermittlung zwischen Georgien und Russland hat dem WTO-Beitritt Russlands den Weg geebnet;[4] die Genfer Initiative hat aufgezeigt, dass sich in Genf nützliche Synergien zwischen privaten Initiativen, der Universität und den Behörden ergeben.[5] Mehrere Treffen der fünf ständigen Mitglieder des Sicherheitsrats plus Deutschland mit dem Iran haben seit 2008 in

Genf stattgefunden.[6] Genf ist der Schauplatz der Gespräche zwischen Georgien und Russland.[7] Und auch für Verhandlungen über Syrien denkt man an Genf.

Was die Schutzmachtmandate betrifft, ist festzuhalten, dass die Interessenvertretung für andere Staaten eine Konstante der schweizerischen Außenpolitik bleibt. Dank ihrer Neutralität, ihres dichten diplomatischen Netzes und ihrer großen Erfahrung bei der Ausübung solcher Mandate war die Schweiz stets gefragt, wenn es um die Interessenvertretung von Drittstaaten ging. Deshalb und weil sie keine «hidden agenda» verfolgt, gilt sie im Ausland als glaubwürdige Beauftragte. Um ihr Mandat erfolgreich wahrzunehmen, muss die Schutzmacht zu beiden Staaten Beziehungen aufbauen, die auf Vertrauen und Loyalität gegründet sind. Für diese Aufgabe braucht es Geschick und Fingerspitzengefühl.

Dazu muss man stets auf Verlässlichkeit und Unparteilichkeit bedacht sein, ohne sich mit den Positionen und Strategien, die vom einen oder anderen Staat verfolgt werden, im Geringsten zu identifizieren. Allerdings ist es manchmal sehr schwierig, die Schutzmachtmandate mit den bilateralen Beziehungen der Schweiz zu den Staaten, deren Interessen sie vertritt, zu vereinbaren. Als Schutzmacht muss die Schweiz sich jeder Stellungnahme enthalten, doch als souveränem Staat mag es ihr manchmal geboten scheinen, heikle Themen anzusprechen. Trotz der damit verbundenen Herausforderung sind die Schutzmachtmandate ein Türöffner: sie bahnen den Weg, wecken das Interesse an Schweizer Analysen und Positionsbezügen. Sie tragen Beachtung und Wertschätzung auf der internationalen Bühne ein.

Im 19. Jahrhundert hat die Schweiz «erstmals ein Schutzmachtmandat wahrgenommen, als sie im Deutsch-Französischen Krieg von 1870 die Interessen des Königreichs Bayern und des Großherzogtums Baden in Frankreich vertrat.»[8] Und wäh-

rend die Schweiz schon im Ersten Weltkrieg Schutzmachtmandate wahrnahm, erschien sie im Zweiten als Schutzmacht par
excellence: rund 200 Schutzmandate hielt sie in jener Zeit.[9] Heute
sind es noch fünf Mandate dieses Typs: Die Schweiz vertritt die
Vereinigten Staaten in Kuba und Kuba in den Vereinigten Staaten, die USA im Iran, Russland in Georgien und Georgien in
Russland.[10] Diese fünf Schutzmachtmandate sind unterschiedlich, aber jedes basiert auf einem Vertrag zwischen dem Mandan-
ten und der Schweiz, und jedes wird auch von dem Staat gebilligt, in dem die Schweiz ihr Schutzmachtmandat wahrnimmt.

Das umfangreichste Schutzmachtmandat betrifft gegenwär-
tig die Wahrnehmung der amerikanischen Interessen im Iran.
Die Geiselnahme in der US-Botschaft in Teheran durch revolu-
tionäre Studenten im November 1979 führte zum Abbruch der
bilateralen Beziehungen durch die USA.[11] Seit Beginn umfasst
dieses Mandat sowohl die konsularischen wie die diplomatischen Beziehungen.

Die beiden jüngsten Mandate betreffen die Vertretung der
russischen Interessen in Georgien und die der georgischen Interessen in Russland. Im September 2008 wurde die Schweizer
Botschaft vom russischen Außenministerium angefragt, ob die
Schweiz dazu bereit sei, die Interessen der Russischen Föderation in Georgien wahrzunehmen. Der Bundesrat sagte ja zu diesem Mandat. Im Dezember 2008 bekundete auch Georgien sein
Interesse, und seit März 2009 übt die Schweiz nun ein doppeltes
Mandat aus.[12] Die beiden Mandate wurden in den Abkommen
mit Georgien und Russland nach demselben Muster definiert.
Seitdem ist in der ehemaligen russischen Botschaft in Tiflis und
in der georgischen in Moskau eine Interessensektion untergebracht, die der Schweizer Botschaft vor Ort untersteht. Russland
und Georgien entsenden ihr diplomatisches und konsularisches
Personal dorthin; die konsularischen Geschäfte werden von den
Sektionen in direktem Kontakt mit den jeweiligen Amtsstellen

erledigt. In allen anderen Angelegenheiten, insbesondere im diplomatischen Verkehr, steht die Schweiz Russland und Georgien zur Verfügung, um einen Kommunikationsweg zwischen den beiden Ländern zu gewährleisten.

Die Existenz eines Doppelmandats bürgt für Transparenz und Vergleichbarkeit der Tätigkeiten. So wurden die beiden Mandate identisch konzipiert, und die beiden Interessensektionen wurden in beiden Hauptstädten am selben Tag und zur selben Zeit eröffnet. Überdies ist die Schweiz dank dieses Status ein bevorzugter Gesprächspartner der betreffenden Behörden in bestimmten Situationen, zum Beispiel bei Rechtshilfegesuchen, Anfragen nach Passierscheinen für den Grenzverkehr oder bei Fällen von desertierenden Armeeangehörigen. Auch bei eher politischen Fragen wird die Schweiz konsultiert. So wurde sie eingeladen, als Beobachterin an der zweiten Verhandlungsrunde über die Wiedereröffnung des Grenzübergangs an der Kaukasus-Route teilzunehmen, die am 1. März 2010 stattfand.[13] Die schweizerische Neutralität im Georgienkrieg von 2008 war entscheidend für das Zustandekommen dieses Doppelmandats. Die Europäische Union hatte zwar versucht, sowohl als Beschützerin Georgiens wie als neutrale Vermittlerin aufzutreten, jedoch ohne Erfolg.[14]

Schutzmachtmandate, wie die Schweiz sie wahrnimmt, sind heute weniger gefragt als früher, und zwar aus zwei Gründen: Einerseits nahmen nach dem Ende des Kalten Krieges zahlreiche Staaten ihre diplomatischen Beziehungen wieder auf. Zweitens haben die weiter bestehenden Spannungen und Konflikte einen anderen Charakter: Sie sind komplexer geworden und meist innenpolitischer Natur. Das klassische Schutzmachtmandat ergibt sich jedoch aus Störungen zwischen Staaten und kommt nur zum Zug, wenn diese ihre diplomatischen Beziehungen abbrechen. Aus diesem Grund betreibt die Schweiz im Rahmen ihrer Guten Dienste im weiteren Sinne auch eine aktive Friedenspolitik.

Friedensverhandlungen sind zu komplexen Prozessen geworden, in deren Verlauf die Parteien alle möglichen Themen angehen: Abrüstung, Demobilisierung und Wiedereingliederung der bewaffneten Kämpfer in das Zivilleben, Aufbau von Institutionen, Machtteilung und föderalistische Strukturen, Umgang mit der Vergangenheit und Verteilung der Einkünfte aus Bodenschätzen sind Beispiele von Bereichen, für die es Lösungen zu finden gilt. Darum brauchen die Konfliktparteien die technische Unterstützung von Vermittlern und Prozessbegleitern.

Die Rolle der Vermittlerin fällt oft den Vereinten Nationen oder einer regionalen Organisation zu. Die Friedensförderung ist eine kollektive Aufgabe, und die Erfolgsaussichten sind größer, wenn die Staaten sich zusammentun und kooperieren. Denn die Vermittlung ist nicht mehr ausschließlich auf Sicherheitsbedürfnisse ausgerichtet, sondern erfordert einen ganzheitlichen Ansatz, zum Beispiel die Berücksichtigung der sozialen Dimension bei den Fragen der Wiedereingliederung von Flüchtlingen und Soldaten.

Auf diesem Gebiet wirkt die Schweiz intensiv mit und leistet ihre Guten Dienste sowohl bei multilateralen Gesprächen wie im Dialog mit anderen Staaten oder mit Nichtregierungsorganisationen. Sie beteiligt sich regelmäßig an Mediationen und ist anerkannt und gefragt als internationale Vermittlerin. In den letzten Jahren hat sie an mehr als fünfzehn Friedensverhandlungen teilgenommen, entweder als alleinige Vermittlerin oder im Zusammenwirken mit anderen.[15] Sie hat ihre eigenen Experten beigezogen und Vorschläge zum Vorgehen und zu möglichen Lösungsansätzen gemacht. Sie hat das gegenseitige Verständnis gefördert und diverse Prozessanalysen vorgelegt.

Sie hat die Genfer Initiative vorangetrieben, ein 2003 zwischen Mitgliedern der israelischen und der palästinensischen Zivilgesellschaft geschlossenes Abkommen. Ihre Lancierung war ein sehr bewegender Moment. Mehrere hundert israelische und palästinensische Teilnehmer waren anwesend und gaben ihrer Friedenshoffnung Ausdruck. Aber Israel schätzte die Initiative nicht, und die Besuche in Israel erwiesen sich danach als schwierig. Auch in den Palästinensergebieten überzeugte die Initiative nicht immer, und die Schweizerfahne wurde verbrannt. In den Folgejahren wurde die Genfer Initiative weiterentwickelt und ist zu einem 500-seitigen Werk angewachsen, das alle Aspekte des Konflikts behandelt. Sie hat sich inzwischen etabliert und ist allen Nahostvermittlern bekannt. Sie ist zu einer der meistzitierten Quellen im Hinblick auf eine Lösung des israelisch-palästinensischen Konflikts geworden. Es gibt keinen anderen Ansatz, der sich mit vergleichbarer Hartnäckigkeit und Genauigkeit aller Detailfragen eines möglichen Friedens annimmt. Ich bin für die Genfer Initiative eingetreten. Ich habe sie zusammen mit Yossi Beilin und Yasser Abed Rabbo in Brüssel dem EU-Kommissar für Außenbeziehungen vorgestellt. Ich habe die 500 Seiten bei einem Arbeitsbesuch in Washington Frau Clinton geschenkt. Ihr Kommentar ist mir in Erinnerung geblieben: «You have done our homework!»

Auch im Sudan, in Sri Lanka, Nepal, Uganda, Kolumbien, Iran war die Schweiz involviert. Im Nahen Osten riskiert sie heftige Ablehnung, indem sie die Stigmatisierung von Hamas und Hisbollah durchbricht und mit ihnen spricht,[16] in derselben Region, in der sie 2006 die Zustimmung zu einem dritten Zusatzprotokoll zur Genfer Konvention erwirkte, das die Tür der Rotkreuz- und Rothalbmond-Bewegung für den «Magen David Adom» und somit Israel öffnete, indem man ein weder christliches noch muslimisches Emblem wählte.[17]

Die israelische Hilfsorganisation Magen David Adom existiert seit 1930, und Israel war daran gelegen, dass die Organisation den roten Schild Davids als Kennzeichen behalten durfte, wenn sie in die Rotkreuz- und Rothalbmond-Bewegung aufgenommen würde. Als Depositarstaat der Genfer Konventionen bot die Schweiz ihre Guten Dienste an. Es ging darum, im Interesse der Weltgemeinschaft die Einheit und Universalität der Rotkreuz- und Rothalbmond-Bewegung zu erhalten, hatte das amerikanische Rote Kreuz doch angekündigt, seine Mitgliederbeiträge nicht mehr zu bezahlen, wenn keine Lösung gefunden werden konnte. Das war keine einfache Sache, und das diplomatische Geschick der Schweiz wurde auf die Probe gestellt. Es ging nämlich darum, an einer diplomatischen Konferenz die Zustimmung der Staaten zum genannten Dritten Protokoll zu erwirken, das das Führen eines zusätzlichen Emblems erlauben sollte. Die Angelegenheit entpuppte sich im Umfeld des israelisch-ägyptischen Konflikts als hochpolitisch. Und die Palästinenser wehrten von Anfang an ab. Um die Konferenz erfolgreich durchführen zu können, initiierte die Schweiz ein Abkommen zwischen Magen David Adom und dem palästinensischen Roten Halbmond, das den Verkehr von Rettungswagen zwischen den Besetzten Gebieten und Israel erlauben sollte. Die Vereinbarung wurde 2005 in Genf unterzeichnet.[18]

Einer der Vertreter von Magen David Adom bei den Gesprächen war Uri Geller, den man wegen seiner angeblich übersinnlichen Kräfte kennt. Bei einem Mittagessen in Bern zeichnet er ein verdeckt gemaltes Bild nach und verbiegt durch reine Berührung die immerhin soliden Löffel des Bundeshauses. Botschafter Didier Pfirter, Sonderbeauftragter des Außendepartements für den Nahen Osten, verhandelt inzwischen unermüdlich und klopft gar noch zu sehr später Stunde beim palästinensischen Vertreter an, der ihm im Schlafanzug antwortet. So führte der Fall Magen David Adom zu häufigen Kontakten auf hoher Ebene mit Israelis und Palästinensern. Diese Kontakte blieben nicht immer spannungsfrei: 2006 bin ich einmal gerade unterwegs in die Deutschschweiz, um dort zu einer europapolitischen Frage aufzutreten. Wir kommen an, der Saal ist voll, schon spielt die Blaskapelle. Doch als ich aus dem Wagen aussteigen will, hält ein Anruf der israelischen Außenministerin Tzipi Livni mich auf, die mir besorgt erklärt, dass Israel niemals ein «Monitoring» des Ambulanzen-Vertrags durch ein anderes Land, in diesem Fall die Schweiz, dulden wird. Mir wird klar, dass jemand wohl soeben an der diplomatischen Konferenz, die gleichzeitig in Genf stattfindet, einen entsprechenden Vorschlag gemacht haben muss, und ich beruhige sie, dass die Schweiz bestimmt nie ohne ihre Zustimmung ein solches Mandat übernehmen würde. Ich brauche eine gute Viertelstunde, um sie zu überzeugen. Unterdessen wartet das Publikum, und die Blaskapelle spielt einfach weiter.

Auf diese Weise hat sich die Schweiz eingebracht, hat Initiativen lanciert und sich als Brückenbauerin profiliert. Sie hat Allianzen geschmiedet mit gleichgesinnten Ländern und sich auf ihre Ressourcen und Talente konzentriert, um ans Ziel zu gelangen. Nach Marignano lernte die Schweiz auf eine Machtpolitik zu verzichten, zu der sie weder die Mittel noch den Willen besaß, um auf Diplomatie, Dialog und die Achtung des Rechts zu setzen.

Am Beispiel ihrer Vermittlung zwischen der Türkei und Armenien, die im Oktober 2009 in Zürich zur Unterzeichnung von zwei Protokollen zur Normalisierung der Beziehungen zwischen den beiden Ländern führte,[19] konnte die Schweiz beweisen, dass es immer noch möglich war, dass ein Land, das über das Vertrauen von zwei anderen Ländern verfügte, diese dazu bringen konnte, ihre Gegensätze zu überwinden, um über die Voraussetzungen einer Annäherung zu sprechen. Doch auch wenn es sich bei diesem Fall um eine ganz klassische Vermittlung handelte, war doch der Konflikt, um den es ging, außerordentlich, und seine historische Dimension spielte in der Tat eine entscheidende Rolle. Bei keinem der Vorstöße fehlten die Emotionen, und die Parteien brauchten zu jedem Schritt einen starken politischen Willen.

Die Vermittlung zwischen der Türkei und Armenien, ihr Beizug im iranischen Atomdossier haben das Profil der Schweizer

Diplomatie gestärkt. 2011 wird die Schweiz angefragt, den Beitritt Russlands zur Welthandelsorganisation zu begleiten, ein geglücktes Unterfangen, denn noch im Dezember desselben Jahres wird Russland Mitglied der Organisation.[20]

Das herkömmliche Verständnis der Guten Dienste als Beschränkung auf die Rolle des Gastgebers für internationale Organisationen und Konferenzen oder die Wahrnehmung eines Schutzmachtmandats hat sich heute stark verändert. Es hat sich allmählich zu einer Friedensförderungspolitik gewandelt und zu Konfliktlösungsstrategien in internationaler Zusammenarbeit mit staatlichen und nichtstaatlichen Akteuren geführt, getragen von einer viel aktiveren Auffassung einer solchen Rolle. Das Ende des Kalten Krieges hatte an dieser Entwicklung, die sich an den Bedürfnissen der Parteien und nicht mehr an einem schmalbrüstigen Neutralitätsverständnis orientiert, einen entscheidenden Anteil.

Die Regelung und Verhinderung internationaler Konflikte trägt ein gutes Stück weit zur nationalen Sicherheitspolitik und somit zur Wahrung der Interessen der Schweiz in der Welt bei.

Die Schweiz ist keine Großmacht und kann deshalb ihren Einfluss nicht auf ihre militärische Stärke abstützen. Darum hat sie alles Interesse daran, sich auf dem internationalen Parkett mit ihrer Politik des Friedens und der Guten Dienste zu profilieren. Warum also sollte sie dabei auf so viel Unverständnis und Zurückhaltung stoßen?

Denn eine solche Politik wurde regelmäßig kritisiert und geschmäht. Manche fanden sie naiv oder sahen darin gar einen verwerflichen politischen Aktivismus, der sie an persönliche PR-Kampagnen erinnerte. Andere zeterten, man habe die Neutralität verletzt. Und wieder andere verschwiegen schlicht ihre Erfolge, um ihre Schwächen anzuprangern und sie möglichst abzuwürgen. Wie hat man die Arbeit des Schweizer Vermittlers in Kolumbien nicht schlechtgemacht! Was hat man ihm nicht alles vorgeworfen, weil er mit der Farc (den Revolutionären Streitkräften Kolumbiens) gesprochen und sich für die Freilassung zahlreicher Geiseln eingesetzt hat! Man beschuldigte ihn, Geld überwiesen und sich an der «gekauften» Befreiung einer Geisel der Farc beteiligt zu haben. Heute ist er rehabilitiert und seine Verdienste sind anerkannt.

Wir Schweizer wissen, dass Dialogverweigerung letztlich immer unfruchtbar bleibt. Wenn wir auf den Dialog setzen, tun wir es als Realisten. Im Einklang mit unserer Tradition stehe ich für politischen Pragmatismus ein: dafür, uns zu fragen, ob eine Unterscheidung zwischen guten und bösen Kräften in der Politik, zwischen den «Aussätzigen», mit denen man sich nicht an denselben Tisch setzen soll, und der ehrenwerten guten Gesellschaft wirklich weiterführt. Manche Staaten und manche Organisationen greifen zu terroristischen Mitteln, die ich verurteile. Trotzdem sind sie gelegentlich wichtige Akteure, um die man auf der Suche nach einer Konfliktlösung nicht herumkommt. Dies zu vergessen, führt in eine Sackgasse.

Wohlgemerkt, es geht nicht darum, sich immer und überall zum Anwalt des Dialogs, des Verhandelns und Vermittelns zu machen. Sehr oft bewegen wir uns auf unbekanntem Gebiet, und Gewohntes muss sich den aktuellen Gegebenheiten anpassen. Jeder Fall ist wieder anders, und ein Verständnis der Mentalitäten und Kulturen ist entscheidend, wenn man wissen will, wie und mit welchen Methoden man vorgehen soll. Ohne Reflexion geht es also von Anfang an nicht, und schon gar nicht ohne die schwierigsten Fragen: Ist die Situation reif? Bestehen Aussichten auf Fortschritte oder ist die vermutete Öffnung nur vorgetäuscht und reine Hinhaltetaktik? Soll man einen stagnierenden Dialog beenden, hätte man ihn vor allem gar nicht erst beginnen sollen?

Jeder Dialog hat unabhängig von seinem Umfeld, den Gesprächspartnern und Zielen einen inhaltlichen und einen formalen Aspekt. Inhaltlich wird die Lösungssuche in kontroversen

Situationen angestrebt. Formal geht es darum, Kommunikations-
kanäle zu schaffen und Vorschläge zum Verhandlungsablauf zu
machen. Man spricht hier von «diplomatischem Engineering».

In Übereinstimmung mit der von Bern in den letzten Jahren
angewandten Praxis geht es darum:

- Das Problem umfassend nach seinen politischen, wirtschaftlichen und technischen Gegebenheiten zu analysieren, die Prioritäten und Ziele der Parteien zu begreifen und
  zu wissen, was man hüben und drüben will oder nicht will.
- Eine Win-win-Lösung anzustreben. Ein Vermittler ist nicht
  involviert. Er ergreift nicht Partei und verhandelt nicht für
  die eine oder andere Seite. Er sucht eine Situation herbeizuführen, in der beide Seiten profitieren und in der er einen
  Mehrwert für sie schaffen kann. Hier gilt es, über verschiedene Modelle nachzudenken und kreativ zu sein.
- Ein Team zu bilden. Denn Vermittlung ist kein Einzel-
  kämpfertum, sondern Teamarbeit, wo jede und jeder seinen
  Platz hat, der Minister oder die Ministerin, die Diplomaten, Spezialisten und Techniker.
- Die Parteien auf eine rationale Ebene zu bringen. Ausge-
  hend von einer Gesamtanalyse werden die Hauptziele gesteckt, dann differenziert man die Probleme, das heißt,
  man macht sie überschaubarer, indem man sie portioniert.
  So bricht man sie auf ein möglichst technisches Niveau
  herunter, und die Lösungssuche geht von konkreten Streit-
  punkten aus. Fortschritte werden so in sukzessiven Etappen erreicht.[21]

Ich füge hinzu, dass diese Praxis gezeigt hat, dass die Schweiz
durch sorgfältige und vertrauenswürdige Dialogbegleitung und
Vermittlung ihr politisches Gewicht erhöhen, sich ein unver-
wechselbares Profil geben und Kontakte knüpfen kann, während
man sich andernorts mit den traditionellen Domänen und Allianzen zufriedengeben muss. Dank ihrer jüngsten Erfolge wird

die Schweiz auf dem Marktplatz der internationalen Vermittlung stark beachtet, wie das Interesse der großen Akteure auf dem internationalen Parkett bezeugt. Ich konnte im Rahmen unserer Vermittlungstätigkeit unsere Situationsanalysen und unsere ortsspezifischen Kenntnisse weitergeben, den Präsidenten der USA und die aufeinanderfolgenden Präsidenten Russlands, Chinas und der Türkei kennenlernen, die Hohen Vertreter der Europäischen Union für Außenbeziehungen, die Präsidenten und Außenminister mehrerer anderer Länder. Ich wurde zu formellen und informellen Treffen eingeladen, um mich mit europäischen und den Ministern von Nato-Ländern über die internationalen Dossiers auszutauschen, die wir besonders gut kannten. An diesen Treffen konnten auch die bilateralen Beziehungen zur Schweiz angesprochen werden. Dies wäre ohne den Hebel unserer Rolle als ehrliche Maklerin unmöglich gewesen.

Jedenfalls genügen Vermittlung und Mediation ohne konkrete, pragmatische Änderungen der Beziehungen und des Verhaltens nicht. Es gilt, Vertrauen aufzubauen da, wo Misstrauen herrscht. Und von daher sehe ich die politische und diplomatische Bedeutung der Vermittlung als praktisch gelebte Verantwortungsethik, die sich um ein fassbares Verständnis der Normen, Interessenausgleich und Veränderung durch kleine konkrete Schritte bemüht. Eine schlecht verstandene und umgesetzte Diplomatie glänzt nur durch symbolträchtige Ideen, ist nur ein Statement, eine Pose, eine Geste. Wohlverstandenes und konkretes diplomatisches Handeln ändert dagegen die gewohnten Handlungs- und Denkmuster, denn wir wissen: Theoretisch ist oft kein Kompromiss möglich, praktisch hingegen oft.

Aus diesem Grund sind selbst schwierige Menschenrechtsdialoge, gemeinsame Konfliktbewältigung und endlose Verhandlungen die Mühe wert, solange man mit Recht hoffen kann, gelebte Erfahrungen zu schaffen und so zu einem besseren gegenseitigen Verständnis zu gelangen.

In all den Jahren habe ich jedoch auch die Stärken und Schwächen einer solchen Politik erfahren. Die Suche nach friedlichen Konfliktlösungen ist eine Priorität der Außenpolitik der Schweiz, und die Schweiz verfügt auf diesem Gebiet über eine solide Tradition und zahlreiche Trümpfe. Doch die Umsetzung einer solchen Politik ist oft auch heikel und birgt zahlreiche Risiken.

Zu nennen ist etwa die vorübergehende Verschlechterung bilateraler Beziehungen durch die Aufnahme eines Dialogs und einer aktiven Friedenspolitik im Einstehen für die Unabhängigkeit Kosovos oder die Rolle einer Vermittlerin im iranischen Atomstreit und was es heißt, sie anzunehmen. Ein aktives internationales Engagement der Schweiz kann in der Tat der gewohnten Zurückhaltung der heimischen politischen Kreise in die Quere kommen, in diesem Fall der Befürchtung, mächtigen Partnern zu missfallen. Immerhin denke ich, dass die ganze Kunst der Diplomatie darin besteht zu verhindern, dass dieses Risiko eintritt.

Ich war persönlich sehr direkt manchen Widersprüchen ausgesetzt, etwa der Notwendigkeit, außenpolitisches Handeln transparent zu erklären, und der Erfordernis, die Vertraulichkeit der Gespräche zu wahren. Die Entscheidungsstrukturen der Schweiz sind im internationalen Vergleich vorbildlich bescheiden, doch paradoxerweise hat diese Bescheidenheit den unangenehmen Nachteil, die exekutiven Behörden sehr rasch zu exponieren. In der Außenpolitik besteht die ministeriale Aufgabe nicht einfach darin, den Bundesämtern strategische Aufträge zu erteilen, die diese möglichst reibungslos umsetzen müssen. Der Minister oder die Ministerin gibt auch den Kurs vor und wacht über dessen Umsetzung, so dass sie direkt in das politische Tagesgeschäft involviert ist. Wenn die Schweiz schneller und beweglicher als andere ist, weil ihre Entscheidungswege kürzer sind, so ist sie dafür politisch auch exponierter. Die heiklen Situationen werden nicht durch eine Bürokratie fern von den

Machtzentren angegangen, sondern betrafen mich als Chefin der Diplomatie direkt, und auch den Gesamtbundesrat, was die Befürchtungen seiner Mitglieder verstärkte, in internationale Konfliktsituationen hineingezogen zu werden, die außerhalb ihrer Kontrolle lagen.

Die Schweiz versteht es, kreativ zu sein, Dialoge einzuleiten und Prozesse zu strukturieren. Jedoch glänzt sie weniger im Finale, wenn das politische Kalkül der involvierten Parteien wieder in den Vordergrund rückt: Sie ist nicht gerüstet für ein Kräftemessen und in diesem Fall auf Unterstützung angewiesen. Sie ist glaubwürdig, weil sie neutral ist, weil sie keine Großmacht mit geostrategischen Interessen ist, weil sie nicht Angst macht, sondern im Gegenteil Vertrauen einflößt. Sie verfügt über eine Summe von technischen und politischen Kenntnissen, die sie mobilisieren kann. Jedoch geschieht diese Umsetzung nicht von selbst.[22]

Max Petitpierre bekräftigte am 25. November 1949 vor der Außenpolitischen Kommission des Nationalrates: «[...] unsere Außenpolitik bestand seit eineinhalb Jahrhunderten und mit ausdrücklicher Billigung der anderen europäischen Staaten stets darin, keine Politik auf internationaler Ebene zu machen, sondern mit den bescheidenen Mitteln, die uns zur Verfügung stehen, alle Anstrengungen zu einer friedlichen internationalen Zusammenarbeit zu fördern.»[23] Heute wird man über diese Aussage lächeln, steht es doch außer Frage, dass ein Engagement für friedliche Konfliktlösungen und die Achtung der Menschenrechte undenkbar ist, ohne sich auf internationaler Ebene politisch zu engagieren.

Unter diesen Umständen ist es entscheidend, die unterschiedlichsten Dialogfelder gut abzustecken, glaubhafte Ressourcen dafür freizumachen, innovative Ideen zu entwickeln und kompetent aufzutreten. Jeder Konflikt, jedes Problem mit internationalen Auswirkungen löst einen Wettbewerb unter jenen aus, die glauben mithelfen zu können, es aus der Welt zu schaffen. Die Schweiz hat nicht die Schlüssel zu allen Türen, verfügt aber unbestritten über viel Sachverstand in der Kunst der Diplomatie. Ihre Stärke besteht in der Anbahnung des Dialogs und in ihrer Fähigkeit, vernünftige Risiken einzugehen. Diese Kompetenzen, diese Vorzüge sind ihr Beitrag zur internationalen Politik, ihr Beitrag zu globalen öffentlichen Gütern. Die Stellung der Schweiz in der Welt hängt davon ab.

9. Teheran oder das Foto mit Kopftuch

Unser Land vertritt die amerikanischen Interessen in Iran. Die häufigen Kontakte, die sich durch die konsularische Vertretung ergeben, bringen es mit sich, dass man sich kennt und miteinander im Gespräch ist.

Rund zehn Personen kümmern sich in Teheran um die konsularischen Geschäfte. Das Team arbeitet in der Sektion für ausländische Interessen, die zwar der Schweizer Botschaft angegliedert ist, aber nicht dieselben Räumlichkeiten benutzt. Sie betreut über siebentausend amerikanische Staatsbürger in Iran, vorwiegend Doppelbürger. Die behandelten Dossiers betreffen Passanfragen, Zivilstandsurkunden, Sozialversicherungsfragen, notarielle Dienste und andere administrative Aufgaben. Die Sektion nimmt auch den Konsularschutz für amerikanische Staatsbürgerinnen und Staatsbürger wahr, die in Iran inhaftiert sind.

Schweizer Diplomaten sorgen für die Verbindung zwischen den beiden Außenministerien. Die Schweiz spielt in dieser Hinsicht also keine Vermittlerrolle. Ihre Aufgabe besteht darin, einen Kommunikationskanal zwischen Teheran und Washington offen zu halten. Gleichzeitig arbeitet sie kontinuierlich daran, den Dialog zwischen den beiden Parteien zu fördern. Es kommt zum Beispiel vor, dass ihr im Rahmen ihres Mandats Probleme unterbreitet werden, und wenn beide Parteien es wünschen, lotet sie in Absprache mit ihnen konkrete Lösungsmöglichkeiten aus. Das geschieht zum Beispiel bei konsularischen Fragen, die beide Regierungen betreffen. Diese Auslegung des Mandats hat es beispielsweise der Schweiz erlaubt, sich um die Freilassung amerikanischer Gefangener verdient zu machen. Bei diesen Anstrengungen zur Dialogförderung, wie überhaupt im

allgemeinen Rahmen ihres Mandats, wird strikt auf die Vertraulichkeit der ihr übermittelten Informationen geachtet. Ihr Tun ist
folglich in der Öffentlichkeit wenig bekannt.

Zum ersten Mal bin ich einem Vertreter der iranischen Regierung, ihrem Außenminister Manouchehr Mottaki, kurze Zeit
nach seinem Amtsantritt, am 31. März 2006 begegnet. Er nahm
an einem vom Geneva Centre for Security Policy organisierten
Treffen teil. Ich habe ihn in der Mission der Schweiz bei den internationalen Organisationen empfangen. Bei diesem Treffen
vereinbarten wir, die iranische Atomfrage auf unsere Gesprächs-
agenda zu setzen. Zuvor hatte am 24. Februar 2006 in Bern eine
Arbeitssitzung zwischen Staatssekretär Ambühl und dem iranischen Vize-Außenminister Said Jalili stattgefunden.[1] Das Außendepartement setzt in der Folge eine dieser Angelegenheit
gewidmete kleine Gruppe unter der Leitung des Staatssekretärs
ein. Diese Gruppe soll konkrete Vorschläge ausarbeiten und sie
regelmäßig mit Mohamed ElBaradei, dem Generalsekretär der
Internationalen Atomenergie-Agentur mit Sitz in Wien, bespre-
chen, mit Ali Larijani und nach ihm Said Jalili, den iranischen
Chefunterhändlern, mit Javier Solana, Hoher Vertreter der Europäischen Union, und den amerikanischen Außenministerinnen
Condoleezza Rice und Hillary Clinton. Michael Ambühl begibt
sich nach Teheran, und ich lade Ali Larijani nach Bern ein.

Es war an meinem Geburtstag, am 8. Juli 2006.[2] Ich halte
meine Akten dicht an mich gepresst, um nicht versucht zu sein,
den Männern in der iranischen Delegation die Hand zu reichen, denn ein iranischer Mann darf die Haut einer Frau nicht
berühren. Es ist jedes Mal dasselbe: Während ich mich mit
einem Willkommensgruß ohne jede Geste begnüge, schütteln
die männlichen Diplomaten, die mich begleiten, endlos ihren
Gesprächspartnern die Hand. Das Treffen findet im Bundeshaus, im sogenannten Salon du Président, statt. Es ist ein schö-
ner Raum, geschmückt mit einem großen Wandteppich von Le

Corbusier. Durch das Fenster sieht man auf die Berner Alpen hinaus: ein idyllischer Rahmen. Die beiden Delegationen stehen sich gegenüber. Ich begegne Ali Larijani zum ersten Mal, und die Diskussion beginnt mit eher konventionellen Willkommensworten. Ich erläutere den geplanten Diskussionsverlauf. Es folgt eine lange Belehrung von Ali Larijani über die persische Zivilisation, ihre Ehrwürdigkeit, ihren Einfluss, gefolgt von einer weiteren langen Erklärung über die iranische Position zum Atomwaffensperrvertrag und das Messen mit zweierlei Maß im Fall Irans. Vor uns liegt eine Stunde. Wenig Zeit, um zu überzeugen. Um zu überzeugen, wirklich auf die Sache einzugehen und gewissen Diskussionsvorgaben zu folgen. Ich warte das Ende des langen Monologs ab, verteile ein A4-Blatt und skizziere die Etappen eines möglichen Ablaufs. Wir beginnen das Blatt Zeile um Zeile zu studieren. Es ist der Anfang einer ganzen Serie von Begegnungen und einer Diplomatie geprägt vom Kommen und Gehen.

Die Schweiz hat kein Argument ausgelassen, um die Parteien dazu zu bewegen, am Verhandlungstisch Platz zu nehmen. Sie hat geduldig die Vorteile eines iranischen Anreicherungsstopps dargelegt. Sie hat den Spielraum genutzt, den ihre ständigen Kontakte zu den iranischen Behörden als Schutzmacht der amerikanischen Interessen in Iran ihr erlaubten. Sie sah sich veranlasst, aufgrund früherer Lösungsansätze einige Vorschläge zu machen.

Ich erinnere mich an ein langes Telefongespräch mit Ali Larijani: Wir sind im Frühherbst 2006 zu einem Dorffest im Kanton Genf unterwegs, als das Telefon klingelt, worauf ich den Wagen anhalten lasse. Ich erkläre meinem sehr aufgebrachten Gesprächspartner, dass der Sicherheitsrat sich anschickt, Sanktionen gegen Iran zu verhängen. Es geht um die Resolution 1737, die im Dezember 2006 überwiesen wurde.[3] Er unterbricht mich und warnt, Sanktionen wären kontraproduktiv und würden das

Lager der Verhandlungsgegner stärken. Tatsächlich wird Iran nach einer ruhigeren Phase seine Urananreicherung wieder forcieren.[4]

Im März 2008 reise ich nach Teheran. Der Besuch ist geplant, und es soll dabei um den Menschenrechtsdialog und Begleitmaßnahmen, die Ausübung des Schutzmachtmandats für die USA in Iran samt einigen Konsularschutzfällen und das iranische Atomdossier gehen. Am selben Tag soll in meiner Anwesenheit ein Gasliefervertrag zwischen der iranischen Gasexportgesellschaft Nigec und der Energiegesellschaft Laufenburg unterzeichnet werden.[5]

Als wir in Teheran landen, werden wir vom Schweizer Botschafter und unseren iranischen Gastgebern mit protokollarischen Ehren begrüßt. Wir werden in eine VIP-Lounge begleitet, man bringt unser Gepäck und gibt uns unsere Pässe zurück. Wir warten lange und knabbern zum Zeitvertreib Pistazien. Plötzlich steht ein Bote vor mir und kündigt mir mit einer Verbeugung an, der Minister sei angekommen, könne mich aber ohne Kopfbedeckung nicht empfangen. «So will es bei uns das Gesetz», sagt er, und es gelte auch für ausländische Besucherinnen. «Wenn Sie Ihren Kopf nicht bedecken, wird der Ministerpräsident Sie nicht begrüßen und auch nicht im Ministerium empfangen können.» Die Delegation bespricht sich: Wir haben versucht, ohne Kopfbedeckung Einlass zu bekommen, der Versuch ist gescheitert. Die Delegation wägt das Für und Wider ab: Entweder die beiden Frauen in der Delegation verhüllen sich, oder wir kehren alle nach Bern zurück. Wir haben uns für das Kopftuch und das Gespräch mit den iranischen Behörden entschieden. Dialog und diplomatische Konfliktlösungen gehören zu den Trümpfen der Schweiz, und wir haben beschlossen, sie auszuspielen. Der Schutz der Menschenrechte und die Einhaltung internationaler Rechtsnormen, in diesem Fall des Atomwaffensperrvertrags, gehören zu den außenpolitischen Prioritäten der Schweiz. Wir wollten bei diesen Zielen im Dialog Fortschritte erzielen. Und so findet der Besuch statt.

Wir treffen uns mit dem Außenminister und nehmen mit seinem Team, darunter auch seine Gattin, eine vollverschleierte Frau, die einem Mann, der sie anspricht, keine Antwort gibt, das Mittagessen ein. Wir sprechen den Menschenrechtsdialog zwischen der Schweiz und Iran an und versuchen ihm einen Inhalt zu geben, der akzeptiert wird und auf Ergebnisse hoffen lässt. Wir wohnen der Unterzeichnung des Gasliefervertrags bei, geben eine Pressekonferenz, äußern uns im Namen der Schweiz zur Einhaltung humanitärer Standards und zum Existenzrecht Israels, sprechen den Chefunterhändler im Atomstreit, Said Jalili. Dann werden wir von Präsident Ahmadinejad empfangen. Die Journalisten und Fotografen warten. Ich versuche das Foto mit Kopftuch zu vermeiden und gehe mit dem Rücken zum Publikum auf den Präsidenten zu. Ein Fotograf bemerkt das Manöver, macht eine witzige Bemerkung, und ich lächle ihm zu: Das Foto ist da. Ich nehme auf dem Stuhl Platz, der mir für das Gespräch angewiesen wird. Es stellt sich heraus, dass er unter dem Porträt von Ayatollah Khomeini steht. Ein zweites Foto wird gemacht, und an diesen Fotos entzündet sich die Kontroverse.

Die Moralisten haben gut reden. Wenn man auf sie hörte, dürfte man nur mit jenen sprechen, verhandeln und ihre Meinung anhören, die von Anfang an unsere ethischen und moralischen Überzeugungen teilen. Nach dieser Logik hätte Israel nie einen Dialog mit den Palästinensern begonnen und die ständigen Mitglieder des Sicherheitsrats und Deutschland auch keinen mit Iran, und der Uno-Generalsekretär würde kein Wort mehr mit dem sudanesischen Präsidenten sprechen. Die internationale Gemeinschaft gäbe sich damit zufrieden, Nordkorea, Iran, die Hamas und die Hisbollah und ihresgleichen mit Sanktionen und Bomben einzudecken. Hätte ich auf diese Wohlmeinenden gehört, hätte ich nie, niemals nach Iran reisen, den Präsidenten treffen und versuchen dürfen, Bewegung in den Dialog über das iranische Atomdossier zu bringen. Bei dieser Gelegenheit musste ich die bittere Erfahrung machen, dass Moralisieren vom Fauteuil aus leichter ist, als mühselig nach einer Lösung zu suchen.

Bin ich, die ich in allen Ämtern, die man mir anvertraut hat, jahrelang für die Sache der Frau eingetreten bin, auf einmal eine Verräterin an dieser Sache, weil ich mir für ein paar Stunden ein weißes Tuch um den Kopf gebunden habe? Als Sinnbild der unterworfenen Frau, der Schöntuerei gegenüber einem Regime?

Das weiße Tuch, das ich in Teheran trug, war weder ein Tschador noch eine Burka. Ich bin ich selber geblieben, eine engagierte Frau mit Regierungsauftrag, einer Strategie und einem politischen Programm. Was mich eindeutig am meisten geschmerzt hat, ist, dass man aus dem Tragen eines Kopftuchs ein politisches Urteil ableitete. Eine solche Haltung verrät nicht nur einen bedauerlichen Paternalismus, sondern führt auch dazu, die Absichten anderer zu usurpieren und einseitig auszulegen. Dies verletzt die Gedanken- und Meinungsäußerungsfreiheit und Selbstbestimmung jeder Person als sprechendes, kommunizierendes und handelndes menschliches Wesen.

Der Besuch in Teheran macht die Aktivität der Schweiz sichtbar und löst heftige Reaktionen aus. Ihre Rolle wird als störend empfunden, die Amerikaner wollen keine Einmischung von Drittländern: Der US-Botschafter in der Schweiz deckt Washington mit kritischen Berichten ein. Man macht bei den Bundesräten die Runde. Ich sei die Ursache der Probleme. Der Staatssekretär für auswärtige Angelegenheiten, Michael Ambühl, habe Anweisungen ausführen müssen, die er nicht gebilligt habe. Die häufigen Reisen mit seinem kleinen Expertenteam nach Teheran, um dort auf Gesprächspartner zu stoßen, die ihm großes

Vertrauen schenkten, alle Beteiligten über den Gang der Gespräche auf dem Laufenden halten: all dies sollte gegen seinen Willen geschehen sein? 2008 bewegt sich der Bundesrat: Angesichts der Bedeutung und Tragweite des Dossiers und der Macht der beteiligten Akteure befürchtet er, sich deren Zorn zuzuziehen. Das Dossier ist bekannt und in den Medien sehr präsent. Und tatsächlich sind die Beziehungen zu den USA nach dem Iranbesuch angespannt. Man könnte sagen, dass nicht alle Parteien gleich erpicht auf eine Schweizer Vermittlung waren.

Im Juli 2008 gibt Bundespräsident Pascal Couchepin die Entscheidung des Bundesrats bekannt, die schon vier Wochen früher getroffen wurde: Die Schweiz verzichtet auf jegliche Initiative in dieser Sache.[6] Diese Entscheidung blieb ohne Folgen, denn die Schweiz begnügte sich bescheiden damit, den Austausch zwischen den Parteien zu erleichtern, und allmählich wird die Nützlichkeit dieser Unterstützung anerkannt. Ihre Mittlerdienste etablieren sich, und das Klima beruhigt sich. Nach ersten Gesprächen zwischen den dauernden Mitgliedern des Sicherheitsrats, Deutschland und Iran im Juli 2008 in Genf, findet im Oktober 2009 eine zweite und im Dezember 2010 eine dritte Gesprächsrunde statt.[7] Und dies auf Wunsch aller Parteien. Die Schweiz hat diesen Dialog logistisch unterstützt. Und sie war auch konstruktiv in der Substanz, denn sie brachte konkrete Ideen und Vorschläge ein.

Die Schweiz schlug Kompromissformeln vor, eine davon ist als «freeze for freeze» bekannt, das heißt Einfrierung der Sanktionen gegen Einfrierung der Urananreicherung oder Aussetzen der Einrichtung neuer Zentrifugen gegen Verzicht auf neue Sanktionen. Dieser Vorschlag wurde bei den Geneva Iran Talks I auf den Tisch gelegt, aber vom Iran, der einige Abweichungen von einer ersten von Teheran gutgeheißenen Fassung entdeckte, abgelehnt. Nach der ersten im symbolträchtigen Alabama-Saal durchgeführten Runde, wo in einem Streit zwischen den Vereinigten Staaten und Großbritannien zum ersten Mal ein Schiedsspruch ergangen war, treffe ich mich mit Said Jalili, um ihm die Enttäuschung der amerikanischen und europäischen Seite mitzuteilen. Er schaut mich an und sagt: «Madame, die Diplomatie gleicht dem Teppich zu unseren Füßen: sie ist aus Geduld und Feinarbeit gewirkt!», womit er mir zu verstehen gibt, dass wir am Anfang eines sehr, sehr langen Prozesses stehen.

Einen zweiten externen Ansatz kennt man als «Storing abroad» und meint damit den Vorschlag, das angereicherte Uran aus Iran hinauszubringen und der Kontrolle der Internationalen Atomenergieagentur zu unterstellen. Das erlaubte es beiden Parteien, ihr Gesicht zu wahren, indem Iran mit der Anreicherung fortfahren konnte und die ständigen Sicherheitsratsmitglieder und Deutschland beruhigen konnten hinsichtlich Irans Fähigkeiten, genügend Material für den Bau einer Bombe anzusammeln. Von der Schweiz in der zweiten Hälfte 2008 eingebracht, bildete diese zweite Option die Grundlage des Abkommens an den Geneva Talks vom Oktober 2009, worin Teheran sich verpflichtete, das schwach angereicherte Uran außer Landes zu bringen.[8] Von der iranischen Delegation akzeptiert, wurde die Vereinbarung in der Folge vom obersten Revolutionsführer widerrufen wegen des Widerstands, der sich in den rivalisierenden Gruppen von Präsident Ahmadinejad breitmachte. Mohamed ElBaradei mutmaßt in seinen Memoiren, nie sei die internationale Gemeinschaft einer Lösung so nahe gewesen wie Ende 2009 in Genf.[9]

Die Schweiz hat ihre Vorschläge so austariert, dass eine Annäherung für alle ohne Prestigeverlust möglich sein sollte; sie war transparent gegenüber allen Seiten und suchte nie andere von der internationalen Gemeinschaft beschlossene Maßnahmen zu umgehen; sie blieb in ständigem Kontakt mit den amerikanischen und europäischen Unterhändlern und mit der Internationalen Atomenergie-Agentur und handelte nie alleine, sondern vernetzt mit anderen. Ihre Vorstöße waren nicht individuelle Vorschläge, von ihren Experten aus dem Hut gezaubert. Sie waren die Frucht von Diskussionen, Besprechungen und steter vereinter Bemühungen. Spätere Berichte der amerikanischen Botschaft in der Schweiz an ihre Zentrale fallen bezüglich der Rolle der Schweiz viel objektiver aus. Der positivere Blick auf unsere Aktivitäten in Iran wurde vermutlich auch von unseren gleichzeitigen Anstrengungen beeinflusst, Lösungen in den Fällen amerikanischer Staatsbürger zu finden, die in Iran im Gefängnis saßen. Die Schweizer Botschafterin in Iran, Livia Leu, hat sich während fast zwei Jahren mit den Wandersleuten beschäftigt, drei in Iran inhaftierten US-Bürgern. Die Schweiz erreichte durch ihre Kontakte nach und nach, dass diese Personen Besuch erhalten durften, weniger isoliert waren und ihre Mütter sie besuchen durften, bis sie schließlich, zusammen mit Katar, Oman und dem Irak, ihre Freilassung gegen Kaution erwirkte.[10] Das State Department sprach ihr dafür seinen aufrichtigen Dank aus. Am Rande der Uno-Generalversammlung in New York im Herbst 2011 beglückwünscht mich der US-Präsident Barack Obama und dankt mir für unsere Rolle bei der Freilassung der amerikanischen Staatsbürger. Ich hatte Gelegenheit, ihm zu sagen, wie mich seine Anerkennung für den Einsatz der Schweizer Diplomatie freute, aber auch, dass die dazu erforderliche nützliche Zusammenarbeit mit den iranischen Behörden gelegentlich heftige Kritik an der zuständigen Bundesrätin nach sich ziehen konnte.

Heute weiß ich, dass der Verdacht auf eine gewisse Nachgiebigkeit der Schweiz gegenüber Iran – einmal abgesehen von den Manövern gewisser Lobbyisten, die die Angst der Bundesräte vor dem Missfallen mächtiger politischer Akteure ausnutzten, um guten Diensten einen Riegel vorzuschieben, die sie prinzipiell ablehnten – wegen dieses Besuchs in Teheran aufkam.

Das Tragen eines Kopftuchs, die Unterzeichnung des Gasvertrags, der Besuch beim iranischen Präsidenten, die sowohl humanitären wie materiellen Ziele ergaben eine explosive Mischung. Es wurde kritisiert, obwohl in diesem Fall aus Schweizer Sicht im Grunde keine Divergenzen mehr zwischen Außenwirtschaftspolitik und Außenpolitik bestanden. Aus internationaler Sicht hingegen hätte ein Widerspruch auftreten können, insofern die Gespräche mit Iran die Schweiz hätte veranlassen können, die von den USA und der EU verhängten Sanktionen nicht oder nur teilweise umzusetzen. Die Schweiz hätte somit in ihren Beziehungen zu einem verrufenen und geächteten Land wirtschaftliche Vorteile erzielen können, und zwar unabhängig von den schon bestehenden Schweizer Aktivitäten in Iran im Bereich Menschenrechte, nämlich dem Menschenrechtsdialog und den konsularischen Guten Diensten.

Die Widerstände gegen diese Vermittlungsaktivitäten und die Reaktionen, die sie nach sich zog, richteten sich nicht primär gegen die Rolle der Schweiz per se, sondern entstanden aus der Befürchtung, sie könne durch den Verzicht auf Sanktionen deren Umgehung begünstigen und dadurch die Maßnahmen der internationalen Gemeinschaft schwächen, getragen vom Wunsch, die Verhandlungen voranzubringen, und allenfalls in Gefahr, deren Eigendynamik zu erliegen. Ich glaube immer noch, dass eine diplomatische Lösung zur Beilegung der Differenzen zwischen den ständigen Mitgliedern des Sicherheitsrats und Iran auf dem Verhandlungsweg möglich ist. Die jüngsten Ereignisse scheinen mir Recht zu geben. Doch seit dem Wechsel im Staatssekretariat für auswärtige Angelegenheiten von 2010 und der Übernahme einiger EU-Sanktionen durch die Schweiz 2011[11] hat sich Iran für eine Schweizer Fazilitation weniger erwärmt. De facto ist die Schweiz heute nicht mehr substantiell an den Verhandlungen beteiligt, beherbergt sie aber seit 2013 wieder.

Die Verhandlungen mit Iran gehen weiter. Iran denkt langfristig und bringt sein Atomprogramm technologisch und materiell voran. Er vermeidet jeden quantitativen oder qualitativen Sprung, der eine Krise auslösen könnte. Im November 2013 kommen die Gespräche voran. Die Politik der kleinen Schritte könnte zum Erfolg führen. Eine Abschwächung der Sanktionen im Gegenzug zu Garantien hinsichtlich des iranischen Anreicherungsprogramms. Vielleicht ist es Zeit zu hoffen: ein erstes Abkommen ist in Genf verabschiedet worden.

10. Sind Wirtschaft und menschliche Sicherheit unvereinbar?

Nach dem Zweiten Weltkrieg wird die neue Ordnung von globalisierten Wirtschafts- und Finanzbeziehungen beherrscht. Die Schweiz will vom ökonomischen Potential dieser Beziehungen profitieren. Mit der immer größeren Anzahl von Staaten wächst auch die Zahl der Akteure, die ein offensichtliches Interesse an weltweitem freien Handel haben, so dass immer mehr Freihandelsabkommen geschlossen werden und wirtschaftliche Interessen immer stärker in den Vordergrund treten. Der Freihandel und eine immer weitere Öffnung der Märkte putschen Länder wie das unsere regelrecht auf. Es scheint also ziemlich vernünftig, bei der strategischen Festlegung der Außenpolitik den wirtschaftlichen Interessen den Vorrang zu geben. Aber die Dinge sind nie so einfach, wie sie scheinen.

«Die Außenpolitik der Nachkriegszeit hatte aus den oben angeführten Gründen einen doppelten Charakter. Sie setzte in vielen Fällen auf ein defensives Abwarten, das sich mit der Hoffnung verband, die wechselnden internationalen Machtverhältnisse unbeschadet zu überstehen. [...] Gleichzeitig aber, und dies war die andere Seite der Außenpolitik, suchte Bern mit bilateralen Abkommen für sie vorteilhafte Zugänge zu den Märkten zu sichern. [...] Damit vertiefte sich der grundsätzliche Zielkonflikt der Außenpolitik, in der sich die wirtschaftlichen Interessen, das Abseitsstehen und das Neutralitätsprinzip ständig in die Quere kamen.»[1]

Die Spannungen zu einer Politik des Friedens und der Achtung der Menschenrechte sind unübersehbar und tragen unserem Land an einem Tag den Vorwurf ein, mit einer zu aktiven

Außenpolitik die ökonomischen Interessen zu missachten, und am nächsten Tag den Vorwurf, Rechtsnormen und Prinzipien an wirtschaftliche Interessen zu verraten.

Ein Bericht des Forums für Außenpolitik[2] listet zahlreiche Beispiele konfliktträchtiger Interessenlagen von Außenpolitik und -wirtschaft auf.

Ein Land nimmt seine wirtschaftlichen Interessen direkt durch seine öffentlichen Betriebe wie die Post oder das Rüstungsunternehmen Ruag wahr. Es scheint selbstverständlich zu sein, dass jeder Staat darüber wacht, dass seine Betriebe die internationalen Normen einhalten, zu denen er sich bekannt hat und die er propagiert.

Neben den direkten Interessen sind die indirekten zu nennen. Der Schutz der Wirtschaftsinteressen tritt in der Bundesverfassung gleichberechtigt neben die Förderung der Demokratie und der Menschenrechte, die Linderung der Armut, das friedliche Zusammenleben und die Erhaltung der natürlichen Lebensgrundlagen als den fünf Zielen der Schweizer Außenpolitik.[3] Der Außenpolitische Bericht der Schweiz 2003–2007 sagt sinngemäß, dass es keinen Rechtsstaat ohne Achtung der Menschenrechte gibt.[4] Als Rahmenbedingung betrachtet, garantiert er die Erfüllung anderer Ziele der Außenpolitik wie Sicherheit und Wohlstand. Ein auf Gegensätze und Konflikte gegründetes Verständnis der Verfassung würde den verfassungsmäßigen Bezügen zwischen der Außenpolitik und den Menschenrechten nicht gerecht. Denn die fünf formulierten Ziele setzen einen ganzheitlichen Blick voraus. Die Schweiz ist präsent in den internationalen Gremien, in der Uno, in der Welthandelsorganisation, in der OECD, in den Institutionen von Bretton-Woods, mit dem Ziel, den Fokus über eine einzelne Herausforderung hinaus auf eine Gesamtschau zu erweitern und ihr Engagement in eine globale Perspektive zu stellen.

Die Handelsbeziehungen von Schweizer Firmen mit dem

Ausland unterliegen deshalb immer häufiger Bedingungen, zum Beispiel ist die Ausfuhr von Kriegsmaterial verboten, wenn der Empfänger die Menschenrechte systematisch und schwer verletzt.[5] Oft werden Nachhaltigkeits- und Menschenrechtsstandards auch als entscheidend erachtet bei der Erteilung von Exportrisikogarantien, oder sie werden in den Präambeln der Freihandelsabkommen erwähnt.

Schließlich können auch die Privatinteressen der Firmen selbst zu einem Problem für das Land werden, wenn ihre Praktiken seinen Ruf schädigen, weil sie mit den beschlossenen Standards unverträglich sind. Aus diesem Grund werden die freiwilligen Verpflichtungen bei der Definierung der Schweizer Politik immer wichtiger, vor allem wenn die wirtschaftliche Tätigkeit in Ländern ausgeübt wird, wo bezüglich Menschenrechte und Umweltschutz andere Regeln gelten als bei uns. So haben zum Beispiel auf Initiative der Schweiz zahlreiche private Sicherheitsfirmen aus der ganzen Welt im November 2010 in Genf einem internationalen Verhaltenskodex zugestimmt, der sie auf die Achtung der Menschenrechte und des internationalen humanitären Rechts verpflichtet.[6] «Dieser Kodex umfasst ebenfalls operationelle Normen sowie ein Überwachungs- und Verantwortungsdispositiv.»[7]

Der Bundesrat überprüft zudem die Einhaltung der OECD-Regeln zur sozialen Verantwortung der multinationalen Gesellschaften und gibt im Frühjahr 2013 einen Grundlagenbericht heraus, der dem Rohstoffhandel in der Schweiz Leitplanken setzen soll, der als zu undurchsichtig erachtet wird.[8] Man kann bedauern, dass der Bundesrat nicht über freiwillige Regelungen hinauszugehen wagte und sich den Geboten der wirtschaftlichen Konkurrenzfähigkeit beugte. Fünf der zehn mächtigsten Rohstoffhändler weltweit operieren hauptsächlich von der Schweiz aus. Sie dominieren den Handel, vor allem von Erdöl, in den Produzentenländern, bei denen es sich oft um Entwicklungsländer handelt. Die Handelsverfahren sind gemäß Marc Guéniat, Rohstoffverantwortlicher bei der Erklärung von Bern, zitiert nach *Le Temps* vom 11. Juni 2013, «völlig intransparent»[9]. Das Bergbauprojekt von Glencore/Xstrata auf den Philippinen wird heftigst kritisiert: Es komme der lokalen Bevölkerung nicht zugute und würde die Vertreibung von 5000 Anwohnern nach sich ziehen.[10] Die NGOs fordern den Bundesrat auf, ein Gesetz vorzulegen, das die Multis zur Schonung der Umwelt und Achtung der Menschenrechte im Ausland verpflichtet.

Jedenfalls gehen die beobachteten Widersprüchlichkeiten meist nicht auf eine Unvereinbarkeit der verfassungsmäßigen Ziele zurück, sondern auf eine Lesart der Texte, die den wirtschaftlichen vor den allgemeinen außenpolitischen Interessen den Vorzug gibt. Wie anders sollte man die Bewilligung des Staatssekretariats für Wirtschaft an eine Schweizer Firma verstehen, Waffen nach Südkorea zu verkaufen?[11] Solange es zwischen Nord- und Südkorea keinen Friedensvertrag gibt, verstößt eine solche Bewilligung gegen das Neutralitätsrecht. Auch nach Saudiarabien werden unsere Waffen verkauft, obwohl die Menschenrechte dort nicht durchwegs eingehalten werden, was die Frage nach dem Menschenrechtskriterium beim Abschluss von Waffenverkäufen aufwirft und zu einer Interessenabwägung gegenüber dem Erhalt von Arbeitsplätzen in der Schweiz führt. Fest steht jedenfalls, dass die einschlägigen Texte bewusst offen formuliert sind, um genügend Spielraum für eine Interpretation nach Gutdünken zu lassen.

Ich bin überzeugt, dass es unabdingbar ist, nationale ökonomische Notwendigkeiten und globale Ziele miteinander in Übereinstimmung zu bringen: Man kann nicht auf Diplomatie setzen und Waffen an Kriegsparteien verkaufen, man kann sich nicht als Anwalt der Menschlichkeit verstehen, sich rechtsstaatlicher Prinzipien rühmen und die ganze Welt belehren und gleichzeitig als Drehscheibe zur Umgehung der Normen und Regeln der anderen dienen. Dies haben wir bitter erfahren. Ich bin überzeugt, dass es gelingen kann, unsere politische Agenda und unsere Ziele mit der Vielschichtigkeit der Probleme in Einklang zu bringen.

Im vorliegenden Fall sind Wirtschaft und Menschenrechte gleichrangige verfassungsmäßige Ziele. Es geht objektiv gesehen also nicht um ein Entweder-oder beziehungsweise um die Frage, ob die Verfolgung wirtschaftlicher Interessen wichtiger sein soll als der Einsatz für Menschenrechte und Demokratie oder umgekehrt. Es geht vielmehr darum, wie sich die Einhaltung internationaler Standards erreichen lässt und wie unsere Gesprächspartner davon zu überzeugen sind. Das bedeutet verhandeln und handeln. Mit Iran hat die Schweiz einen institutionalisierten Dialog über die Menschenrechte geführt, der auch Diskussions- und Handlungsvorschläge etwa im Bereich des Jugendstrafvollzugs enthielt. Der verlangte Evaluationsbericht kam 2011 zu enttäuschenden Schlüssen.[12] Doch heißt dies, dass man die Bemühungen einstellen soll?

Das Departement für auswärtige Angelegenheiten gibt 2011 in einer Medienmitteilung eine Verstärkung der schweizerischen Menschenrechtspolitik wie folgt bekannt:

«Um ihre Menschenrechtspolitik zu verbessern und den heutigen globalen Gegebenheiten anzupassen, muss die Schweiz alle Plattformen ihrer bi- und multilateralen Beziehungen konsequent nutzen. Deshalb sollen Menschenrechte künftig nicht mehr nur in isolierten und nach strikten Vorgaben geführten Dialogen mit ausgewählten Partnern erörtert werden. Das Instrument des Dialogs wird neu ausgerichtet und erhält einen übergeordneten Rahmen: Die Frage der Menschenrechte wird diversifiziert und vermehrt in allen Bereichen der Schweizerischen Außenpolitik integriert.»[13]

Eine kohärente Außenpolitik mit den Zielen im Bereich Menschenrechte im Blick scheint somit gewährleistet, zumindest auf dem Papier. Die Umsetzung erweist sich jedoch als delikat.

Nachdem der Bundesrat die Bilanz der institutionalisierten Menschenrechtsdialoge kritisch beurteilte, beschloss er, die Menschenrechtsanliegen in alle Bereiche der Außenpolitik zu integrieren. Dies knüpft die bilateralen Beziehungen in der Tat an gewisse Voraussetzungen. Das Freihandelsabkommen mit China ist ein gutes Beispiel für die Schwierigkeit dieses Unterfangens. Und am Ende kann man nur das Beste hoffen, denn im Abkommen, das im Sommer 2013 bekannt wurde, sind die Menschenrechte kein einziges Mal erwähnt.

Im Fall des Irans hat die Schweiz die von der Uno verhängten Sanktionen, aber auch jene der EU und der USA übernommen.[14] Der von der EGL unterzeichnete Gasvertrag wurde ausgesetzt.[15] Hingegen stellt sich die Frage der Kohärenz bei der Aushandlung und allfälligen Unterzeichnung eines Freihandelsabkommens mit Russland, auch im Hinblick auf die Zollunion zwischen Russland, Kasachstan und Weißrussland.

Es besteht ein ziemlich breiter Konsens darüber, dass Außenwirtschaftspolitik und Außenpolitik direkte Gegensätze sind. Ich bin nicht dieser Ansicht und zwar aus zwei Gründen: Zum einen, weil Wirtschafts- und Außenpolitik in Wirklichkeit stark voneinander abhängen. Zum andern, weil ein Land seinen Einfluss in der Welt durch das geltend macht, was es ist, durch seine Glaubwürdigkeit, und das heißt für die Schweiz: durch ihre Glaubwürdigkeit als Land, dessen Außenpolitik auf Rechtsstaatlichkeit und der Achtung elementarer Regeln gründet.

Als ich zu Beginn meiner Amtszeit in der Türkei empfangen wurde, schenkte ich meinem Kollegen alle Bände des Berichts der Bergier-Kommission. Unsere Beziehungen zur Türkei waren damals wegen der tragischen Ereignisse von 1915 labil. Der Nationalrat und etliche kantonale Parlamente hatten diese als Genozid an den Armeniern[16] bezeichnet, und gewisse türkische Vertreter reagierten darauf mit Äußerungen, die von Schweizer Gerichten geahndet wurden. Unsere Beziehungen waren geprägt von der Weigerung der Türkei, eine Schweizer Wirtschaftsdelegation zu empfangen, und von heftigen Angriffen hüben und drüben nach den Entscheidungen der Schweizer Parlamente und Gerichte. Mein Amtskollege und ich tagten lange, gingen im Detail auf die Menschenrechts- und Minderheitsfragen ein, und auf meine Frage, warum ein solches Interesse an der Vergangenheitsbewältigung der Schweiz bestehe, lautete die Antwort: «Die Schweiz hat eine so hohe Glaubwürdigkeit in Menschenrechtsfragen, dass wir auf diesem Gebiet von ihr in den internationalen Gremien nicht kritisiert werden möchten.» So führten die Bände des Bergier-Berichts ein wenig später zu einer Schweizer Vermittlung zwischen der Türkei und Armenien, und die zahlreichen Kontakte und Bemühungen im Rahmen dieser Mediation normalisierten ihrerseits die Beziehungen zwischen der Schweiz und der Türkei, was einem besseren Verständnis und den beidseitigen Interessen diente.

Das Engagement für die Menschenrechte ist ein aktiver Bestandteil der Schweizer Außenpolitik und liegt im Interesse der Wirtschaft. Konflikte, Armut und die Missachtung der Menschenrechte führen nämlich früher oder später zur Destabilisierung und Fragilisierung des Staates, zum Verlust der Rechtssicherheit für die wirtschaftlichen Tätigkeiten und nationalen Investoren in einem bestimmten Land. Mit einer Politik der Friedensförderung und Achtung der Menschenrechte hingegen werden die nötigen Rahmenbedingungen für die wirtschaftlichen Tätigkeiten geschaffen.

Der Fortschritt bei der Übernahme allgemeiner Standards der Menschenrechte wird durch die Entwicklung internationaler Normen, durch die Tätigkeit von Institutionen wie dem Menschenrechtsrat oder von Gerichten wie dem Internationalen Strafgerichtshof oder dem Europäischen Gerichtshof für Menschenrechte vorangetrieben und beschränkt sich nicht auf die Behandlung dieses Themas in den bilateralen Beziehungen.

Allmählich haben sich Normen herauskristallisiert, die den Handlungsspielraum des Staates beschränken und die an einem Konflikt unbeteiligten Personen schützen sollen. Dabei handelt es sich um die Regeln zur Achtung der Menschenrechte, wie sie in der Allgemeinen Menschenrechtserklärung von 1948 festgeschrieben sind.

Die Regierungen gehen immer häufiger juristisch verbindliche Beziehungen ein, indem sie sich zu den hauptsächlichen internationalen Konventionen und zu den neuen Instrumenten, die die Menschenrechtserklärung ergänzen, bekennen.[17]
Große Anstrengungen sind in den letzten zwanzig Jahren zum Aufbau griffiger Mechanismen zur Anklage und Bestrafung der Urheber von Menschenrechtsverletzungen unternommen worden: die Gründung des Uno-Hochkommissariats für Menschenrechte, der Uno-Menschenrechtsrat mit seinem universellen Mechanismus der regelmäßigen Überprüfung und die zuständigen Gerichte, der Internationale Strafgerichtshof und der Europäische Gerichtshof für Menschenrechte.

Doch letzten Endes muss man leider feststellen, dass die Existenz einer juristisch bindenden Verpflichtung nicht zwingend dazu führt, dass sie stets eingehalten wird. Mehr als sechzig Jahre nach der Annahme der Allgemeinen Menschenrechtserklärung am 10. Dezember 1948 und über sechzig Jahre nach der Unterzeichnung der vier Genfer Konventionen von 1949 zeigt die Umsetzung dieser Rechte in der Welt ein gemischtes Bild.

Probleme bei der Interpretation und Anpassung der Bestimmungen des internationalen humanitären Völkerrechts an die heutige Realität treten auf, wenn die Konfliktparteien oder ihre Kampfmethoden nicht mehr dem Horizont der Genfer Konventionen oder ihrer Zusatzprotokolle entsprechen. In modernen bewaffneten Konflikten stehen sich nämlich nicht mehr Staaten mit annähernd gleichen Kräften und Ressourcen gegenüber, wie im Zweiten Weltkrieg. Zusätzlich zu den staatlichen Akteuren

gilt es inzwischen eine Vielzahl nichtstaatlicher Akteure zu beachten, Rebellengruppen, Kriegsherren oder terroristische Ver-
einigungen. Ihre militärischen Mittel und ihre Ziele unterscheiden sich von jenen der klassischen bewaffneten Konflikte.

Zudem leben wir in einer Welt, wo es immer schwieriger
wird, innerhalb derselben Zivilbevölkerung zwischen einem
bewaffneten Kämpfer und einer Zivilperson zu unterscheiden.
Gleichzeitig erlauben die technischen Fortschritte die Entwicklung immer raffinierterer und im Prinzip genauerer Waffen, die
aber zunehmend automatisiert sind und ohne den Faktor Mensch
auskommen.

Was die Achtung der Menschenrechte betrifft, wird sie an
mehreren Fronten geschwächt. So konnte die Missachtung von-
seiten einiger westlicher Regierungen der elementaren Rechte
von Personen, die im Rahmen des Kampfes gegen den Terrorismus festgenommen wurden, den Vorwurf rechtfertigen, mit
zweierlei Maß zu messen und mit dem Finger auf die Versäum-
nisse anderer zu zeigen, während man die Rechte von Personen
im eigenen Gewahrsam verhöhnte. 2003 trat die Uno-Konven-
tion zum Schutz der Wanderarbeitnehmer in Kraft. Doch sie ist
inzwischen erst von rund vierzig Ländern ratifiziert worden, unter denen kein einziges Zielland vertreten ist, auch nicht die
Schweiz.[18] Die restriktive Migrationspolitik der wirtschaftlich
entwickelten Länder hat dazu beigetragen, den Graben zwischen den Gewinnern und den Verlierern der Globalisierung
weiter aufzureißen, die auf ökonomische, soziale und kulturelle
Rechte pochen, während die individuellen Freiheitsrechte hint-
anstehen. In manchen Kreisen schließlich wird die Universalität
der Menschenrechte, der Meinungsäußerungs- und Glaubens-
freiheit mit dem Argument angegriffen, die Religionen würden
diffamiert.

Die Kombination dieser Tendenzen, der Verschärfung der
Normen und Abweichungen bei ihrer Anwendung, führt zu einer

weltweit mangelhaften Umsetzung der vereinbarten Normen. Dabei hätte man nach dem Bosnienkrieg 1992 und 1995, dem Völkermord in Ruanda zu Beginn der 1990er Jahre und der aufkommenden Doktrin der «responsability to protect», der die Uno-Generalversammlung 2005 zustimmte,[19] an das Entwicklungspotential der Vereinten Nationen glauben mögen, auch wenn die Veränderungen kurzfristig manchmal schwer ersichtlich sind. Viele halten die Berechtigung zur Anwendung militärischer Gewalt zum Schutz der Zivilbevölkerung gemäß Resolution 1973 des Sicherheitsrates für den entscheidenden Faktor,[20] der es erlaubte, in Benghasi und anderen libyschen Städten Tausende von Menschenleben zu retten. Allerdings führte der Militäreinsatz über die Resolution 1973 hinaus zu einem politischen Machtwechsel, was heute jegliche militärische Intervention in Syrien in humanitärer Absicht erschwert. Und wir schauen dem Unglück der Menschen in Syrien ohnmächtig zu.

Die Fortschritte bei der Akzeptanz allgemeiner Standards in Menschenrechtsfragen sind nicht im engeren Sinne an die Entwicklung der bilateralen Wirtschaftsbeziehungen zwischen der Schweiz und einem anderen Land gekoppelt. Und darum muss eine Schweizer Förderpolitik der Einhaltung der Menschenrechte auch für sich allein existieren können, einen starken politischen Willen zum Ausdruck bringen und über Mittel und eine Agenda verfügen.

David Held bemerkt in einem Interview im *Global Journal*, dass wir in einer multipolaren Welt mit einer Vielzahl von Stimmen leben und darum Übereinstimmungen finden müssen, nicht durch Macht, Gewalt oder Krieg, sondern indem wir unsere Unterschiede verhandeln.[21] So gesehen, könnten das Kriegsverbot gemäß internationalem Recht und die Menschenrechtspolitik die Basis für eine allgemeine neue Ordnung bilden.

Wir wissen wohl, dass es Werte gibt, über die sich die Einzelnen und die Nationen einig sind und auf denen wir gemeinsame

Bezugswelten aufbauen können, um gemeinsam voranzugehen, mit Respekt vor den Unterschieden zwischen den persönlichen und religiösen Sensibilitäten oder im sozialen Gefüge. Doch wir müssen uns dauernd für diese Werte einsetzen. Denn Werte wachsen in der Tat nicht auf Bäumen: Sie entwickeln sich in einem historischen Prozess, sie keimen im Diskurs, im Denken, in der politischen Praxis und im klugen Umgang mit Unterschieden. Man muss über die Werte debattieren, muss sie studieren, pflegen, weitergeben und sie notfalls verteidigen und dazu stehen. Die Einmaligkeit der menschlichen Natur und das tiefe Bedürfnis des Individuums nach leitenden Werten, nach denen es sein Leben ausrichten und seine Würde bewahren kann, sind universal. Sie stellen ein Ideal dar, nach dem die Gesellschaften und die Individuen streben, jeder auf seine Art.

Und sie gelten für alle und für jeden von uns, in Peking ebenso wie in Genf und in Guantánamo. Ich habe die Friedensnobelpreisträgerin Shirin Ebadi, eine bemerkenswert mutige Frau aus dem Iran, von der Notwendigkeit sprechen hören, die Werte der Gleichheit, der Achtung vor den Menschenrechten und der Demokratie zu globalisieren.

Die Universalität der Menschenrechte und die kulturelle Verschiedenheit der Welt schließen sich nicht aus, sondern ergänzen sich, denn der Kern des Konzepts der Menschenrechte ist die Würde des Menschen. Mit dem Begriff der Würde ist die Vorstellung verbunden, dass sie jedem Menschen eigen ist, weil er ein Mensch ist, unabhängig von seiner Herkunft oder Kultur. Die Menschenwürde ist überall auf der Welt dieselbe. Die kulturellen Unterschiede und zugleich die gemeinsame Menschennatur zu betonen – genau darin liegt in diesem 21. Jahrhundert, das die ökonomischen Tugenden der Globalisierung schönredet und dabei viele Verlierer produziert, eine schwierige Pflicht.

Es muss erstaunen, dass die Befürworter einer sehr restriktiven Auslegung der Neutralität das humanitäre Engagement als einzige Form einer Schweizer Präsenz in der Welt befürworten.[22] Ein solches Engagement könne unsere Solidarität zum Ausdruck bringen und vertrage sich im Gegensatz zu sogenannt politischen Aktivitäten gut mit einer aktiven Außenwirtschaftspolitik. Das Problem, vor das die Anhänger dieser These sich heute gestellt sehen, besteht darin, dass die Außenwirtschaftspolitik nicht ohne Politik auskommt und dass die Einhaltung von Menschenrechten nicht mehr nur innerhalb von Landesgrenzen gilt. Internationale Normen sind entstanden, und die Souveränität eines Landes schließt Interventionen von außen nicht mehr aus, wenn es darum geht, verbindliches Recht durchzusetzen. Kurz: die Beachtung der Bürgerrechte und der wirtschaftlichen und sozialen Rechte nimmt eine politische Dimension an. Und das humanitäre Handeln, diese urschweizerische Tradition, wandelt seinerseits unser Verständnis von der staatlichen Souveränität.

Es gibt in den internationalen Beziehungen in der Tat ein Spannungsfeld, wo die individuellen Vorrechte und Interessen der Staaten auf ihre kollektiven internationalen Verpflichtungen stoßen. Die Staaten sind souverän und organisieren ihr politisches System und entscheiden über innere Angelegenheiten demnach selbständig. Trotzdem haben sie sich mit ihrer Unterschrift unter die Charta der Vereinten Nationen und andere internationale Abkommen verpflichtet, gewisse Prinzipien wie den Verzicht auf vom Sicherheitsrat nicht autorisierte Gewalt in den internationalen Beziehungen, die Achtung der Menschenrechte und des internationalen humanitären Rechts einzuhalten. Um ein gerechtes Gleichgewicht zwischen den genannten Prinzipien ringen die Staaten nach wie vor.

Die Souveränität der Staaten ist eine Grundidee der internationalen Beziehungen. Sie ist heute mitten im Wandel begriffen. Nach allgemeinem Verständnis bedeutet Souveränität, dass ein Staat innerhalb seiner Landesgrenzen in seinem Handeln frei ist, und zwar absolut. Manche Regierungen haben diese Macht missbraucht und missbrauchen sie noch, um ihre eigenen Bürger zu verfolgen, und verbitten sich jede Kritik als Einmischung in ihre inneren Angelegenheiten.

Darum ist ein umfassenderes Verständnis von Sicherheit aufgekommen, das sich nicht mehr strikt auf die Sicherheit von Staaten beschränkt.[23] Die bewaffneten Konflikte ziehen sich hin, werden immer heftiger und verwickeln immer zahlreichere Akteure. Die Häufigkeit der technologischen, Natur- und Umweltkatastrophen nimmt zu. Die Menschen werden davon stark und regelmäßig betroffen, und gravierende besondere Umstände machen alles noch schlimmer. Somalia ist ein trauriges Beispiel dafür: Zu den Kämpfen, die dort schon seit über zwanzig Jahren wüten, kommen extreme klimatische Widrigkeiten hinzu, und die humanitären Herausforderungen werden angesichts der wachsenden Unsicherheit und menschlichen Not und einem manchmal erschwerten Zugang zur Bevölkerung immer größer. Denn die Kämpfe spielen sich nicht mehr auf einem fernen Schlachtfeld ab, sondern mitten in den bewohnten Gebieten. Es sterben weniger Soldaten, es sterben mehr Männer, Frauen und Kinder.

Während das traditionelle Verständnis von Sicherheit ausschließlich den Staat schützen will, ist das Konzept der menschlichen Sicherheit auf den Schutz der Einzelnen und der Gemeinschaft ausgerichtet. Die Politik der menschlichen Sicherheit rückt die Person in den Mittelpunkt, und ihren Rechten und Nöten gilt die Sorge. Sie ersetzt das traditionelle Bemühen um die Sicherheit des Staates nicht – zum Beispiel bei der Wahrung der territorialen Unversehrtheit –, ergänzt es aber deutlich, indem sie für die individuelle Sicherheit unverzichtbare Aspekte hinzufügt. Sie bietet dazu ihre Guten Dienste und ihre Vermittlung bei der Überwindung von Konflikten an, kämpft gegen Antipersonen-Minen, gegen die Verbreitung leichter Waffen, das Rekrutieren von Kindersoldaten und Menschenhandel, für den Schutz der Zivilbevölkerung und die Stärkung der Menschenrechte. Durch seinen Blick auf das Ganze will das Konzept der menschlichen Sicherheit uns begreiflich machen, dass Friede weit mehr heißt, als es herrscht kein Krieg.

Die Politik der menschlichen Sicherheit antwortet auf die sehr komplexen Konflikte, die oft an die Stelle herkömmlicher Kriege treten. Diese Konflikte sind nicht nur neu aufgrund ihrer Akteure und der verwendeten Waffen, sondern auch aufgrund der Zerstörungen und Verheerungen, die sie unter der Zivilbevölkerung anrichten. Darauf zu reagieren, verlangt eine Anpassung der Mittel und neue Formen des Engagements, denn wir sprechen hier von einer von humanistischen Prinzipien durchdrungenen Politik und einer eigentlichen Ethik des politischen Handelns. In einer solchen Optik geht die Außen- und Sicherheitspolitik über die Verteidigung und Förderung der nationalen Interessen hinaus.

Die Politik der menschlichen Sicherheit bemüht sich in ganz elementarem Sinn darum, die Menschheit zu schützen und zu retten. Der humanitären Tradition verpflichtet, möchte sie die Staaten und die bewaffneten nichtstaatlichen Akteure dazu bringen, ein paar Grundregeln einzuhalten, und setzt bei allen Parteien ein Minimum an Mitmenschlichkeit voraus: dieses Minimum, das Henri Dunant für die Soldaten auf dem Schlachtfeld erreicht hat und das die internationale Gemeinschaft heute für die Zivilbevölkerung erwirken will.

2005 gab das Internationale Komitee vom Roten Kreuz eine Studie zur Praxis des humanitären Völkerrechts heraus.[24] Mit soliden juristischen Argumenten wird ein Rechtskorpus beleuchtet, der heute weit über die vertraglichen Rechte und Pflichten der Staaten hinausgeht, die die Genfer Konventionen ratifiziert haben. In der Tat zeigt diese Studie auf, in welchen Punkten sich die Kriegführenden weltweit an dieselben humanitären Regeln gebunden fühlen. Manche zögern trotzdem nicht, die Richtigkeit dieses humanitären Rechts in Zeiten des Krieges und des Kampfes gegen den Terrorismus anzuzweifeln. Die Frage stellt sich so: Gibt es Grenzen, die man auch im Kampf gegen das absolute Böse nicht überschreiten darf? Ist es im Kampf gegen jene, die unsere Werte angreifen, gerechtfertigt, genau diese Werte zu unterdrücken? Die zahlreichen Krisenherde zeigen es deutlich: Wenn die Politik das Fundament der gültigen Regeln in Frage stellt oder es in angeblicher Unkenntnis untergräbt und die minimalen Grundfesten der Zivilisation einstürzen, ist es mit Gesetz und Rechtmäßigkeit vorbei. Sie fallen in sich zusammen, und das Recht wird als Unrecht erfahren, als ein System der Doppelmoral oder, schlimmer noch, als blanker Hohn. Es klingt trivial, dies auszusprechen. In der Praxis ist es jedoch keineswegs trivial, vor allem wenn geostrategische oder wirtschaftliche Interessen der Achtung der Menschenrechte entgegenstehen.

So oder so reicht es zum Schutz der Menschenrechte und für ihre Einhaltung nicht aus, wenn die Schweiz ihre internationale Tätigkeit auf die Unterstützung des Roten Kreuzes und der humanitären Hilfe beschränkt. Solche Ziele erfordern ein viel aktiveres Engagement, das bis zu einem Eingreifen der internationalen Gemeinschaft in einem bestimmten Land führen kann.

11. Von Flaschen und anderen spitzen Gegenständen im Bauch

Man stelle sich eine Traumlandschaft vor: Palmen, ein üppiges Grün, das die Hügel emporsteigt, ein blauer See und unberührte Strände. Alles sprießt. Die Provinz Süd-Kivu ist reich an natürlichen Schätzen wie keine zweite, und man stellt sich vor, dass man in einer solchen Umgebung unweigerlich glücklich sein muss. Doch der Schein trügt: Die große Mehrheit der Bevölkerung lebt unter der Armutsgrenze, der Flugplatz von Bukavu wurde unlängst noch von Lavaströmen von den schönen Hügeln bedroht, die eigentlich Vulkane sind. Der See ist gefährlich, ein Methangasspeicher, darum traut sich keiner dorthin. Und dann gibt es die Rebellen und die Soldaten, die sich bekriegen, die Häuser stürmen, vergewaltigen und töten. Diese Weltgegend ist ein Kondensat von Katastrophen und Grausamkeit. Eine Hölle.

Die Epidemie der Gewalt beginnt 1996. Ein Bürgerkrieg bricht aus infolge des Versuchs, Mobutu Sese Seko zu stürzen, und marodierende Banden ziehen durchs Land. Truppen aus Nachbarländern mischen mit, angezogen von den Reichtümern der Region. Man spricht von vier bis sechs Millionen Toten, je nach Quelle.[1] Ich bin den Frauen von Kivu begegnet, den Opfern eines bewaffneten Konflikts, die täglich Abscheulichkeiten erleiden müssen, die sie in einer kleinen fotokopierten Broschüre zu benennen wagten:

«1. Ermordung eines Mädchens und Schändung des Leichnams

2. Entführung von Frauen und Verkauf unter den Angreifern für bestimmte Fristen (1 Monat für 100, 2 Monate für 200 US-Dollar)

3. Raub einer 14-Jährigen, an der sich 5 Männer während 6 Monaten täglich vergehen
4. Massenvergewaltigung einer Frau durch über 22 Männer, bis ‹Fisteln› entstehen
5. Entfernung der Klitoris und Befehl an die Opfer, ihre Klitoris zu schlucken
6. Vergewaltigung und Schüsse in die Vagina
7. Schändung von halbjährigen, einjährigen, zweijährigen Kindern ...
8. Schändung von über 75-jährigen Frauen ...
9. Schmierung des Afters mit Palmöl und Analverkehr mit Männern bis zum Austritt des Rektums
10. Jahrelange Entführung von Frauen und Verstoßung ins Heimatdorf, wenn sie Aids bekommen, schwanger werden oder Kinder bekommen, die gehasst werden wie die Pest
11. Geiselnahme von Frauen und Freilassung gegen ein Lösegeld von 200 bis 500 US-Dollars
12. Einführung einer Lanze, eines Messers, einer Flasche, von Säure, glühenden Holzstücken und anderen spitzen Gegenständen in die Vagina
13. Zwang zum Geschlechtsverkehr von Kindern mit ihren Müttern, vor den Augen der übrigen Familie»[2]

Diese Gewaltakte sind unsäglich. Gewalt ist noch ein zu zahmer Ausdruck dafür. Sie sind mehr als das. Sie zielen offensichtlich nicht auf eine wie immer geartete sexuelle Befriedigung, sondern darauf, die Gemeinschaft selbst zu zerstören. Die Vergewaltigung wird als Kriegswaffe benutzt. Die Frauen werden geschändet, verletzt, gefoltert. Sie werden von einem Arzt behandelt, kehren in ihre Dörfer zurück, und alles beginnt von vorn. Die Massenvergewaltigung hat sich zu einer veritablen Kriegsstrategie entwickelt. 20 000 Frauen und Mädchen wurden in den Balkankriegen geschändet,[3] 250 000 waren es in Ruanda.[4] Die Vergewaltigung von Frauen, oft vor den Augen des Gatten und der Kinder vollzogen, ist eine Waffe des Terrors und der Erniedrigung. Nach einer Vergewaltigung wird die Frau oft aus ihrer Gemeinschaft verstoßen, in deren Augen sie ihre Ehre und Würde verloren hat. Diese verstoßenen und verschwundenen Frauen hinterlassen eine ausgehöhlte Gesellschaft, zerstörte Familien und Sozialstrukturen.

Ich reiste im Februar 2010 in die Demokratische Republik Kongo. In der Hauptstadt Bukavu besuchte ein Teil der Delegation das Projekt Vovolib, das sich um die psychosoziale Betreuung der Frauen und Kinder unter den Gewaltopfern kümmert und von der Schweiz finanziell unterstützt wird. Ich war nicht unter jenen, die zuhörten, was die Frauen zu erzählen hatten. Ich konnte es nicht, aus Furcht, der Situation nicht gewachsen zu sein, sie nicht zu ertragen, und vor allem den Frauen über eine finanzielle Zuwendung hinaus doch nicht helfen zu können.

Das Gefühl der Ohnmacht war so schlimm wie noch selten zuvor in meinem Leben: Unweit von Sarajewo begegnete ich Frauen, die durch den Krieg alles verloren hatten, ihren Ehemann, ihre Kinder, ihr Haus und ihr Auskommen. Und als ich sie frage: «Was werden Sie tun?», fahren sie aus der Haut: Sie seien sehr früh von der Schule abgegangen und hätten keine Ausbildung, aber mich, die Besucherin, betreffe das natürlich nicht, ich würde nach Hause zurückkehren, sie vergessen und gar nichts unternehmen. Die Vorwürfe waren übertrieben, denn ein Schweizer Hilfsprojekt unterstützte ja genau diese Frauen, und als ich wieder in Bern war, unterhielt ich gemeinsam mit Parlamentarierinnen Kontakte von Frau zu Frau mit ihnen und organisierte sogenannte «marrainages», Patenschaften. Und doch hatten diese Frauen auch recht, denn sie fühlten sich ausgeschlossen, hatten keinen Ort, wo sie hingehen, keinen Beruf, dem sie sich zuwenden konnten. Welche Zukunft konnte es unter diesen Umständen für sie geben?

Ähnlich erging es mir in den Flüchtlingslagern, die ich besuchte, wenn ich unterernährte Kleinkinder sah, mit leerem Blick, schlaff und die Augen voller Fliegen. Es ist eine Sache, solche Bilder am Fernsehen zu betrachten, und eine ganz andere, sie in Wirklichkeit zu sehen. Aus der Distanz des Fernsehens könnte man denken, all diese Menschen würden mit ihren Leiden anders umgehen als wir, sie seien es gewohnt, misshandelt zu werden, alles verlassen zu müssen und ihre Kinder sterben zu sehen. Auf du und du mit einem Menschen, der seine Leidensgeschichte erzählt, ist es nicht mehr möglich, so zu denken. Dadaab in Kenia 2011: Ärzte ohne Grenzen führt in einem Teil dieses riesigen Flüchtlingslagers ein Krankenhaus. Man sagt mir, dass ich mit einer Somalierin sprechen könne. Sie ist einverstanden, und wir können uns mit Hilfe eines Dolmetschers verständigen. Sie hält ihr Kind in den Armen, einen kleinen Vierjährigen, der aussieht wie ein einjähriges Kind. Die Mama spricht, der Kleine schaut, auch er schon verzweifelt. Nach ein paar Minuten bedanke ich mich, stehe auf und fliehe. Mir wird übel vor so viel Unglück und so viel Ohnmacht.

Mein vorrangiges Erbe ist die Sozialdemokratie: ein Erbe des Respekts und der Achtung vor dem andern. Ich konnte Unrecht nie ertragen und habe mich im sozialen Kräftemessen immer auf die Seite der Schwächsten geschlagen. Darum ist es wenig erstaunlich, dass Afrika mich von all meinen Reisen am meisten geprägt hat.

Ich habe ein Bild rahmen und aufhängen lassen, das Frauen aus Darfur gemalt haben. Sie haben es mir als Dank für die Unterstützung der Schweiz geschenkt und auch als Mahnung, sie nicht zu vergessen und weiterhin an sie und ihr Elend zu denken. Auf dem Bild haben sich die Frauen selbst im Kreuzfeuer der Flugzeuge, Helikopter und Militärfahrzeuge dargestellt, verfolgt und vergewaltigt von berittenen Kriegsherren, wenn sie sich aus dem Lager hinauswagen müssen, um am

Brunnen Wasser zu holen. Ich schämte mich über diesen Dank für so wenig Hilfe.

Die Diskriminierung der Frau ist heute die häufigste Form der Ausgrenzung auf der Welt. Der Kampf gegen die Armut ist ein Kampf gegen die Armut der Frauen. «In Afrika und in Asien arbeiten die Frauen im Schnitt dreizehn Stunden die Woche mehr als die Männer. Sie brauchen manchmal mehrere Stunden am Tag, um Wasser zu holen. Sie brauchen ihre ganze Energie, um zu überleben und ihre Familie durchzubringen. Von rund 550 Millionen armen Arbeitern sind 330 Millionen Frauen. Und die Armut trifft die Frauen doppelt: Sie stellen nicht nur die Mehrheit der Menschen, die mit weniger als einem US-Dollar täglich auskommen müssen, sondern werden auch systematisch vom Wirtschaftsleben ferngehalten und marginalisiert, denn die sozialen Ungleichheiten zwischen Frauen und Männern schaffen ihrerseits Ungleichheiten bei der Verteilung der Güter und beim Zugang zu produktiven Ressourcen wie Krediten, Einkünften, Arbeitsmarkt und Bildung.»[5]

Die Frauen sind verletzlich und schutzlos. Und ihre Lage verschlimmert sich, wenn bewaffnete Auseinandersetzungen drohen, ausbrechen, endlos andauern oder mit einem labilen Waffenstillstand enden. Die Frauen sind in der Mehrheit bei den Flüchtlingen und intern Vertriebenen.[6] In meinem Kopf sind die Bilder der Armut weiblich.

Und doch kämpfen die Frauen, denen ich begegnen konnte, trotz ihrer Lage und den Gefahren, denen sie ausgesetzt sind, für ihre Rechte und für ihre Würde. Diese Frauen sind nicht einfach nur Opfer. Sie engagieren sich beispielhaft für Gerechtigkeit und für Gleichheit. Sie kämpfen gegen grobe Verletzungen ihrer Menschenrechte, aber auch für das Überleben und die Zukunft ihrer Gemeinschaft.

Wenn wir die Entwicklung der internationalen Beziehungen betrachten, stellen wir fest, dass gewisse Formen der Empathie stets das Denken und Handeln der Verantwortlichen beeinflusst haben. Angesichts der humanitären Katastrophe, die sich Mitte des 19. Jahrhunderts in Solferino in der Lombardei vor seinen Augen abspielte, wusste Henry Dunant, der Gründer des Internationalen Komitees vom Roten Kreuz, die Maximen einer elementaren Menschlichkeit mit einem praktischen Humanismus zu verbinden. Er ist für uns ein Vorbild. Denn eine Frage stellt sich allen, die in der Politik denken und handeln, in der Tat immer wieder: Wie können wir reagieren? Wie sollen wir reagieren angesichts des Geschehens auf der Welt? Ist es normal, dass die Frauen und Männer von Süd-Kivu durch die Hölle gehen? Was tun wir, damit das aufhört?

Denn wir reden hier nicht von gestern, wir reden davon, was heute im 21. Jahrhundert geschieht.

12. Eine Krise der Freiheit

Die Bewegung «Occupy Wall Street» will von einer Welt nichts wissen, deren Prioritäten von den Finanzmärkten, dem Bankensystem und den multinationalen Firmen bestimmt werden.

Die neueren Entwicklungen in Nordafrika zeugen von der Attraktivität des demokratischen Ideals. Dieses Modell ist nicht bloß attraktiv, es verwandelt: Staaten, Gesellschaften und das Leben von Millionen Einzelnen. Die Demokratie verkörpert nicht nur ein Ideal, sie stellt einen kräftigen Reformantrieb dar.

Erinnern wir uns: Am 17. Dezember 2010 in Sidi Bouziz, einer Kleinstadt im tunesischen Hinterland, nimmt sich ein junger Mann von sechsundzwanzig Jahren das Leben. Er hatte in den Straßen von Sidi Bouziz Gemüse verkauft. Schon als Kind arbeitete er, um seiner Mutter und den sechs Geschwistern zu helfen. Tag für Tag begab er sich auf den Großmarkt, um seinen Handwagen zu beladen, und ging danach zwei Kilometer zu Fuß bis zum lokalen Souk, wo sich die ärmsten Leute versorgten. Er verdiente zehn Dinar, ungefähr acht Schweizerfranken am Tag. Und wenn die Polizei auftauchte, floh er und ließ seine Ware zurück. Manchmal musste er Schmiergeld oder eine Buße bezahlen, um sein Geschäft weiterführen zu können.

Bouazizi träumte von einem besseren Leben. Doch seine Bemühungen fruchteten nicht. Die Armee wollte ihn nicht. 2008 versuchte er nach Sizilien auszuwandern, wurde von der Grenzpolizei aufgegriffen und für zwei Wochen ins Gefängnis gesteckt. Ein Jahr später versuchte er es wieder und wurde erneut inhaftiert.

Im Sommer 2009 unternahm er einen letzten Versuch, seine Situation zu verbessern. Er findet Arbeit in einem Restaurant.

Zwei Monate lang wäscht er das Geschirr und putzt die Küche. Als sein Chef vergisst, ihn zu bezahlen, klagt er. Ohne Erfolg. Sein Chef ist einflussreich, und er hat das Recht nicht auf seiner Seite.

Am Morgen des 17. Dezember hat Bouazizi einen heftigen Streit mit einer Polizistin, die ihn ohrfeigt und mit Hilfe eines Kollegen zu Boden wirft. Doch zuvor soll ihm die Polizei seinen Wagen beschlagnahmt haben. Als er zum Polizeiposten zurückgeht, schlägt man ihn wieder. Er wird beim Gouverneur vorstellig, der sich weigert, ihn anzuhören. Darauf übergießt er sich mit Benzin und verbrennt sich vor der Gouverneursresidenz.

Das Schicksal Mohamed Bouazizis ist symptomatisch. Elend, hohe Arbeitslosigkeit, Ungleichheiten bei der Verteilung der Ressourcen und Reichtümer. Selbst die Mittelklasse ist davon betroffen. Die weltweite Wirtschaftskrise trifft auf eine geschwächte Bevölkerung. Und diese Bevölkerung sieht sich einer allmächtigen, arroganten Macht gegenüber, die sich auf Kosten ihrer eigenen Bürgerinnen und Bürger bedient hat und von einer korrupten Verwaltung unterstützt wird, die die Leute rücksichtslos und respektlos behandelt. Dabei sind diese im Internet vernetzt und verstehen sich als Teil des Global Village. Dieses Dorf ist allerdings rein virtuell für sie. Sie können nur davon träumen. Die Erfahrung ist bitter.

Historische Umbrüche von der Tragweite des Arabischen Frühlings verlaufen nicht geradlinig, sie kennen Fortschritte und Rückschritte. Die Französische Revolution brauchte hundert Jahre, um die Dritte Republik hervorzubringen. Zu sehen, wie heute als Reaktion auf die postrevolutionären Versuchungen – oder sollte man sagen: Entgleisungen – die Rebellion wieder erwacht, beweist es: Demokratie ist ein langer und schmerzhafter Prozess. Demokratie hat ihren Preis.

Die Erhebungen des Arabischen Frühlings weisen eine doppelte Dynamik auf: «Die westlichen Interessen zielen auf Eindämmung und Kontrolle ab (des Islam, der Migration, der Energie), und man muss sagen, dass manche Diktaturen dazu recht geeignet waren.»[1] Und gleichzeitig bewirkt der immer breitere Zugang zum Internet eine Demokratisierung, die es erlaubt, die Politik herauszufordern.

Wir machen eine Krise der Zivilisation durch, die auch und vielleicht vor allem eine Krise der Freiheit ist. So wie der Zusammenbruch der Sowjetunion die Spätfolge einer unmenschlichen Lesart von zivilem Engagement im Dienst der Allgemeinheit war, sind die Wirtschafts- und Finanzkrise von 2008 und die darauffolgende Infragestellung des Ultraliberalismus die Spätfolge einer unmenschlichen Lesart von «weniger Staat», bei der das staatliche Handeln nur noch als Aufsichtsfunktion über die individuellen Freiheiten verstanden und die privaten Interessen zum Nachteil des öffentlichen Handelns begünstigt wurden.

Angesichts der schweren Kulturkrise, die wir durchmachen, in der die Erschütterung des Finanzsystems mit der Infragestellung des Wohlfahrtsstaats, Umweltfragen und Identitätssuche einhergeht und die in mancher Hinsicht als Krise des kulturellen Paradigmas verstanden werden muss, das im Nachgang der Reformation entstand, ist es vielleicht nicht überflüssig, dieses Erbe neu zu befragen.[2]

Uminterpretiert von der Moderne, wird das Erbe Calvins regelmäßig zitiert, um allerlei – manchmal auch miteinander unvereinbare – Systeme moralisch zu begründen. «So ist es ein inzwischen ziemlich abgedroschener Gemeinplatz, die Anfänge des Kapitalismus in der calvinistischen Lehre zu suchen.»[3] Calvin stünde somit am Ursprung des Finanzdebakels, das den Planeten erschüttert und das Ungenügen einer Wirtschaft aufzeigt, die an Profitgier, Aneignung fremder Ressourcen, Spekulation und Gewinnstreben als Wert an sich krankt. Dagegen haben Gegner der vereinfachenden Gleichsetzung von Calvinismus und Kapitalismus leichtes Spiel aufzuzeigen, wie die calvinistische Betonung der Einheit und Solidarität der Gläubigen die Bildung von eingebundenen, gottesfürchtigen Gemeinschaften förderte. Aus dieser Perspektive betrachtet, spielt das Gemeinschaftliche im Denken Calvins eine herausragende Rolle.

Einerseits betont er die Zugehörigkeit der Einzelnen zu einer unabhängigen, homogenen Gemeinschaft und ihren Bürgersinn, der sich durch das Teilen gemeinsamer Werte auszeichnet; andererseits setzt die calvinistische Lehre die Gleichheit von Vertragspartnern und das allgemeine Prinzip des freien Willens an erster Stelle. Aus der erstgenannten Richtung lässt sich die republikanische Freiheit herleiten, wie sie von Jean-Jacques Rousseau popularisiert und radikalisiert wurde: Es ist wahrhaftig kein Zufall, dass er seine «Abhandlung über den Ursprung der Ungleichheit» seiner Geburtsstadt widmet und manche Passagen seines *Gesellschaftsvertrags* sich auf die Verhältnisse in Genf beziehen. Die zweite Richtung dagegen begründet die liberale Tradition, die so unterschiedliche Formen annehmen wird wie die Annahme der Bill of Rights, einer Vorläuferin der Allgemeinen Erklärung der Menschenrechte, nach der «Glorreichen Revolution» in England oder drei Jahrhunderte später die Unterzeichnung der Römischen Verträge, des Gründungsdokuments der Europäischen Gemeinschaft.

Natürlich ist das Recht, sich frei zu bewegen und seine Unabhängigkeit zu behaupten, indem man untereinander ausgehandelte Vereinbarungen eingeht, das Fundament des Liberalismus, wie wir ihn heute kennen. Natürlich hat das Recht, im gemeinschaftlichen Handeln aufzugehen und sich solidarisch am kollektiven Werk zu beteiligen, manchen totalitären Regimen den Boden bereitet, die dies als Verpflichtung sahen. Trotzdem ist es so, wenn man der Analyse des französischen Philosophen Olivier Abel folgt, dass «die beiden Traditionen, die uns unvereinbar scheinen, dieselbe Wurzel haben»[4]: Wenn sie auseinandergehen, so zeugen sie Monstren, doch der ursprüngliche

Calvinismus zeigt, dass ihr Zusammenwirken im Innern desselben Denkgebäudes möglich ist, und sie «sich gegenseitig korrigieren können».[5]

Dieser vermittelnde Ansatz zwischen individuellen Freiheiten und Verfolgung des Allgemeinwohls eröffnet anregende Perspektiven, trotz der Tatsache, dass die calvinistische Vision einer wohlgeordneten Welt mehr verlangte als die summarische Verträglichkeit der subjektiven Rechte des Einzelnen mit seinen Bürgerpflichten. Das Geschöpf, wie Calvin es sieht, ist nicht ein zwischen seinem privaten Gewissen und seinem öffentlichen Engagement zerrissenes Wesen, sondern wird ganz vom Willen seines Schöpfers bestimmt. An diesem Punkt führt uns die calvinistische Lehre zu den Ereignissen im Nahen Osten zurück. Was sich letztlich in dieser Weltregion abspielt, ist der Versuch, den widerwilligen Völkern eine einheitliche, transzendente Weltsicht zu verordnen, die eines radikalen Islam.

Der ursprüngliche Krisenherd, der israelisch-palästinensische Konflikt, ist in erster Linie eine territoriale Frage. Israel hält das Westjordanland, Gaza und Ostjerusalem besetzt, aus denen einst ein unabhängiger Palästinenserstaat werden sollte, dazu die syrischen Golanhöhen und die libanesischen Schebaa-Farmen. 2002 in Beirut haben die Mitgliedstaaten der Arabischen Liga die arabische Friedensinitiative verabschiedet.[6] Diese schlägt Israel ein Abkommen vor, wonach die arabischen Länder sich im Gegenzug zu dessen Rückzug aus den besetzten Gebieten zum Friedensschluss mit Israel verpflichten würden. Israel hat nie offiziell auf diese Initiative geantwortet, aber der Gründung eines Palästinenserstaats in auszuhandelnden Grenzen prinzipiell zugestimmt. Weitere große und umstrittene Themen sind die Sicherheit, die Flüchtlinge, Jerusalem und die Zukunft der Siedlungen im Westjordanland.

Der zweite Krisenherd gerät mit dem Irakkrieg von 2003 in Brand und konfrontiert heute die internationale Gemeinschaft mit dem Iran. Das Kräftemessen dreht sich um die Energie, die Atomkraft und das Erdöl. Iran behauptet, er habe ein Recht auf die Nutzung der Atomkraft zu zivilen Zwecken, und sucht seine Position in Energiefragen und seinen Einfluss in der Region durch die schiitische Achse zu festigen. Die internationale Gemeinschaft befürchtet, dass Iran unter dem Deckmantel der zivilen Nutzung nach dem Besitz von Atomwaffen strebt. Diese Aussicht treibt die israelischen Strategen um, die die iranischen Pläne als Willen auslegen, Israel zu zerstören.

Afghanistan ist der Schauplatz eines dritten Krisenherds, eines Krieges, der nun schon seit Jahrzehnten andauert. Hier geht es um anderes: nicht um Bodenschätze und nicht um Erdöl, sondern um den Kampf gegen einen Terrorismus mit weltweiten Ambitionen, der den Islam braucht und missbraucht, um oft unter elenden sozialen und wirtschaftlichen Lebensbedingungen leidende Bevölkerungsgruppen zu fanatisieren. Al Kaida verfügt immer noch über Stützpunkte in Afghanistan und in den Stammesgebieten Pakistans. Doch auch in Jemen und Nordafrika und seit kurzem in Syrien hat die Al-Kaida ihre Ableger.

Die syrische Tragödie ist nun schon seit zwei Jahren im Gang. Was als friedliche Protestbewegung gegen die Regierung begonnen hatte, ist zu einem Bürgerkrieg eskaliert. Binnen eines Jahres ist Syrien von stark repressiver Polizeigewalt zum Bürgerkrieg unter Führung der Armee übergegangen. Die einmalige geostrategische Lage Syriens macht diese Unruhen für seine Nachbarn und die internationale Gemeinschaft zur Bedrohung. Die Verträge von Camp David hatten die Südwestflanke Israels nachhaltig abgesichert. Heute hat Israel mit Ägypten, aber auch mit Syrien und Libanon ein Sicherheitsproblem, das immer gravierender wird, je mehr Jordanien schwächelt und der Krieg in Syrien andauert.

An der Eskalation des Konflikts sind fast vollumfänglich Präsident Assad und seine Regierung schuld, die brutale Unterdrückung der friedlichen Demonstrationen, Folter und der Einsatz von schweren Waffen, die die Dörfer und Städte in Trümmer gelegt haben. Das Regime ist heute nur noch ein einziger Militärapparat, eine fürchterliche Streitmacht, die um ihr Überleben kämpft und die ganze Region verseucht; die tötet und Millionen von Menschen in die Flucht treibt.

Die Allianzen entbehren jeder Logik: Autoritäre Regime preisen die Demokratie und Theokratien den Laizismus an, der Westen verbündet sich mit den Islamisten. Die Sanktionen verpuffen wirkungslos. Der Konflikt radikalisiert sich. Die internationale Gemeinschaft schreckt vor einer Intervention zurück, denn selbst ein begrenzter Militäreinsatz in Syrien könnte zu einem regionalen Flächenbrand führen, den niemand will. Es würden sich auch rechtliche Probleme stellen: Der Einsatz militärischer Mittel erfordert einen Beschluss des Sicherheitsrats; der Sicherheitsrat ist jedoch gespalten. Und ohne seine Zustimmung wäre eine Intervention illegal und würde das bisschen internationale Gouvernanz, das wir bisher erreicht haben, noch mehr schwächen.

Wie man sieht, hängen die drei Krisenherde zusammen und sind komplex. Sie entzweien Muslime und Araber, Iran und westliche Länder, die Bruchlinien kreuzen sich, und niemand kontrolliert alle Variablen. Sie werden genährt von dem alten Bruch zwischen Schiiten und Sunniten, der mitten durch den Islam geht und den Nahen Osten spaltet. Die größte Kluft in der arabischen Welt hat sich seit der Absetzung von Präsident Mursi am 3. Juli 2013 in Ägypten aufgetan. Ein Militärregime hat sich durchgesetzt. Die brutale Niederschlagung der Pro-Mursi-Proteste hatte eine diplomatische Neupositionierung zur Folge: Saudiarabien, das sich gegen die Muslimbrüder stellt, unterstützt die Militärs und stärkt seine Vorherrschaft in der sunnitischen Welt.

Der Verlust der westlichen Dominanz zeigt sich besonders deutlich in den Ereignissen im Nahen Osten. Die USA und ihre

Verbündeten haben ihren Einfluss in der Region auf Diktaturen gestützt und die Oppositionsgruppen vernachlässigt, so dass sie von den Aufständen des Arabischen Frühlings überrumpelt wurden. Es gelingt ihnen nicht, sich im Sicherheitsrat durchzusetzen, und man kann sich des Eindrucks nicht erwehren, sie seien orientierungslos und hätten keine glaubwürdige Strategie: Einmal hieß es, der syrische Präsident müsse zurücktreten (Obama, Februar 2012)[7], der Einsatz chemischer Waffen sei eine rote Linie, die man nicht überschreiten dürfe (Obama, August 2012)[8]; Frankreich sei dazu bereit, die zu bestrafen, die die infame Entscheidung trafen, Unschuldige zu vergasen (Hollande, August 2013)[9], ohne dass zuvor ein konkreter Interventionsplan ausgearbeitet worden wäre; ohne überhaupt zu wissen, was man wie unternehmen könnte, damit auf solche Erklärungen Taten folgten, und vor allem: ohne die Konsequenzen zu kennen.

In diesem sehr düsteren Umfeld hat der massive Einsatz von chemischen Waffen das Gewissen der Weltgemeinschaft aufgeschreckt: Die bis dahin starren Fronten mit dem Westen und den arabischen Ländern auf der einen und Russland und Iran auf der anderen Seite sind in Bewegung geraten. Russland macht sich zum Anwalt des Völkerrechts und schlägt eine internationale Kontrolle der chemischen Waffenbestände des syrischen Regimes vor, Syrien gibt nach, die USA stimmen zu, und die Vereinten Nationen treten wieder in Erscheinung. Könnte dies der Beginn von politischen Verhandlungen sein, die den Konflikt einmal beenden?

Der Nahe Osten ist nah an der Schweiz. Jeder Konflikt in dieser Weltgegend hat sofort ebenso Auswirkungen auf die Schweiz wie auf ihre europäischen Nachbarn: Energiepreis, Absatzmärkte für den Export, Terrorismus, Migration – muss man die verheerenden Auswirkungen eines Krieges weiter in Worte fassen? Das nationale Interesse ist somit klar: es liegt im Friedensschluss und einer Verhandlungslösung. Der Schweiz fehlt jedoch die kritische Masse, um in diesem komplexen Nahostkonflikt als Vermittlerin aufzutreten. Sie ist kein strategischer Akteur, was nicht heißt, dass sie keine Rolle spielen kann.

Die Schweiz hat sich unablässig für den Schutz der Zivilbevölkerung und die Einhaltung der Genfer Konventionen durch alle Parteien eingesetzt. Die Schweiz hat im Gazakrieg vom Winter 2008/09 als erste eine unabhängige Untersuchung verlangt.[10] Sie hat die Beratungen und Nachgespräche zur Genfer Initiative begleitet. Sie hat mit allen Akteuren gesprochen und zahlreiche Treffen zwischen Palästinensern und Israelis jeder Couleur über so schwierige Themen wie Jerusalem oder das Flüchtlingsproblem organisiert. Sie hat jahrelang den Parteien im Libanon das einzige Forum geboten, wo alle Seiten sich treffen konnten.[11]

Man kann bedauern, dass die Schweiz im Syrienkonflikt den Weg des Schutzes der Zivilbevölkerung, zu welchem Lager sie auch gehören mochte, der Kontakte mit allen Parteien, der Verurteilung von Verstößen gegen das Völkerrecht, gleichgültig von welcher Seite, nicht fortgesetzt hat, sondern es mindestens zu Beginn der Syrienkrise vorzog, sich einseitig den Positionen anderer Länder anzuschließen. Heute kommt es zu Massakern und Giftgaseinsätzen, die Menschen müssen fliehen, und das Schweigen der Schweiz ist ohrenbetäubend.

Wir leben in einer Welt, die nicht mehr ein Dorf ist, wo eine einzige Kirche auf dem Hauptplatz steht. Es scheint mir darum hochgradig hypothetisch, wenn nicht gefährlich, sich auf so absolute Werte zu berufen wie den Gott der Reformation oder heute in anderen Weltgegenden die Scharia. Calvins Welt, die nach dem Prinzip «ein Staat, eine Religion» aufgebaut war, gehört der Vergangenheit an.

Die globale Gesellschaft von heute muss in neuen Formen zum Ausdruck kommen. Der Begriff des Gemeinwesens wandelt sich und weitet sich von der Stadt, der Nation, dem Staat auf die Region und die Welt aus. Das macht es nötig, die Normen des

Zusammenlebens neu zu erfinden und den Pluralismus der Lebensweisen zu akzeptieren. Wir müssen uns demnach erheblich anstrengen, um uns gegenseitig zu verstehen, damit das, was wir sagen und denken, auch wirklich so verstanden wird, wie wir es gesagt und gedacht haben. Darum werden wir niemanden auf feste, vordefinierte Werte verpflichten noch auf eine mit soliden Argumenten geführte öffentliche Debatte verzichten können über die politischen Leitlinien, die wir uns geben wollen. Denn es ist Tatsache: Wir werden einander zugemutet und sind gefordert, unsere Werte zu behaupten und gleichzeitig dafür zu sorgen, dass sie mit dem Pluralismus der heutigen Gesellschaften vereinbar sind.

Rousseau widmet ein Kapitel seines *Gesellschaftsvertrags* der Zivilreligion. Dieses Kapitel hat mich lange nicht interessiert. Heute bin ich geneigt, mich wie Bruno Bernardi[12] zu fragen, ob jenseits der etwas überholten Begrifflichkeit Rousseaus die Rolle, die er der Zivilreligion einräumt, nicht vergleichbar sein könnte mit dem Stellenwert der Menschenrechte und den Geboten der allgemeinen Wohlfahrt, der sozialen Gerechtigkeit und einer lebensfreundlichen Umwelt in unseren Gesellschaften.

Ich habe an der Konferenz Rio+20 teilgenommen, wo die internationale Gemeinschaft über ihre Zukunft debattierte. Und ich habe den Diskussionsbeitrag eines Teilnehmers noch im Ohr, der verlangte, dass wir zur Bewältigung der Herausforderungen unserer Zeit einen neuen Gesellschaftsvertrag bräuchten.

«Probleme kann man niemals mit derselben Denkweise lösen, durch die sie entstanden sind.»

Albert Einsteins Bemerkung erweist sich als besonders scharfsinnig, wenn wir bedenken, wie schwierig es für die Industrie-, Schwellen- und Entwicklungsländer sein wird, in pluralen Gesellschaften für gute Regierungsführung, ein Wirtschaftswachstum mit schwachem CO_2-Ausstoß und sparsamem Umgang mit den Ressourcen besorgt zu sein, ohne das eigene ideologische Fundament zu untergraben.[13]

Es gibt keine übergeordnete Instanz, die den Tatbeweis verlangen oder Pflichten auferlegen könnte.

Der politische Diskurs betont zwar sehr die internationale Zusammenarbeit. Doch systemrelevant bleiben die souveränen Staaten. Damit stellen sich Legitimitätsprobleme für die Gouvernanz: Die politischen Behörden müssen in der Innenpolitik überzeugen und über internationale Entscheidungen Rechenschaft ablegen, obwohl sie bestenfalls nur ein Glied in der ganzen Entscheidungskette sind.

Die Neubestimmung der Rolle des Staates, seine Verpflichtung zu handeln und mit anderen Akteuren der internationalen Gemeinschaft zusammenzuarbeiten, um nicht von den Ereignissen überrollt zu werden, verändern die Entscheidungsstrukturen grundlegend. Dieser Wandel ist umso bedeutender, als die Globalisierung die Staaten zu gemeinsamem und immer rascherem Handeln zwingt. Darum begnügen sich die Großmächte nicht mehr mit den Vereinten Nationen, um die anstehenden Probleme unserer Zeit anzugehen. So haben sie sich zum Beispiel zur G20 zusammengeschlossen. Dieses Gremium hat bei der Suche nach Lösungen für die Wirtschafts- und Finanzkrise, die die Welt seit 2008 erschüttert, eine zentrale Rolle gespielt.

Diese Veränderungen bleiben nicht folgenlos: Der Multilateralismus beginnt die Vorherrschaft einiger Supermächte einzuschränken. Trotzdem bleibt schwer absehbar, ob dies zu einer maßgeblichen Reform der Vereinten Nationen führen oder im Gegenteil das schwache schon bestehende Kooperationsniveau sabotieren wird. Denn die neuen aufstrebenden Mächte haben andere Vorstellungen von Gouvernanz. Sie betrachten multilaterales Regieren als Zusammenkunft der Staatchefs starker Nationen, die eine Übereinkunft erzielen. Diese Auffassung wird im Übrigen von den USA geteilt.

An einem solchen Kräftemessen kann die Schweiz kein echtes Interesse haben. Es sollte ihr im Gegenteil daran liegen, ihr internationales Engagement noch zu verstärken, denn ohne die aktive Beteiligung von Ländern wie der Schweiz wäre die Hegemonie der großen Länder noch ausgeprägter.

Wer entscheidet über Krieg und Frieden in einer Welt, wo es keine Kriegserklärung mehr gibt, wo zielgerichtet und auf Distanz Krieg geführt wird wie in einem Videospiel?

Wer beurteilt die Risiken und Probleme? Wer ist verantwortlich? Wer legt die Wirkungskriterien fest? Wer verteilt die immer kostbareren planetaren Ressourcen gerecht?

Ein Viertel der Weltbevölkerung konsumiert drei Viertel der verfügbaren Rohstoffe. Wie kann es gelingen, gegen sieben Milliarden Menschen genügend Wasser, Nahrung, Rohstoffe und Energie zu verschaffen, zu einem annehmbaren Preis und ohne die Erde zugrunde zu richten?

Die Vermögens- und Einkommensverteilung auf der Welt ist ungleich, sowohl zwischen den Ländern wie innerhalb. Das Bundesamt für Statistik hat kürzlich aufgezeigt, dass 7,6 Prozent der Einwohner in finanziell prekären Verhältnissen leben und von Armut bedroht sind.[14] Das Bruttoinlandprodukt pro Einwohner der Schweiz ist 136-mal größer als das von Mosambik.[15] Warum profitieren die ärmsten Länder so wenig von der Globalisierung, und wie ließe sich das ändern? Und wie sollte ein stabiles Finanzsystem aussehen, mit dem sich ein nachhaltiges Wirtschaftswachstum bezahlen lässt?

Nach dem Zweiten Weltkrieg hat sich die internationale Gemeinschaft zwei Ziele gesetzt: Wachstum und Vollbeschäftigung. Erst kürzlich haben wir die Wichtigkeit eines dritten Faktors eingesehen, einer intakten Umwelt. Heute sind es drei Ziele, die die internationale Gemeinschaft erreichen will: Wachstum, Vollbeschäftigung und Umweltverträglichkeit. Und wir wissen, dass ein Scheitern beim gleichzeitigen Umsetzen dieser Ziele ein Versagen gegenüber den jetzigen Erdbewohnern wie gegenüber künftigen Generationen wäre. Wir müssen also handeln, um die Umwelt vor Klimaveränderungen zu schützen; wir müssen für ein inklusives Wachstum sorgen und dazu die Armut und die Ungerechtigkeiten auf dieser Welt beseitigen.[16]

Die Politlandschaft des letzten Jahrhunderts wurde stark durch Individualismus und Mobilität geprägt, und es ist kein Zufall, dass das Auto zum Symbol einer ganzen Epoche geworden ist. Auf der politischen Agenda des 20. Jahrhunderts standen Lösungsansätze und Antworten auf Fragen nach Identität und Anderssein, nach der Regulierung der Märkte, nach persönlicher und gesellschaftlicher Verantwortung. Heute taucht eine andere Frage auf: Wie kann sich die Menschheit an ihr Ökosystem anpassen, und wie kommt die vieldiskutierte Nachhaltigkeit ins Spiel? Wie soll man den Kampf gegen die Armut definieren und ausfechten und wie angesichts radikaler struktureller Umwälzungen mit schadstoffarmem – oder besser noch: sauberem – Wirtschaften das Wohlergehen aller erreichen?

Wer würde bestreiten, dass in einer Welt gegenseitiger Abhängigkeit, in der nicht erneuerbare Ressourcen übermäßig ausgebeutet werden, die ethische Verantwortung der Individuen und Staaten sich nicht allein auf die Konsequenzen ihres eigenen Tuns, ihres Konsums und ihrer Einsparungen beschränkt?

Einige glauben, dass soziale Gerechtigkeit sich in gerechter Umverteilung von Reichtum innerhalb von Landesgrenzen erschöpft. Das kann nicht angehen in einer Welt, wo kleine Importländer von Nahrungsmitteln, vor allem in Afrika, stark von den Auswirkungen der jüngsten Wirtschafts- und Finanzkrise betroffen sind. Das kann nicht angehen, wenn die Sparpläne von supranationalen Finanzeinrichtungen verordnet wurden. Die Ankunft des griechischen Premiers Georgios Papandreou am G20-Treffen von Cannes 2011 ist mir in Erinnerung geblieben. Er sprach sich für ein nationales Referendum aus, um über eine Reihe von wirtschaftlichen Maßnahmen zu debattieren, die destruktive soziale Auswirkungen hätten und auch hatten. Er wurde wie ein Schüler empfangen, dem man seine Lektion erteilt, ohne ihm eine Wahl zu lassen. Er verzichtete auf ein Referendum.

Es ist aus meiner Sicht unabdingbar, eine Wertediskussion zu führen und uns dem Prinzip der Gerechtigkeit zu stellen. Wie könnte man sich in der Tat eine nachhaltige, eine verantwortungsvolle Entwicklung vorstellen ohne Gerechtigkeit? Eine Lebensweise, die nicht allen zugutekommt, ist nicht nachhaltig und demnach ungerecht gegenüber manchen, weil unser Lebensstil nicht verallgemeinert oder auf künftige Generationen übertragen werden kann. Wie sollte man begreifen, dass die einen Hungers sterben, während die anderen wegwerfen und verschwenden? Wie sollte man begreifen, dass wir unseren Planeten abwirtschaften, seine Ressourcen plündern und riskieren, dass unsere Kinder und Enkel nicht mehr anständig überleben können? Die Lösungen, die wir suchen, müssen darum genau und gerecht sein nach weltweiten Maßstäben und für künftige Generationen. Unsere Werte zu überdenken, ist unausweichlich, denn die Herausforderungen, mit denen wir konfrontiert sind, sind miteinander verflochten und haben einen gemeinsamen menschlichen Ursprung. Will heißen, wir sind der Grund für diese Probleme und tragen die Verantwortung für die Folgen, die sie für unsere Sicherheit und Lebensqualität, für unseren Wohlstand und unser Wohlergehen haben.

Es geht darum, jedem und jeder Wahl- und Entscheidungsmöglichkeiten zu geben. Folglich ist vom Kampf gegen die Armut, von menschlicher Sicherheit, Demokratie und Rechtsstaat die Rede. Es ist von Transparenz und Verantwortung, von politischer Aufsicht und gemeinsamen Regeln die Rede. Es ist von Information und Partizipation die Rede. Dabei handelt es sich fundamental um eine Frage der Freiheit.

Bei dieser Suche nach Freiheit und sozialer Gerechtigkeit hat die Schweiz eine Tradition einzubringen und eine Rolle zu spielen. Ihre Beteiligung an der Beilegung globaler Probleme ist zu ihrem Vorteil, denn der Status eines Landes in der Welt und somit seine Souveränität, gemessen an seinem Einflussvermögen, hängen mehr und mehr davon ab.

13. «Verschweizerung» oder die Modernität des Schweizer Föderalismus

Die Geschichte von den Stachelschweinen wird von Arthur Schopenhauer erzählt.[1] An einem kalten Wintertag möchte eine Herde Stachelschweine sich wärmen. Sie suchen die Nähe ihrer Artgenossen, um einander Wärme zu spenden. Das Stachelschwein ist ein Säugetier mit etwa 30 000 Stacheln, darum stechen sie sich auch umso mehr, je näher sie einander kommen. Daraufplaufen sie wieder weg, frieren aber. Und wenn das Bedürfnis nach Wärme sie erneut zusammenbringt, stechen sie einander wieder, und so müssen sie das eine oder das andere erdulden, bis sie eine mittlere Entfernung finden, die sie wärmt und die Stacheln auf Distanz hält, was ihre Situation erträglich macht und ihnen das Beisammensein erlaubt.

Seit dem 19. Jahrhundert ist die Schweiz eine vorbildliche plurale Gesellschaft. Sie hat andere inspiriert und inspiriert sie noch, weil sie sich gegen mögliche Abwege einer «Tyrannei der Mehrheit» abzusichern wusste. Ein entscheidender Faktor des Erfolgs unseres politischen Systems besteht in der Tatsache, dass wir die Rechte der Schwächsten zu schützen wussten. Dieser Schutz hat uns einen dauerhaften Frieden, ein bemerkenswert stabiles politisches System und großen Wohlstand beschert. Unsere Institutionen sind von gewissem Interesse, weil sie uns Antworten auf aktuelle Probleme des Zusammenlebens liefern, besonders wenn wir unsere Aufmerksamkeit auf die Unwägbarkeiten der europäischen Integration richten.

Das Modell der Europäischen Union geht von der Idee aus, dass man je größer, desto stärker ist. Es ist aus dem Willen nach Einheit entstanden, um den veränderten Kräfteverhältnissen nach dem Zweiten Weltkrieg Rechnung zu tragen. Es geht von einem «Top down»-Ansatz aus und will sich gegenüber allen Mitgliedstaaten gleich verhalten.

Heute wandelt sich mit der Eurokrise auch das Wesen der Europäischen Union. Die Regierungschefs der Mitgliedstaaten können die europäischen Schlüsseldossiers nicht mehr aus der innenpolitischen Agenda heraushalten. Die Leute gehen niedergedrückt von den Sparprogrammen auf die Straße und protestieren gegen das Diktat der Finanzmärkte.

In einem Zeitungskommentar macht Bruno S. Frey darauf aufmerksam, dass die gegenwärtige ausschließliche Konzentration auf die wirtschaftlichen und finanziellen Probleme das Gegenteil eines Friedensprojekts für Europa darstellt, denn die ökonomischen und sozialen Unsicherheiten verstärken die Frustrationen und Ungleichheiten in der Eurozone,[2] das heißt in einem Raum, wo die Befriedungsmacht des Zentrums schwach ist und noch schwächer geworden ist. Die Eurokrise hat die Macht der Europaabgeordneten zugunsten der Mitgliedländer, allen voran Deutschland, beschnitten und auch zugunsten nicht gewählter Institutionen wie der Europäischen Zentralbank und des Internationalen Währungsfonds.

Es gilt sich deshalb auf die Bedingungen für einen politischen und sozialen Zusammenhalt und somit auf ein breiteres demokratisches Fundament und mehr Ethik zu besinnen. Der Vertrag von Lissabon sieht ein europäisches Initiativrecht vor. Doch auch wenn die EU sich kürzlich ein Instrument der direkten Demokratie, die europäische Bürgerinitiative,[3] gegeben hat, bleibt dieser demokratische Fortschritt ungenügend, wenn wir ihn an der integrativen Wirkung einer direkten Beteiligung messen: Vertrauen in die Behörden, Legitimität der Entscheidungen, Zugehörigkeitsgefühle zu einer Gemeinschaft, alles Effekte, die sich erst durch eine gemeinsame Geschichte, gemeinsame Aktivitäten, Debatten und Projekte einstellen.

Man hört manchmal von der «Verschweizerung» Europas reden, wenn dessen geringer politischer Einfluss in der Welt betont werden soll. Es ist nicht an mir, die Leistungen der Europäischen Union zu bewerten. Für die Schweiz lässt sich mindestens sagen, dass sie in mancher Hinsicht ein interessantes Land ist, und insbesondere, was die direkten Mitwirkungsmöglichkeiten ihrer Einwohner und Bürger an den politischen Entscheidungsprozessen betrifft.

In diesem Sinne ist eine «Verschweizerung» Europas nicht zu fürchten, sondern sie wäre wünschenswert. Die Formen der direkten Demokratie in der Schweiz legen nahe, dass das Volk bei der Umsetzung einer Politik kein Klotz am Bein ist: Die Europapolitik der Schweiz wurde nicht gegen das Volk, sondern im Gegenteil für und mit dem Volk definiert. Eine regionale Demokratie in europäischem Maßstab würde bedeuten, einen engagierten Dialog über die Kulturen hinweg mit Partnern zu führen, deren historische und politische Erfahrung sehr unterschiedlich ist. Und natürlich bedeutet es die Möglichkeit der Einflussnahme von unten.

Die Schweiz ist ein klassisches Einwanderungs- und Auswanderungsland. Die Schweiz ist ein Land, das nicht auf einer Sprach- oder Religionszugehörigkeit gründet. Es ist der gemeinsame Wille, nach allgemein gültigen institutionellen Regeln zu leben, der die Schweiz begründete. So haben sich hier Katholiken und Reformierte, Deutschsprachige, Romands, Italienischsprachige und Rätoromanen zusammengefunden. Wir haben Institutionen geschaffen, die uns ein Zusammenleben ermöglichen. Die Schweiz ist per definitionem kein Nationalstaat und ist es auch nie gewesen. Ein Nationalstaat zu sein, hätte ihr Ende bedeutet. Die Schweiz ist eine konstitutionelle Demokratie, geeint durch ihre Institutionen, die direkte Demokratie, Föderalismus und Neutralität, und nicht eine monoethnische, monolinguale oder monokulturelle Demokratie. Ihre Identität besteht in der Vielfalt. Wie modern und aktuell dieses Modell ist, zeigt sich an den Möglichkeiten direkter Mitwirkung an den politischen Entscheidungsprozessen, die es den Bürgerinnen und Bürgern zugesteht, und an der Beachtung, die den Eigenheiten seiner konstituierenden Organe, in diesem Fall den Kantonen und Gemeinden, zuteilwird.

Denis de Rougemont schreibt, dass das einzige einende Moment, das sich in der Schweizergeschichte ausmachen lässt, die gemeinsame Verteidigung des Rechts auf Verschiedenheit sei, und er beobachtet zwei Konstanten: erstens das Schiedsverfahren, weil ein Konflikt nicht zur Vernichtung des andern führen soll; zweitens das Misstrauen gegenüber jeglichem Hegemonialstreben, selbst wenn eine Partei die Mittel dazu hätte und hat, sich gegenüber den anderen durchzusetzen.[4]

Auf institutioneller Ebene werden diese Konstanten durch einen Föderalismus umgesetzt, der auf der Mehrfachzugehörigkeit beruht. Die Schweizer Demokratie würdigt die Besonderheiten der Kantone, achtet deshalb auf die Vielfalt der lokalen Sprachen, Religionen und Traditionen und lehnt einen zu aggressiven Zentralismus ab. Jahrhundertelang hatte die Eidgenossenschaft kein Gerichtszentrum und keine Verfassung, sondern ein einziges Bundesorgan ohne klar definierte Kompetenzen und trotzdem oft, wie man eingestehen muss, mit Entscheidungsgewalt: die Tagsatzung. Austarierungsmechanismen wie die doppelte Mehrheit des Stände- und Volksmehrs, die für die Annahme von Volksinitiativen und obligatorischen Referenden erforderlich ist, oder der interkantonale Finanzausgleich sorgen dafür, dass die konstituierenden Teile unseres Landes im Gleichgewicht sind. Und im Grunde gleicht auch unser Bundesrat eher einer Koordinationsstelle als einer machtbewussten Regierung. Er wird ohne Programm gewählt und setzt sich aus Vertretern der größten politischen Parteien zusammen, die sich verständigen müssen, um regieren zu können.

Hier ein jüngeres Beispiel dafür, was ein solches Regierungs-verständnis bedeutet: Dem Präsidenten des Direktoriums der Nationalbank wird der Rücktritt nahegelegt, weil er wenige Wochen vor dem Entscheid der Nationalbank für einen festen Wechselkurs des Schweizerfrankens zum Euro Devisengeschäfte auf seinem Privatkonto zuließ[5] und damit einen schönen privaten Gewinn erzielte.

Als Bundespräsidentin wurde ich damals heftig dafür kritisiert, im Besitz dieser Information gewesen zu sein und sie nicht unverzüglich an den Bankrat der Nationalbank weitergeleitet zu haben. Ich hielt es tatsächlich für meine Pflicht, die Plausibilität der mir übermittelten heiklen Information zu überprüfen, die allenfalls für die Außen- und Innenpolitik Konsequenzen hätte, und den Rechtsrahmen abklären zu lassen, um dem Bundesrat Entscheidungsgrundlagen zu liefern. Man warf mir vor, ich hätte mich anmaßend über die geltenden Zuständigkeiten bei der Bankenaufsicht hinweggesetzt. Die Geschäftsprüfungskommissionen des Parlaments sprachen dem Bundesrat in der Tat die Kompetenz ab, die Stichhaltigkeit der erhaltenen Information überprüfen zu lassen.[6]

Der Historiker Herbert Lüthy fasst zusammen: Indem die Schweiz im Wesentlichen ihre mittelalterlichen Strukturen bewahrte, kannte sie weder «den administrativ geeinten und zentralisierten Territorialstaat, noch die Lehre von der einen und unteilbaren Souveränität, die in den Monarchien einer auf Einheit zielenden, egalitären Demokratie den Boden vorbereitete».[7] Es ist einleuchtend, dass die EU versucht sein könnte, eine institutionelle Architektur auszunützen, die jeder ihrer Stützen so viel Gewicht beimisst.

Die EU baut transnationale Leitungsstrukturen auf und ist deshalb gezwungen, die Unterschiede zwischen ihren Mitgliedstaaten stärker zu beachten. Sie bewegt sich in Richtung Diversität, indem sie unterschiedliche Integrationsgrade berücksichtigt. Man konnte feststellen, dass zwei Mitgliedstaaten sich weigerten, den Fiskalpakt zu unterstützen, andere sind dem Schengen-Abkommen nicht beigetreten, und schließlich haben die Mitglieder der Eurozone ohne die anderen Unionsmitglieder getagt, um nach Lösungen für ihre Probleme zu suchen.[8] Ende Dezember letzten Jahres äußerte sich Jacques Delors, Ex-Präsident der Europäischen Kommission, zur britischen Europaskepsis wie folgt: «Die Briten interessieren sich nur für ihre Wirtschaftsinteressen. Man könnte ihnen eine andere Form der Partnerschaft anbieten.»[9] Worauf der britische Premierminister David Cameron als Alternative zu einem Austritt Großbritanniens mehr Markt und weniger bürokratische Kontrolle vorschlug.[10]

Aber ist in einer Welt, die sich auf das große Ganze zubewegt, der Weg der Diversität und Beteiligungsdemokratie nicht ein Anachronismus?

Guillaume Chenevière weist auf einen von Rousseau betonten Widerspruch hin: «Man kann nicht gleichzeitig für die Finanzen sein, die keine Heimat kennen, und für die Demokratie, die in den Begrenzungen einer Kultur und geteilter Werte zum Ausdruck kommt.»[11] Aber in der Welt, wie wir sie kennen, kommt die Demokratie auch jenseits nationaler Grenzen zum Ausdruck, wie die Entwicklungen in der EU zeigen, und die Bewältigung globaler Risiken verlangt uns gar weltweit koordiniertes Handeln ab.

Die neuen internationalen Gegebenheiten stellen unser Konzept der Demokratie vor neue Herausforderungen. Es geht darum, sie im gegenwärtigen globalen Kontext neu zu positionieren. Wenn wir diesen Kontext betrachten, sehen wir, wie unumgänglich es ist, unser politisches System dem allgemeinen Wandel anzupassen. Wir wissen, dass ein europäisches Fukushima weder an den Ufern des Rheins noch an jenen des Doubs haltmachen wird. Wir wissen auch und konnten es Woche um Woche beobachten, dass der Schweizerfranken gegen die Kapriolen der Weltwirtschaft nicht gefeit ist. Auch die großen Militärmächte können eine Situation nicht allein durch ihre Macht beherrschen. Sie können den Krieg gewinnen, aber keinen dauerhaften Frieden einrichten. Kein Land auf der Welt, auch das stärkste nicht, kann die globalen Risiken, mit denen wir konfrontiert sind, allein bewältigen. Denken wir nur an den Klimawandel, denken wir an die Armut, denken wir an die Zuckungen der Wirtschafts- und Finanzkrise. In dieser globalisierten Welt, die zwischen Lokalem und Globalem, zwischen Vielfalt und Einheit, zwischen Individuellem und Universellem ihr Gleichgewicht sucht, kann sich der bewährte schweizerische Föderalismus als nützlich erweisen, wenn es ihm gelingt, sich anzupassen, denn die Welt, in der wir leben, ist eine andere Welt als jene, die wir vor kaum zehn Jahren noch kannten. Heute muss es uns gelingen, den globalen Kontext mit Entscheidungsstrukturen, die in der Realität von Nationalstaaten wurzeln, zu verbinden.

Um beim Beispiel der Schweiz zu bleiben, bietet sich die Frage nach den Wechselwirkungen zwischen Globalisierung und Volksinitiativen zur näheren Betrachtung an.

Es gibt einen latenten Konflikt zwischen der Beachtung von Schweizer Interessen auf internationaler Ebene und der Art, wie die Schweizerinnen und Schweizer im Inland ihre Besorgnis äußern. So hat die Zustimmung zur Minarettverbots-Initiative die internationale Gemeinschaft aufgeschreckt. Nach Bekanntgabe der Resultate habe ich den Generalsekretär der Arabischen Liga, Amr Moussa, und den Sekretär der Organisation für Islamische Zusammenarbeit, Ekmeleddin Ihsanoglu, angerufen, um sie zu informieren. Über eine mögliche Zustimmung beunruhigt, hatten sie mich schon mehrfach kontaktiert. Ich hatte sie beruhigt und führte die praktisch geschlossene Ablehnung dieser Initiative durch die politischen Parteien an. So waren sie gelinde gesagt sehr unzufrieden mit mir und warfen mir vor, die Stimmung der Schweizerinnen und Schweizer nicht richtig eingeschätzt zu haben. Der türkische Außenminister, mein Kollege Ahmet Davutoğlu, brauste auf: «Der Islam ist Teil der europäischen Kultur. Diese Abstimmung leugnet diese Tatsache.» Die Allianz der Zivilisationen organisierte in Sarajewo ein außerordentliches Ministertreffen, um den Gründen nachzugehen.[12] Ich musste die Befürchtungen und die Versuchung des Rückzugs erklären. Eine Tagungsteilnehmerin meinte bekümmert: «Für alles, was mit Menschenrechten und Grundfreiheiten zu tun hat, war die Schweiz unser Maßstab. An wen sollen wir uns jetzt wenden?»

Die Schweiz hat immer auf den Vorrang des Rechts gesetzt. Wenn sie ihre völkerrechtlichen Verpflichtungen, die sie in aller Freiheit eingegangen ist, nicht mehr wahrnehmen will, verliert sie ihr Ansehen und schwächt die Werte, die sie bis anhin verteidigte. Die Schweiz kann es sich nicht leisten, das Völkerrecht zu ignorieren, bis man deswegen mit dem Finger auf sie zeigt.

Wie soll man auf manchmal auch widersprüchliche Willensbekundungen reagieren?

Der Bundesrat hat dem Parlament Änderungsvorschläge zum Initiativrecht unterbreitet: eine vorgängige, nicht zwingende Prüfung der Vereinbarkeit von Initiativen mit dem Völkerrecht und die Ungültigerklärung von Initiativen, die dem harten Kern der verfassungsgemäß garantierten Rechte widersprechen.[13] Unter dem harten Kern dieser Grundrechte sind für den Einzelnen derart wichtige Rechte zu verstehen, dass der Staat sie unter keinen Umständen antasten darf. Man könnte sich andere Beschränkungen vorstellen: Ich denke an das Diskriminierungsverbot in der Bundesverfassung. Jedenfalls bleibt uns nur die Möglichkeit, dem Schaden vorzubeugen, bevor er seine Wirkungen entfaltet.

Die Welt hat sich globalisiert, und die Demokratie bleibt in den nationalen Grenzen verankert. Dabei stehen sich die beiden Begriffe nicht absolut gegenüber. Die Globalisierung kann die nationale Regierungsführung durch das Einbringen neuer Ideen und neuer Gesellschaftsbilder beeinflussen. Umgekehrt zeigen der als Mehrfach-Zugehörigkeit gelebte Föderalismus der Schweiz und die Veränderungen innerhalb der EU auf, dass die Demokratie Landesgrenzen überwinden kann, um sich auf transnationaler Ebene auszubreiten.

14. Auf der Suche nach einer verlorenen Neutralität

Wir haben seit langem die Gewohnheit, unser Wohl und unsere Sicherheit durch den Dialog zu wahren. Die einzige Macht, die wir besitzen, ist die der Worte. Wenn Spannungen auftauchen, dann reden und verhandeln wir. Diese politische Kultur kennzeichnet uns seit Jahrhunderten. Sie spiegelt sich im Vorrang, den wir der Diplomatie geben. Man muss unserer Kompromiss- und Vermittlungspraxis schon vollkommen fremd sein, um zu bestreiten, dass unser Land, ganz auf der Linie seiner Politik der Guten Dienste, sich stets darum bemüht, den Dialog einzuleiten, das Schweigen zu brechen und die friedliche Konfliktlösung neu zu lancieren.

Auf der langen Dialog- und Verhandlungstradition der Schweiz beruht ihre internationale Glaubwürdigkeit. Sie erlaubte es, gleichzeitig Landesinteressen zu fördern und die allgemeinen Normen des Völkerrechts zu stärken. Die Schweiz hat ein vitales Interesse daran, dass in den internationalen Beziehungen Recht vor Gewalt geht und nicht umgekehrt. Doch diese Haltung trug ihr auch Misstrauen ein, vor allem, wenn ihre Vorstellung von Dialog nicht mit der quasi sakrosankten Doktrin von Großmächten oder Staatengruppen übereinstimmte. Sie erntete dafür gelegentlich auch heftige oder emotionale Kritik, wenn ihre Vorstellung von Dialog auf eine restriktive Auslegung der Schweizer Neutralität stieß.

In Friedenszeiten gibt es keine Regeln: Der Positionierung der Schweizer Neutralitätspolitik stehen alle Türen offen. Somit konzentriert sich die Diskussion im Land auf die Interpretation der Neutralität und auf das von ihr erlaubte oder verbotene Handeln und zeigt einige mögliche Richtungen auf.

Ein Ex-Botschafter erzählte mir, er habe eine Rede zu halten über die Neutralität, wie er sie in der Ära verschiedener Bundesräte erlebte. Er fasste die Optionen bei der Umsetzung des Prinzips wie folgt zusammen: In Friedenszeiten, wo die größte Freiheit die Regel ist, kann man sich nach den Positionen der westlichen Staaten und insbesondere der Europäischen Union ausrichten, in der Annahme, dass diese Länder die Werte der Schweiz teilen: Achtung der Menschenrechte, Demokratie und Rechtsstaat. Da scheint es einleuchtend, dieselben Argumente zu haben und vergleichbare Positionen einzunehmen, umso mehr, als unsere geostrategische Lage die Europäer zu unseren Nachbarn und hauptsächlichen Handelspartnern macht. Bringen wir es eher unverblümt auf den Punkt: Die Außenpolitik der Schweiz richtet sich einseitig nach der EU aus, was die Deutschschweizer «autonomen Nachvollzug» nennen.

2007 hatte ich als Schweizer Bundespräsidentin ein Treffen mit dem französischen Präsidenten Nicolas Sarkozy.[1] Er gab mir zu verstehen, dass Schweizer Außenpolitik nur im Rahmen einer privilegierten Partnerschaft oder gar eines Zuliefervertrags mit einem ständigen Mitglied des Sicherheitsrats, in diesem Fall Frankreich, wichtig und sinnvoll wäre. Und so handelte er auch. Kaum ist er im Amt, benachrichtigt der Adjunkt des diplomatischen Präsidentenberaters den Schweizer Vermittler in Kolumbien, Jean-Pierre Gontard, und bittet ihn auf den folgenden Tag, einen Sonntag, zu einem Treffen mit dem Präsidenten ins Elysée. Präsident Sarkozy hatte die Befreiung von Ingrid Betancourt[2] zu einem Wahlkampfthema gemacht, und dazu brauchte er die Schweizer Vermittler dringend. Ich ließ ihn wissen, dass die Schweiz zur Mitwirkung bereit sei, wenn es zwischen den politischen Behörden so beschlossen werde.

Eine andere Option ist denkbar: ein zugleich bilateraler und multilateraler kreativerer Ansatz, der auf dem internationalen Parkett nach Einflussnahme strebt.

Die Frage, ob die Schweiz ihre Politik des Dialogs und der zivilen Friedensförderung innerhalb einer Allianz von Ländern mit denselben Wertvorstellungen betreiben oder sich im Gegenteil als unabhängige Akteurin auf der internationalen Bühne profilieren soll, ist berechtigt.

In den letzten Jahren hat die Schweiz eine Strategie gewählt und umgesetzt, die auf den schweizerischen Besonderheiten Neutralität, militärische Bündnisfreiheit, Dialog- und Verhandlungskompetenz beruhte. Das hatte einen gewissen Erfolg auf internationaler Ebene. Ich kann jedoch nicht übergehen, dass eine solche Politik auch kontrovers war.

Kontrovers wegen ihrer Prioritäten, die stärker von politischen Opportunitäten als von den eigentlichen Interessen des Landes bestimmt worden seien. Was hatte man denn in Kolumbien zu schaffen? Ich habe im vorliegenden Aufsatz aufzuzeigen versucht, wie müßig es sein kann, materielle Wirtschafts- und Finanzinteressen von immateriellen Interessen wie Friede und Menschenrechte trennen zu wollen. Das Beispiel Kolumbiens ist in dieser Hinsicht aufschlussreich: Jean-Pierre Gontard hält in einem unveröffentlichten Bericht[3] seiner elfjährigen Tätigkeit fest, dass die Schweiz durch ihre Friedensbemühungen, die sie den kolumbianischen Präsidenten antrug, einen wirksamen Schutz für Schweizer Staatsbürger und Unternehmungen schaffen konnte. Denn diese schweizerischen Aktivitäten kamen auch Novartis und Nestlé zugute durch ein kompliziertes Maßnahmengeflecht im Sicherheitsbereich, das dank der Kontakte mit allen Konfliktparteien zustande kam. Und in der Tat hatte die Schweiz kaum Probleme mit der Guerilla: Zwischen 1995 und 2002 wurden über vierhundert Ausländer entführt, darunter über dreißig Italiener. Im selben Zeitraum erlitten nur zwei Schweizer Touristenfamilien, die sich in die von der Guerilla kontrollierten Gebiete vorgewagt hatten, dasselbe Schicksal. Sie kamen nach einigen Tagen diskret wieder frei. Gontard zitiert in seinem Bericht den Direktor der International Crisis Group in Bogotà, Botschafter Biehl del Río: «Die schweizerische Politik ist besonders subtil und realistisch: Sie haben einigen Familien bekannter Guerilleros in der Schweiz Asyl gewährt, Sie tragen diskret der Regierung Ihre Guten Dienste an, und Ihre Firmen können problemlos arbeiten. Ihre Staatsbürger riskieren kaum, entführt zu werden.»

Die traditionelle Politik des «Abseitsstehens», um den Gestaltungsspielraum unserer Wirtschaft zu bewahren, kann nicht mehr als Maxime des Handelns dienen. Denn die Wirtschafts- und Finanzkraft gemessen am Bruttoinlandprodukt pro Einwohner ist relativ und für den Einfluss eines Landes in der Welt wenig bedeutend. Ich kann mir schwer vorstellen, wie ein abwesendes und wenig solidarisches Land in der Lage sein sollte, auf dem internationalen Parkett seine Interessen zu wahren. Das frühere Beispiel der nachrichtenlosen Vermögen und das jüngere des Bankgeheimnisses bestätigen dies.

Ebenso ist mir erinnerlich, dass es den Kontakt zwischen den Präsidenten der beiden Länder brauchte, um die Verhandlungen über ein Freihandelsabkommen mit Japan in Gang zu bringen. Und auch, um die USA zu überzeugen, mit der Schweiz über die Probleme der UBS zu sprechen und sie dann auch noch dazu zu bewegen, gemeinsam eine Lösung zu suchen, waren mehrere Gespräche mit der amerikanischen Außenministerin nötig, die ihrerseits ein Interesse an einer Einigung mit der Schweiz signalisierte, mit der die USA im Südkaukasus oder im Iran erfolgreich kooperierten. Zum ersten Mal habe ich Hillary Clinton im März 2009 in Genf getroffen.[4] Die Zusammenarbeit mit den USA beruhte stets auf einer ganzen Palette von bilateralen Abkommen, und es war darum nicht leicht für die Schweiz, den Druck auf die UBS, und damit indirekt auch auf die Schweizer Regierung, hinzunehmen, im Widerspruch zur Schweizer Gesetzgebung an Bankdaten zu gelangen. Die Außenministerin dankte der Schweiz für ihre Rolle als Schutzmacht amerikanischer Interessen im

Iran und für ihre Bemühungen, eine diplomatische Lösung im Atomstreit mit Iran herbeizuführen. Wir bekräftigten unseren Willen, die Zusammenarbeit zwischen den beiden Ländern zu stärken und positiv an Problemlösungen zu arbeiten, auch im Steuerdossier.

Nicht nur das Tätigkeitsfeld, sondern auch die Funktion der neutralen Vermittlerin wurde in Frage gestellt. Die Schweiz propagiert den inklusiven Dialog, was heißt, dass sie mit allen Konfliktparteien spricht und allein diesen Ansatz für erfolgversprechend hält, während andere Länder dafür plädieren, dass gewisse Akteure, die sich schwere Menschenrechtsverletzungen und Angriffe gegen die allgemeine Sicherheit zuschulden kommen ließen, im Gegenteil isoliert werden sollten. Unsere Haltung wurde manchmal harsch kritisiert: Wie kann es ein Land wie die Schweiz wagen, dort einige Schritte mehr zu tun, wo die europäischen oder amerikanischen Partner dies nicht können oder nicht wollen?

Auf der Website von Wikipedia heißt es: «Allgemein wird Calmy-Rey von ihren Kritikern vorgeworfen, dem Westen undifferenziert negativ, der ‹Dritten Welt› und den islamischen Staaten hingegen undifferenziert wohlwollend gegenüber aufzutreten.»[5]

Die Anwendung des Neutralitätsrechts im Irakkrieg von 2003 nährte die Debatte.[6] Nachdem die Schweiz erst spät – drei Wochen nach Beginn der Operationen – beschlossen hatte, das Neutralitätsrecht anzuwenden, verkündete sie, als die heiße Phase vorüber war, sehr rasch und einseitig das Ende des Krieges und stellte den früheren Zustand wieder her, das heißt, hob das Neutralitätsrecht auf, mit dem es manchen Politikern, die die traditionellen Freunde des Landes nicht verärgern wollten, allzu unwohl war. Die Schweiz war damals das einzige Land, das beschloss, das Ende des Irakkriegs auszurufen. Der Entscheid des Bundesrates wurde ein paar Tage vor Ostern getroffen, und ich wurde beauftragt, ihn vor der Presse zu begründen. Ich fühle mich unwohl in meiner Haut, ringe um meine Sätze und wäge meine Worte ab, bis ich einem Journalisten auf seine Frage nach den Gründen für eine solche Entscheidung antworte: «Die Osterferien!»

Keine Debatte findet jedoch statt, wenn die Schweiz Militärmaterial nach Südkorea liefert, einen Staat im Kriegszustand mit Nordkorea, oder nach Indien, das mit Pakistan um Kaschmir Krieg führt. Die der Waffenexportkontrolle unterstellte bundeseigene Ruag gehört zu den hundert wichtigsten Rüstungsbetrieben.[7] Sie erzielt ihren Umsatz überwiegend mit Exporten in die EU und in die Vereinigten Staaten. Allerdings beschlagnahmte das syrische Regime von Baschar al-Assad im Juli 2012 hochexplosive Granaten mit den Aufschriften OHG 92 und SM 6-03 1 aus der Ruag-Produktion. Es stellte sich heraus, dass sie den syrischen Rebellen von den Vereinigten Arabischen Emiraten und Jordanien, zwei von Bern zugelassenen Importländern,[8] zur Verfügung gestellt wurden. Einige Monate später befanden sich 38 000 Schuss Kleinkalibermunition nachweislich in den Händen des Regimes von Kasachstan.[9] Auch in diesem Fall hatte Bern seine Zustimmung gegeben.

Die schweizerische Neutralität ist kein Hindernis für die internationale Zusammenarbeit. Sie ist kein Hindernis für die Beteiligung der Schweiz an einem kollektiven Sicherheitssystem. Sie ist kein Hindernis für eine aktive Politik der Friedensförderung. Und wenn man die Position der Schweiz unvoreingenommen betrachtet, muss man leider feststellen, dass sie de facto auch kein Hindernis ist für die Lieferung von Militärmaterial in Konfliktgebiete oder in Länder, die die Bestimmungen des Völkerrechts systematisch verletzen – obwohl sie sich zu ihrer Einhaltung verpflichtet haben. Und in dieser Hinsicht scheint mir eine kritische Frage am Platz, denn trotz der gesetzlichen Klarheit bleibt diese Praxis umstritten.

Die Lieferung von Waffen an Länder oder bewaffnete Gruppen in Konfliktgebieten, deren Werte wir teilen, mag in dem Maß problemlos erscheinen, als wir überzeugt sein können, auf diese Weise unsere Interessen am besten zu wahren. Sie verstößt trotzdem gegen die Regeln der Neutralität, wie sie in den Haager Konventionen formuliert sind. Empörung darüber, dass die Schweiz im Rahmen einer Friedensförderungsinitiative mit allen Akteuren spricht, die für den Ausgang eines Konflikts entscheidend sein können, inklusive jener, deren Äußerungen wir als schockierend empfinden, lässt sich hingegen nicht unter Hinweis auf das Neutralitätsprinzip rechtfertigen. Die Politik der Schweiz muss kohärent, lesbar und verständlich sein, sonst wäre die für uns typische Neutralität nur noch eine sinnlose Schönrednerei. Ich plädiere für eine verantwortungsbewusste Neutralität.

Die nationalen Grenzen verwischen sich. Die Sicherheit ist ein kollektives Gut, für das die ganze internationale Gemeinschaft verantwortlich ist. Es ist schon lange so, dass kein Staat sich mehr aus der Welt zurückziehen und sich in einer Splendid Isolation einrichten kann. Wir müssen darum unsere Neutralität neu erfinden oder mindestens neu interpretieren. Sie führt uns zur Unparteilichkeit, was nicht mehr heißen kann, sich nirgendwo zu beteiligen. Sie beruht auf der Wahrung von Werten und Interessen: dem Einstehen für das Völkerrecht, Friedensförderung und Konfliktprävention. Sie ist in meinen Augen jedoch auch ein wichtiger Wesenszug der schweizerischen Identität und unseres Selbstbilds. Sie ist das Fundament unserer internationalen Glaubwürdigkeit, ein Kapital, das wir mehren sollen, um uns in der Welt nützlich zu machen, in unserem eigenen Interesse, aber auch aus Solidarität mit der ganzen internationalen Gemeinschaft.

Der Präsident des Europäischen Parlaments vertrat bei einem Vortrag vor der Fondation Jean Monnet im März 2013 die These, dass kein europäisches Land seine Sicherheit und sein Wohlergehen allein wahren könne.[10] Die Schweiz ist nicht Mitglied der Europäischen Union. Offensichtlich ist sie jedoch dazu bereit, einen politischen Preis zu bezahlen für den Zutritt zum großen europäischen Markt, und scheint deshalb auch gewillt, auf eine Institutionalisierung des bilateralen Wegs einzutreten. Wie stehen angesichts der außenpolitischen Herausforderungen in einer globalisierten Welt ihre Chancen? Hat der Präsident des Europaparlaments recht mit seiner Ermahnung?

Man stellt heute fest, dass kollektive Ängste die Politik der Schweiz beeinflussen. Der bilaterale Weg will erneuert werden, wir sind dafür, und gleichzeitig zögern wir, weil argumentiert wird, es handle sich um eine quasi automatische Übernahme von europäischem Recht, ohne dass wir bei den Entscheidungen mitwirken können. Was hingegen eine unabhängige Interessenpolitik betrifft, stelle ich fest, dass die Schweiz in der Regel die euroatlantischen Positionen übernimmt und wieder eine klassische Politik der Guten Dienste vertritt, indem sie Genf nach allen Seiten für internationale Friedenskonferenzen beliebt macht, ohne sich substantiell zu beteiligen. Man kann sich gelegentlich des Eindrucks nicht erwehren, dass die Schweiz zunächst eine französische oder europäische Stellungnahme abwartet, bevor sie sich ihrerseits äußert.

Im weltweiten Spiel der Kräfte nimmt die Macht der einen zu und die der andern schwindet, so dass sich neue Einflussmöglichkeiten eröffnen oder Souveränitätseinbußen drohen. Das Nein Deutschlands zum Quellenbesteuerungsabkommen und zum Fluglärmabkommen, der Druck der USA und der EU in Sachen automatischer Informationsaustausch in Steuerfragen haben uns stark zugesetzt. Unsere engsten Partner scheinen uns gelegentlich ihre Ansichten diktieren zu wollen. Das kränkt unseren Stolz und erklärt die emotionalen Reaktionen. Doch es bedeutet nicht automatisch, dass wir weniger Einfluss haben.

Unser Einfluss und damit unsere Souveränität wachsen mit

unserer Präsenz vor Ort, durch geduldige Kontakte mit den Behörden und lokalen Gemeinschaften, durch unsere Beiträge zum Frieden, zur Achtung der Menschenrechte, humanitären Hilfe und Entwicklung und zur guten Regierungsführung.

Unser Einfluss und damit unsere Souveränität wachsen durch unser Wissen um die Veränderungen in den Kräfteverhältnissen: Durch Partnerschaft an Einfluss gewinnen ist möglich, vorab dort, wo die Probleme so global sind, dass sie von einem Staat allein nicht gelöst werden können. Im Fall der Schweiz betrifft dies vor allem den internationalen Handel, die Regulierung der Finanzmärkte, die Sicherheits- und Umweltpolitik. Die Beteiligung der Schweiz in der Expertengruppe, die das G20-Treffen vorbereitet, ist eine gute Nachricht. Das wird die Gelegenheit sein, unseren Sachverstand geltend zu machen, eine Position des Misstrauens und der Verweigerung hinter sich zu lassen und in für uns wesentlichen Gebieten an Lösungsvorschlägen mitzuarbeiten.

In einer Welt auf dem Weg zu mehr kollektiver Verantwortung, zu mehr Ethik und Transparenz schuldet die Schweiz einen Teil ihrer internationalen Glaubwürdigkeit ihren Erfolgen bei der Förderung der Menschenrechte, der Demokratie und des Rechtsstaats. Sie tut dies kompetent und objektiv. Das Interesse der Schweiz besteht demnach darin, bei der Umsetzung dieser Ziele nicht nachzulassen. Ich glaube auch, wenn wir gelegentlich zögern und die Augen schließen, erklärt sich dies dadurch, dass ein klarer Auftritt uns mutige politische Entscheidungen abverlangen würde.

Die richtige Frage ist die nach der Positionierung der Schweiz in der Welt. Wie stark kann sie von einer Vorstellung abrücken, die Neutralität strikt als unparteiliche Haltung zwischen Kriegführenden versteht? Und in welchem Maß kann die Schweiz zu allgemein westlichen Positionen auf Distanz gehen?

Eine euroatlantische institutionalisierte Positionierung würde es der Schweiz besser als heute erlauben, von einem automatischen Sicherheitsschirm zu profitieren. Abgesehen vom Argument der Sicherheit, hätte eine solche Positionierung den offensichtlichen Vorteil, die politische Klasse der Schweiz vor den Tücken der «großen» Politik und ihrer Polemik zu verschonen. Eine Einbindung in die Außenpolitik der EU würde – was für ein Paradox! – unserer jahrhundertealten Tradition der Zurückhaltung besser dienen.

Doch das System ist nicht wasserdicht: Der alten Koalition der Länder des Westens gelang es nicht, die Agenda von Kopenhagen oder von Rio zu kontrollieren, im Nahen Osten Frieden zu schaffen oder den Krieg in Georgien und die Katastrophe in Syrien zu vermeiden. Während der Irakkriege von 1991 und 2003 und im ganzen Verlauf der gegenwärtigen Syrienkrise nahm der amerikanische Einfluss laufend ab. Die Fähigkeit der USA, die Situation in Ägypten zu beeinflussen, lässt zu wünschen übrig: Keine der Warnungen an Mohammed Mursi, keiner der Druckversuche auf die Militärs zeigte Wirkung. Die Länder des Westens müssen mit neuen Mächten umgehen können. In einer solchen Konstellation hilft eine unabhängige Position der Schweiz, die weder Mitglied der Nato noch der Europäischen Union ist, in ihren Beziehungen zu den aufstrebenden Mächten und zu den Ländern, deren Sicherheit ebenfalls vom kollektiven Sicherheitssystem der Vereinten Nationen abhängt.

Allerdings sind die internationalen Organisationen, die nach dem Ende des Zweiten Weltkriegs entstanden, zwar immer aktiver und haben Hunderttausende von Friedenssoldaten und zivilen Helfern stationiert, doch das Funktionieren dieser Organisationen wird weder den reellen Kräfteverhältnissen noch der Komplexität vieler Probleme gerecht. Auch die Uno steht vor dem Unglück der Syrer machtlos da, die Ungerechtigkeiten und Ungleichheiten vertiefen sich auf der Welt, Kriege brechen aus, ohne erklärt zu werden. Ist es unter diesen Umständen vernünftig, unsere Sicherheit und unser Wohlergehen auf dieses kollektive Sicherheitssystem zu stützen? Ist es nicht besser, auf die alt-bekannten Kräfteverhältnisse zu zählen und sich einem europäischen Verteidigungsbündnis anzuschließen?

Darum hat der Präsident des Europäischen Parlaments schon recht, wenn die Schweiz nicht auf eine Politik der Einflussnahme in der Welt setzt. Wenn sie sich nicht an der Schaffung von globalen öffentlichen Gütern beteiligen will und sich damit begnügt, über den Liebesentzug der anderen zu klagen. Er hat recht, wenn die Schweiz sich hinter ihren Bergen versteckt und hofft, ihre Sorgen würden sich von alleine lösen, durch das Wohlwollen der andern. Er hat recht, wenn die Schweiz ihren Ängsten erliegt, der Angst vor den Fremden, der Angst, mit der Globalisierung allzu viel von ihren Freiheiten und ihrem Wohlstand einzubüßen. Zu allen Zeiten stand die große Bühne des internationalen Austauschs, die von der Öffnung profitiert, der Welt der Verliererinnen und Verlierer gegenüber. Heute können Verweigerung und Rückzug keine Antwort mehr sein. Es gilt dafür zu sorgen, dass die Globalisierung allen zugutekommt.

15. Ein kleines Flugzeug zwischen zwei großen

Die Schweizer Vermittlung im Südkaukasus ist in meiner Erinnerung mit drei Flugzeugen auf dem Rollfeld des Flugplatzes
von Bursa, in der Nähe von Istanbul, verbunden. Nach dem Abschluss der Vermittlungsmission zwischen Armenien und der
Türkei und der Unterzeichnung der Zürcher Protokolle wurde
die Schweiz an ein Fußballspiel zwischen den beiden Ländern
eingeladen, mit dem man in Anwesenheit der Staatspräsidenten
und Außenminister den erfolgreichen Abschluss der Gespräche
begehen wollte.[1] Da ich im Parlament Verpflichtungen hatte,
konnte ich erst spät abreisen. Das Bundesratsflugzeug, die kleine
Falcon 50, landete als letzte. Man wies uns zwischen zwei große
Flugzeuge ein, das eine mit dem armenischen, das andere mit
dem türkischen Hoheitszeichen. Die weiße Falcon 50 mit dem
Schweizerkreuz an den Seiten glitt unter die Flügel der beiden
andern. Dieses Bild wurde für mich zu einem Symbol des uns
entgegengebrachten Vertrauens und des Angewiesenseins auf
einen ehrlichen Makler. Es bewegt mich noch heute.

Der Südkaukasus ist neben dem Nahen Osten jene Region,
wo die Konflikte am verworrensten sind. Die Staaten dort sind
jung. Sie gehörten früher zu einem gemeinsamen Wirtschaftsraum mit arbeitsteiliger Spezialisierung, dem Rat für gegenseitige
Wirtschaftshilfe Comecon. Ihre Beziehungen zum russischen
Nachbarn sind asymmetrisch und nicht immer einfach. Eines
dieser Länder ist Armenien.

Armenien und die Türkei unterhalten keine diplomatischen
Beziehungen, und ihre gemeinsamen Landesgrenzen sind geschlossen.[2] Die beiden Länder hatten somit gute Gründe, sich
aus dieser Sackgasse befreien zu wollen, und baten 2008 die

Schweiz einerseits, die historischen Untersuchungen der tragischen Ereignisse zu fördern, die das Ende des Osmanischen Reichs in Ostanatolien besiegelten, und andererseits einen größeren Prozess anzustoßen, der als Fernziel die Normalisierung der bilateralen Beziehungen zwischen Armenien und der Türkei anstrebte. Die Schweiz reagierte positiv, denn auch ihr liegt an stabilen Verhältnissen im Kaukasus, die am besten durch ein multi- oder bilaterales Schlichtungsverfahren der noch offenen Konflikte oder potentiellen Spannungen zwischen den beiden Ländern herbeigeführt werden können. Für die Türkei wie für Armenien war die angestrebte Normalisierung der Beziehungen ein ungeheurer Kraftakt, der einen unbeugsamen Mut erforderte, da hier wie dort die politische Machbarkeit nach innen wie außen nicht gegeben war und ist.

Die Verhandlungen waren lang und schwierig. In den drei Jahren, die sie in Anspruch nahmen, gab es zahlreiche Treffen: diskrete, oft langwierige Verhandlungen am Rande internationaler Konferenzen in Bern, in Davos anlässlich des World Economic Forum, in Berlin und Istanbul. 2009 in Davos wurde an zwei Tagen fünfunddreißig Stunden lang verhandelt. Es war schon spätabends, und am anderen Morgen sollten wir uns um sieben Uhr früh bereits wieder treffen. Jemand protestierte ein wenig. Da erhob sich der türkische Staatssekretär, ein sehr distinguierter Herr, knöpfte sein Jackett zu, warf einen Blick darauf und sagte sanft: «Misses Minister, wir sind nicht hier, um zu schlafen!»

Im April 2009 war eine Begegnung der Außenminister und Staatssekretäre der drei Länder Türkei, Armenien und Schweiz mit Präsident Obama in Istanbul geplant, wo ein Treffen der Staatschefs der Allianz der Zivilisationen stattfand. Wir sollten ihm über unsere Fortschritte berichten. Aber die Verabredung hätte beinahe nicht stattfinden können. Zunächst weil mein armenischer Kollege Edward Nalbandjan sein Flugzeug verpasst hatte und seine Teilnahme absagen wollte. Tatsächlich war er etwas missgelaunt, weil die Gespräche in einer schwierigen Phase stagnierten. Als ich in Instanbul gelandet war und von dem Problem erfuhr, bot ich ihm das kleine Flugzeug des Bundesrats an. Nur so konnte er noch rechtzeitig eintreffen, denn weder die offiziellen amerikanischen noch die türkischen Flugzeuge konnten nach Eriwan fliegen. Die amerikanische Delegation amüsierte sich über ihre Hilflosigkeit und dass die Schweiz den Amerikanern aus der Patsche helfen sollte.

Wir hätten das Rendezvous fast doch noch verpasst, weil unsere Dienstwagen in einem monströsen Stau steckenblieben. Wir waren keine Regierungschefs, und das Protokoll erlaubte es uns daher nicht, im Schiff Platz zu nehmen, mit dem diese zum Empfang mit Barack Obama fuhren. Also warten wir im Auto. Mein Staatssekretär Michael Ambühl ist nervös. Ich auch, denn zu einem Treffen mit dem Präsidenten der Vereinigten Staaten zu spät zu kommen, gehört sich nicht. Er versucht sich zu informieren, telefoniert, steigt genervt aus und wendet sich an einen Polizisten, der ihm Bescheid gibt: «Der Verkehr wird aufgehalten, um den Tross von Präsident Obama durchzulassen!» Wir haben lange gewartet, und als wir schließlich eintreffen, ist der Präsident schon da. Wir bahnen uns einen Weg zu ihm, ziemlich auffällig, denn in diesem erlauchten Kreis der Regierungschefs sind wir bloß Minister und Staatssekretäre. Man mustert uns und fragt sich, was wir denn hier tun. Präsident Obama begrüßt uns und kündigt uns freundlich an, sich uns im Sitzungsraum anschließen zu wollen. Ich bin gestresst, denn ich hoffe ja, ihm das Dossier so darstellen zu können, dass er die Vermittlungsbemühungen unterstützt. Er kommt, wir beginnen zu sprechen, als er sich plötzlich umdreht und bemerkt, dass die Gäste des Empfangs ihn offenbar gehen sahen und ihm alle gefolgt sind. Also ziehen wir uns lachend hinter eine geschlossene Tür zurück und können endlich reden. Der US-Präsident hatte kurzfristig ein Problem zu lösen, denn im Kongress stand eine Debatte über die

Armenische Frage bevor. Er wünschte sich einen Durchbruch. Wir rangen aber noch mit einigen Formulierungen. Der türkische Minister Ali Babacan und sein Staatssekretär Apakan blieben während des ganzen Treffens stumm. Die Diskussionen waren immer delikat. Es ging schließlich um die tragischen Ereignisse von 1915, es war von der Öffnung der Grenzen die Rede, und im Hintergrund war der Streit um Berg-Karabach immer präsent. Wie oft habe ich Edward Nalbandjan nicht «Inakzeptabel!» rufen gehört, und wie viele morgendliche Anrufe habe ich nicht erhalten, die mich beschworen, auf die türkischen oder armenischen Verlautbarungen in der Tagespresse zu reagieren!

Die Schweizer Vermittlung ging Ende Oktober 2009 mit der Unterzeichnung der Zürcher Protokolle[3] zu Ende. Ratifiziert sind sie bis heute nicht.

Vor den Toren der Universität Zürich und überall in den Gängen der Hochschule ist der Ordnungsdienst in Bereitschaft. An diesem kalten Oktobersamstag 2009 stehen die Ufer der Limmat unter strenger Bewachung. Am 9. Oktober, also am Vorabend, hatte das Departement für auswärtige Angelegenheiten die Unterzeichnung der beiden Protokolle durch Armenien und die Türkei angekündigt. Es hatte dazu die großen internationalen Akteure geladen, die den Vermittlungsprozess aufmerksam verfolgt hatten und ihn nun als Paten bezeugen sollten: Hillary Clinton, Javier Solana, Sergei Lavrov, Bernard Kouchner und der Präsident des Ministerkomitees des Europarats, Samuel Zbogar. Ich war schon am frühen Nachmittag in Zürich, um mich mit Mrs. Clinton zu treffen. Wir waren zufrieden und zuversichtlich, die Unterschriftszeremonie sollte in zwei Stunden stattfinden, und alle Hauptakteure waren schon in der Stadt. Ich verabschiedete mich, um mich zur Universität zu begeben und dort meine Gäste zu empfangen und über die letzten Vorbereitungen zu wachen. Aber so einfach sollte es nicht werden. Das, was Zürich an diesem Nachmittag erlebte, glich rasch einer amerikanischen Fernsehserie. Als die Delegationen eintreffen, werden die türkischen und armenischen Redebeiträge gegengelesen, und es stellt sich heraus, dass beide bei der Gegenseite auf große Widerstände stoßen. Die einen reden von 1915, die anderen bringen Berg-Karabach ins Spiel. Kurz vor 17 Uhr, als die meisten Delegationen anwesend sind, macht Hillary Clintons Dienstwagen plötzlich kehrt. Sirenen heulen, Alarmlichter blinken, und der Verkehr bricht zusammen, als die amerikanische Außenministerin beschließt, zu ihrem Hotel zurückzukehren, wo sie von Edward Nalbandjan erwartet wird. Ich schließe mich mit dem türkischen Außenminister Ahmet Davutoğlu und seiner Delegation in einem Büro der Universität ein, und es beginnt ein langer diplomatischer Eiertanz, bei dem man einmal versucht, die Texte zu korrigieren, und dann wieder darauf drängt, die Protokolle zu unterzeichnen, ohne türkischen und ohne armenischen Kommentar. Die Staatssekretäre sind geschäftig, die Minister versuchen zu schlichten. Ich war unterdessen furchtbar angespannt: In letzter Minute wollten beide Parteien nicht mehr unterschreiben. Ich wagte mir nicht auszudenken, dass die Schweiz als Vermittlerin vor versammelter Weltöffentlichkeit ihren Misserfolg eingestehen müsste. Schließlich, nach mehr als zweistündiger Verspätung, etlichem Zögern, Telefongesprächen mit den Präsidenten und nachdrücklichem Zureden der internationalen «Paten», stürzt sich die ganze Gesellschaft in den Zeremoniensaal, und die Protokolle werden ohne Orchesterbegleitung und ohne andere Reden als eine kurze Einleitung meinerseits hastig unterschrieben.

Diese Episode zeigt die Schwierigkeiten einer Mediation beispielhaft auf. Es geht dabei nicht nur um das Verfahren, und es genügt nicht, die richtigen Worte und vernünftige Kompromisse zu finden. Es geht darum, zu vertrauen und eine unendliche Geduld an den Tag zu legen, und zwar ohne Erfolgsgarantie.

Die Schweiz ist eine verlässliche Vermittlerin, sie ist fähig zur Unparteilichkeit und verfügt über unbestrittene diplomatische

Kompetenzen. Sie ist keine Großmacht und steht nicht in politischem Wettbewerb mit den Parteien. Trotzdem zeigen die Ereignisse von Zürich auch, dass die Großen gewichtige Argumente haben, die am Ende entscheidend sind, um einen Schlusspunkt unter eine Verhandlung zu setzen. Man sieht: Wer sich im Alleingang in eine Vermittlungsmission stürzen wollte, ist zum Scheitern verurteilt.

Keine Vermittlung gleicht der andern: Das Umfeld, die Akteure, die Probleme sind anders. 2011 wurde die Schweiz damit betraut, den Beitritt Russlands zur Welthandelsorganisation zu erleichtern. Der Vorschlag, die Schweiz beizuziehen, geht auf ein Gespräch von Ende Oktober 2010 in Genf zwischen der georgischen Vizeministerin Tamara Kovziridze und einem Mitglied der Schweizer Delegation bei der Welthandelsorganisation zurück. Auch ein amerikanischer Unterhändler in Genf wendet sich in dieser Sache an dasselbe Schweizer Delegationsmitglied. Das Anliegen wird in gebührender Form in Washington unterbreitet und anlässlich einer Unterredung zwischen Medwedew und Obama im November 2010 behandelt. Die offizielle Anfrage wurde mir telefonisch übermittelt. Die Schweiz nimmt das Mandat an. Aus westlicher Sicht ist eine Übereinkunft wichtig, denn Russland gehört zu der Zeit als einzige Wirtschaftsmacht noch nicht der Welthandelsorganisation an. Sein Beitritt soll die weltweite Verflechtung der Handelsbeziehungen stärken und Russland dem Westen annähern. Im Zentrum der Verhandlungen stehen die Grundsätze der Zollverwaltung und der Überwachung von Handelsgütern zwischen Georgien und Russland, inklusive Südossetien und Abchasien. Die Verhandlungen bereiten Kopfzerbrechen, weil Russland Südossetien und Abchasien als unabhängige Staaten anerkennt, während Georgien sie als Teil seines Staatsgebiets beansprucht. Wie sollte man unter solchen Umständen ein WTO-konformes Regelsystem einrichten können? Pascal Lamy, WTO-Direktor, hatte mich zu Beginn unserer Bemühungen gewarnt: «Die Chancen stehen fast eins zu neunzig, dass du scheitern wirst, meine Liebe.»

Ich erinnere mich an eine Unterredung mit dem georgischen Premierminister. Die Schweiz hatte einen schriftlichen Vorschlag auf den Tisch gelegt. Der Premier, ein sehr dynamischer junger Mann, behandelt mich als russische Unterhändlerin und wirft mir Parteilichkeit vor. Ich schlucke meine Wut hinunter und bleibe ruhig. Darauf interveniert der Schweizer Botschafter in Georgien, Günther Bächler, hart und hält fest, dass die Schweiz und nicht Georgien die Vermittlerin sei und es demnach an ihr liege, die Spielregeln zu bestimmen. Punkt. Er übernimmt den Part des Bösen, und ich kann weiterhin leidenschaftslos argumentieren.

Die Schweiz konsultierte Experten, schlug Verhandlungsmodalitäten und -lösungen vor und diktierte ihre Agenda. Sie regte ein elektronisches Überwachungssystem an, das eine gewisse Transparenz gewährleistete, eine Überwachung der Kontrolltätigkeiten durch eine unabhängige Privatfirma und die Schaffung von Transitkorridoren. Die Schweizer Diplomaten erwiesen sich als geschickt und kreativ: Auf dem Rückflug von Georgien ziehen wir im Flugzeug Bilanz. Wie ließe sich der Güterverkehr ohne Kontrollpunkte vor Ort überwachen? Der Chef der Politischen Abteilung I, die auch für Georgien zuständig ist, Botschafter Christian Meuwly, nimmt seinen Notizblock, skizziert die Region und schraffiert mögliche Übergänge. So entstehen die nach geographischer Länge und Breite festgelegten Transitkorridore.

Und die Mediation fand zwischen Moskau und Batumi in Georgien, wo sich Präsident Saakaschwili gerade aufhielt, ein glückliches Ende.

In Moskau wurde die Schweizer Delegation von Medwedew empfangen. Wir wurden zu einem Arbeitslunch eingeladen, an dem jeder seine eigene Sprache sprechen sollte. Es wurde simultan übersetzt, und etwa zehn Personen rund um den Tisch erklärten sich und erklärten den Text sowie seine möglichen Auslegungen. Schließlich zogen wir Bilanz: Drei Punkte waren noch offen und mit dem georgischen Präsidenten zu klären. Ich fügte hinzu: «Herr Präsident, es besteht noch immer ein Risiko, dass die Schweiz sich gegen Ihren Beitritt zur Welthandelsorganisation aussprechen könnte. Es gibt noch Probleme zwischen unseren beiden Ländern, die geregelt werden müssen: bei den Feingehaltsstempeln für Edelmetalle, den Überflugrechten über Ihr Territorium für die Swiss und einigen Problemen unserer Kanzlei in Moskau. Und zudem, Herr Präsident, wird Russland die G20 präsidieren, und die Schweiz möchte gerne teilnehmen können.» Der Präsident versprach, die Anliegen zu prüfen, und wir flogen nach Batumi.

Am anderen Tag findet erneut ein Arbeitslunch statt, und erneut diskutieren wir die strittigen Punkte, diesmal mit den Georgiern. Die Diskussionen deuten auf einen Konsens hin. Danach warten wir, bis wir spätabends den russischen Präsidenten telefonisch erreichen. Mit seiner Antwort ist unsere Arbeit abgeschlossen. Wir reisen wieder nach Genf zurück, um dem Direktor der Welthandelsorganisation, Pascal Lamy, und den Botschaftern bei der WTO über die Besuche und deren Ergebnisse Bericht zu erstatten.[4]

Die Schweizer Vermittlung brachte Russland, aber auch Georgien positive Ergebnisse. Denn Russland hatte den Vertrieb georgischer Produkte auf seinem Staatsgebiet boykottiert. Seit dem Beitritt Russlands zur WTO hat Georgien den Erlös seiner Exporte nach Russland um ein Vielfaches gesteigert. Das Resultat dieser Mediation ist ausgeglichen und ein erfolgreiches Beispiel für die Kompetenz der Schweiz als Vermittlerin in internationalen Konflikten.

Die Vermittlung zwischen Armenien und der Türkei und jene, die den WTO-Beitritt Russlands in die Wege leiten half, brachten die Schweiz in Kontakt mit den Großen der Welt. Ich schätzte die

Arbeit meiner europäischen, russischen und amerikanischen Amtskollegen. Auch wenn ich dabei die Bedeutung der Machtpolitik erkennen und damit umgehen lernen musste. Und manchmal war es auch ruppig. So meinte der russische Außenminister Sergei Lavrov in New York bezüglich des Georgien-Dossiers zu mir: «Russland wird keine Konzessionen machen, nur um dir noch einen politischen Erfolg zu ermöglichen, bevor du gehst!» Es brauchte Bescheidenheit und mehr als gute persönliche Beziehungen, um zu einer Übereinkunft zu gelangen. Es brauchte eine engagierte und pragmatische Diplomatie, es brauchte gelegentlich Standfestigkeit, und es brauchte ein Können, das ich fast angeboren nennen würde, bei der Suche nach ausgewogenen Lösungen und Kompromissen.

Schluss

Wir verreisen nach Pakistan. Dort ist die Schweizer Entwicklungszusammenarbeit aktiv. Sie betreut im Norden des Landes, nahe der afghanischen Grenze, zusammen mit Nestlé Projekte zur Steigerung des Zuchtertrags und zur Verbesserung der produzierten Milch.[1] Pakistan ist weit weg von der Schweiz, und die kleine Falcon 50 des Bundesrats kommt nicht mit einem Flügelschlag dorthin. Darum machen wir im Nordkaukasus, in Stavropol, Station. Wir landen am frühen Abend auf dem Flugplatz von Stavropol und machen uns wie üblich auf eine gute halbe Stunde in der VIP-Lounge gefasst, bis das Flugzeug aufgetankt ist. Doch da empfängt uns der Provinzgouverneur am Flughafen, in Begleitung einiger Honoratioren und des Lokalfernsehens. Nachdem dem Protokoll Genüge getan ist, führt er uns in einen Raum und an einen Tisch, der üppig mit Lachsrogen, Speck, diversen Wurstwaren, Rohkost und Wodka bestückt ist. Der Gouverneur beendet seine Willkommensrede und die Vorstellung seiner Region mit einem Toast auf den Präsidenten der Russischen Republik, Wladimir Putin. Wir erheben unser Wodkaglas und trinken. Nun ist es an mir zu danken, und ich beschreibe mein Land, unsere Beziehungen zu Russland und ende mit einem Toast zu Ehren des Schweizer Bundespräsidenten Moritz Leuenberger. Wir erheben unser Glas und trinken auf sein Wohl. Der Gouverneur antwortet mit einem Toast auf sein Heimatland, Russland. Ich revanchiere mich mit einem Toast auf mein Heimatland, die Schweiz. Zwölf Toasts sind es alles in allem: auf die guten Beziehungen zwischen der Schweiz und Russland, auf unsere schönen Landschaften, auf unsere Gesundheit, unsere Eltern und uns selbst! Von Zeit zu Zeit schielten wir auf die Uhr und bekundeten dem Gouverneur unseren Wunsch, die Reise fortzusetzen. Aber das Flugzeug sei noch gar nicht bereit, sagte er und forderte uns auf, zuzugreifen. Er ließ den Vorspeisen eine warme Mahlzeit folgen und servierte nach jedem Glas Schnaps viel Wasser. Um zehn Uhr abends flogen wir nach Islamabad ab, wo wir um zwei Uhr nachts ankamen, leicht schwankend, aber sehr beeindruckt von der russischen Gastfreundschaft.

Ein paar Tage später kehren wir nach Bern zurück, wieder über Stavropol. Es war Morgen. Und der Gouverneur war wieder da, samt dem Lokalfernsehen und den Honoratioren. Wir setzen uns um eine Platte mit Krebsen zu Tisch. Diese kleinen Krustentiere könnten nur in sauberem Wasser überleben, sagt er. Es ist nicht nur eine Platte, sondern eine ganze Pyramide Krebse, und der Gouverneur und seine Freunde zeigen uns, wie man sie schält. Und als wir nicht damit fertigwerden: Macht nichts, den Rest nehmen Sie mit. Und versuchen Sie doch unser köstliches Bier, und hier ist ein Samowar, mitsamt Tassen, Untertassen, Zuckerdose und Teekanne, prächtig blau-weiß-golden und riesig, damit wir an unseren langen Winterabenden heißen Tee trinken können. Auch Blumen schenkt er uns noch, ein großes, farbenprächtiges Bouquet, und einen ganzen Stapel Prospekte, die die Region von Stavropol rühmen. Gegen vier Uhr nachmittags landen wir in Bern. Durch die Bullaugenfenster erspähen wir eine Menschenmenge. Einen solchen Empfang hätten wir eigentlich nicht erwartet, es wimmelt auf dem Flugplatz von Leuten. Und so steigen Roberto Balzaretti, diplomatischer Berater, Walter Fust, Direktor der Deza, Lars Knuchel, Pressechef des Außendepartement und ich, beobachtet von Tausenden kritischen Augenpaaren, mit vollen Händen aus: Blumen, Flaschen, Krebse, Samowar! Auf dem Flugplatz Bern-Belp war gerade Tag der offenen Tür.

Solche Tage habe ich erlebt, Tage, an die man sich gern erinnert, weil sie im allzu gut geölten Trott der offiziellen Besuche herzerwärmend sind. Mir gefiel der Gouverneur von Stavropol und sein Wunsch, uns mit seiner Begeisterung für seine Provinz anzustecken.

Ich bin in zahlreiche Länder gereist, ich habe mit vielen Präsidenten und Ministern gesprochen. Ich habe Flugzeuge, Helikopter und Seilbahnen benutzt, war bei Botschaftsempfängen, Banketten und Arbeitslunches dabei, aber den Geruch der Wüste habe ich selten gespürt, und ich habe nicht in den Meeren gebadet, die ich aus dem Autofenster bewundern konnte. Ich habe das Unglück der Menschen gesehen, ihr Schicksal hat mich bewegt, und ich bemühte mich, sie zu verstehen, aber ich erlebte nicht ihren Alltag. Ich war zu Besuch, wie an jenem Tag im Südsudan, lange vor dessen Unabhängigkeit, als ich John Garang, den Chef der Volksarmee zur Befreiung des Sudan (SPLA), in New Site aufsuchte, einem kleinen Dorf, das er nahe der kenianischen Grenze gegründet hatte. Wir unterhielten uns über die Institutionen, die er sich für sein Land wünschte, wir erklärten den schweizerischen Föderalismus und das System der Gemeinden, sprachen von den Entwicklungsprojekten, und als der Tag um war, traf ich mich mit den Stammeshäuptlingen, sie wie bei ihnen üblich mit Lendenschurz und Federschmuck und ich wie bei mir üblich mit schwarzem Jackett und Hose bekleidet, worauf ich unter der gnadenlosen Sonne auf Englisch von kultureller Diversität parlierte. Diese Häuptlinge fragten sich bestimmt, was ich da verloren hatte. Immerhin konnte man sagen, dass wir ein schönes Beispiel für die kulturelle Diversität abgaben. Und als ich nach einer Fahrt im Jeep über Rumpelpisten, bewacht von bewaffneten Soldaten, wieder ein wirklich uraltes und mitgenommenes Flugzeug bestieg, wo wir auf unseren Bänken durch lose Planken auf den Boden hinuntersahen, wurde ich gleich von meiner wunderbaren, loyalen und besorgten Assistentin gedrängt, ihr noch vor dem Abflug eine Antwort zu geben. Bern hatte sie über Satellitentelefon kontaktiert, und es sei sehr dringend: Ob ich für das Interview mit einer Westschweizer Wochenzeitschrift übermorgen ein normales oder ein TV-Make-up wünsche!

Ich habe unglaubliche Momente, surreale Momente, bewegende Momente erlebt. Ich habe auch, sagen wir, schwierigere Momente erlebt. Wie an jenem Tag im Jahr 2003, als die Kanzlerin mich frühmorgens anruft, um mich zu informieren, dass am nächsten Morgen eine Sondersitzung des Bundesrates stattfinden werde und die Tagesordnung mich betreffe. Ich versuche herauszufinden, worum es sich handelt, doch sie bleibt ausweichend. Ich esse mit einem Bundesratskollegen zu Mittag, er weiß von nichts, ich rufe nochmal die Kanzlerin an, die so vage bleibt wie zuvor, ich rufe den Präsidenten an: «Du wirst schon sehen!» Nervös und ängstlich frage ich mich, was ich wohl angestellt habe, um ein solches Tribunal zu verdienen. Schließlich erweisen sich die Informationen, wonach ich enge Kontakte zu einer Organisation hätte, die von anderen Ländern als terroristisch eingestuft wurde, als falsch. Es waren beängstigende Tage, wie auch die Wochen nach der Freilassung der Schweizer Geiseln in Libyen, wo ich mich mit einer politischen Revolte konfrontiert sah und mir vorkam wie ein gehetztes Wild.

Aber in guten wie in schlechten Zeiten konnte ich auf loyale, fleißige und kompetente Mitarbeitende zählen: Ich erinnere mich an Sitzungen, wo der Staatssekretär, der Generalsekretär, die Chefs der Direktionen für Völkerrecht und für Zusammenarbeit und Entwicklung, der Pressechef, der diplomatische Berater und die diplomatische Beraterin versammelt waren, um die Quadratur des Kreises zu finden, denn die Außenpolitik ist nicht frei von krisenhaften und angespannten Situationen, die potentiell gefährlich sein können.

Die Sicherheit der Schweizerinnen und Schweizer ruht auf zwei Pfeilern: der Neutralität und der internationalen Zusammenarbeit. Die Schweiz ist seit 1647 neutral, und damals brauchte die Vorstellung Mut, dass Konflikte nicht zwingend mit Waffengewalt zu lösen seien. Die Verbindung, die damals zwischen Neutralität und Friedenspolitik geknüpft wurde, bleibt aktuell.

Ich bin Schweizerin. Ich gehöre einem Land an, das bestimmt nicht auf die Devise der «Macht des Stärkeren» setzen kann und doch ein verblüffendes Talent dafür gezeigt hat, in Frieden und Sicherheit zu leben, indem es in seiner Außenpolitik auf die Weiterentwicklung des Völkerrechts und die Strategie des Dialogs und der friedlichen Konfliktbewältigung setzte. Einem Land, das sich kraftvoll auf der internationalen Bühne zurückgemeldet hat, trotz der Hemmnisse seines Gouvernanzsystems und seiner traditionellen Zurückhaltung.

Die Aufgabe braucht einen langen Atem und ist oft eher undankbar; aber zahlreiche Beispiele machen Mut dazu, auf dem Weg der Zusammenarbeit und des Dialogs weiterzugehen. In den letzten Jahren haben sich Länderkoalitionen auf die Abschaffung der Antipersonenminen geeinigt und sich verbündet, um den steten Strom leichter Waffen einzudämmen. Sie haben ein Kontrollsystem für «Blutdiamanten» aufgebaut, und sie haben den Internationalen Strafgerichtshof geschaffen, um der notorischen Straflosigkeit von Kriegsverbrechen und Verbrechen gegen die Menschlichkeit Einhalt zu gebieten.

Demokratie, Menschenrechte und Rechtsstaatlichkeit haben sich in manchen Regionen gefestigt. Größeren Bevölkerungsgruppen denn je ist es in den letzten zehn Jahren gelungen, sich von Armut und Unterentwicklung zu befreien und einen bescheidenen Wohlstand zu erlangen. Es bleibt noch viel zu tun, doch die Millenniumsziele[2] rücken in Reichweite. Die Zivilgesellschaften mobilisieren sich, bilden solidarische Gemeinschaften und kämpfen mit beispielloser Kraft um ihre Rechte. Immer mehr weltweit tätige Unternehmen werden sich ihrer sozialen Verantwortung bewusst. Wissenschaftler tragen zur politischen Bewusstseinsbildung und zur Transparenz der Entscheidungen bei.

Natürlich gibt es weiterhin ein Gefälle zwischen Grundsatz und Wirklichkeit. Die USA haben sich im Namen der Terrorbekämpfung anscheinend in großem Stil auf geheime Kriegführung, Drohneneinsätze und Telefonüberwachung verlegt. Wir reden oft von nationaler Souveränität, und eine große Mehrheit der Länder ist gegenüber jeder Form der Einmischung von außen sehr empfindlich. Denken wir nur an die Schwierigkeit, das Prinzip der «responsability to protect» anzuwenden oder bindende internationale Normen im Bereich der nachhaltigen Entwicklung durchzusetzen. Die Wirtschaftskrise von 2008 hat da und dort die hehren Absichten zunichte gemacht: Neuseeland hatte eine zehn- bis zwanzigprozentige Senkung seiner Treibhausgasemissionen bis 2020 angekündigt und ist inzwischen mit fünf Prozent zufrieden.[3] Der britische Premier David Cameron propagiert die extrem CO_2-lastige Schiefergasgewinnung;[4] auch die Amerikaner stürzen sich auf das Schiefergas, und die fossilen Energien kehren zurück. Was lässt sich da von den nächsten Klimaverhandlungen erhoffen?

Das Gefühl einer moralischen Krise, von Gleichgültigkeit und einer Art großen Ernüchterung macht sich breit. Wir sind enttäuscht von der Politik und den Systemen, von Rechtsstaat und Demokratie, als dienten die uns so teuren Werte nur als Sichtblenden, hinter denen sich die wahre Macht, die des Geldes, verbirgt. Und im Zweifel wählt man den Rückzug und beruhigt sich im Gedanken, die andern, die Großmächte, die Nachbarn, die Einwanderer seien an unserem Malaise schuld.

Was ist zu tun, damit die Schweizerinnen und Schweizer in Frieden, Freiheit und Würde zusammenleben können?

Die Schweiz befindet sich heute am Scheideweg, ein wenig wie der Kanton Genf 1814, nach der napoleonischen Besatzung. Genf hatte sich ein gutes Jahrzehnt lang Frankreich unterwerfen müssen, Genf, diese unabhängige Republik, die sich jahrhundertelang gegen allzu gefräßige Nachbarn gewehrt hatte. Viele

Genfer waren im Russlandfeldzug gestorben. Als Napoleon besiegt war, musste man sich der Einsicht beugen: In der neuen Ordnung, die sich etablierte, hätte die kleine Republik Genf große Mühe, alleine für die Sicherheit und das Wohlergehen ihrer Einwohnerinnen und Einwohner zu sorgen. Also trat Genf der Eidgenossenschaft bei.

Die Schweiz ist nicht Genf, und die europäische Bestimmung der Schweiz stößt auf gewaltige Widerstände. Unser Land gründet auf einem gemeinsamen Fundament, das ich institutionell nennen würde, dem Föderalismus, der halbdirekten Demokratie und der Neutralität, und nicht auf einer gemeinsamen Ethnie oder Sprache. Eine Beitrittsperspektive würde institutionelle Änderungen erfordern, etliche Befürchtungen zur Dauerhaftigkeit unserer Institutionen wecken und ganz bestimmt unsere Identität tangieren, weil diese Einrichtungen uns das Zusammenleben erlauben und uns als Schweizerinnen und Schweizer ausweisen.

Doch wenn wir die Frage pragmatischer angehen, stellen wir fest, dass ein Beitritt aus außenpolitischer Sicht unbestreitbar machbar ist. Die entscheidenden Argumente für diese Option sind nach wie vor die Möglichkeit der uneingeschränkten Beteiligung an den Diskussionen und Entscheidungen sowie die Garantie eines gleichberechtigten Marktzugangs.

In der Außen- und Sicherheitspolitik bringt die EU sich auf der Weltbühne ein. Sie präsentiert sich in ihren Außenbeziehungen als Einheit, oder sie versucht es wenigstens.

Trotzdem gibt es eine große Diskrepanz zwischen ihren engagierten Hilfs- und Unterstützungsbemühungen, sei es in den besetzten palästinensischen Gebieten oder im Südkaukasus nach dem Zusammenbruch der Sowjetunion und deren politischer Umsetzung. Das zeigt sich etwa daran, dass die EU bei der Lösungssuche im Palästinakonflikt keine strategische Rolle spielt. Ein Grund für ihre internationale Zurückhaltung ist in den unterschiedlichen Interessen ihrer Mitgliedsstaaten zu suchen und in deren Bestreben, sich in ihren Plänen nicht einschränken zu lassen, sowie in der gewollten Schwäche der gesamteuropäischen Führung der Außenpolitik.

Jedenfalls aber gehört die Europäische Union zu jenen Institutionen, die sich mit «soft power» durchsetzen wollen. Eine wachsende Anzahl Länder und Organisationen haben die Vorzüge einer solchen Sicherheitspolitik entdeckt, ob es nun darum geht, die nationalen Interessen zu schützen, globale Probleme zu lösen oder Verhandlungen zwischen Konfliktparteien anzubahnen. Immer zahlreichere Akteure fragen sich, wie man von simplen Gesprächen zu echten Verhandlungen über ein heikles Problem oder einen Konflikt gelangt, und liefern sich einen wahren «Dialogwettbewerb». Diese Ausrichtung der europäischen Politik unterscheidet sich nicht grundsätzlich von der schweizerischen Politik des Friedens und Dialogs.

Die Schweiz kann in einem machtpolitischen Kräftemessen nicht gewinnen. Sie ist deshalb daran interessiert, ihre bi- und multilateralen Engagements zu stärken. Vor diesem Hintergrund ist die Neutralität ein Trumpf, eine aktive, großzügige Neutralität, die durch den Ruf der Schweiz als ehrliche Maklerin und ihre Nichtzugehörigkeit zur Europäischen Union erleichtert wird. Privilegierte Partnerschaften mit anderen Ländern eingehen, die ebenso sehr wie wir am guten Funktionieren eines internationalen Systems der kollektiven Sicherheit interessiert sind. Auf die Weiterentwicklung von gemeinsamen internationalen Normen setzen: Das kann gelingen, erfordert aber eine aktive Neutralitätspolitik, Risikobereitschaft und manchmal den Mut, zu den Großmächten auf Distanz zu gehen. Durch ihre Vermittlerrolle in konkreten Konflikten, durch ihre zwischenstaatlichen Beziehungen und in internationalen Gremien ist es der Schweiz gelungen, sich als Befürworterin des Dialogs zu positionieren, die die gegenseitigen Interessen wahrnimmt. Allerdings setzt eine solche Positionierung voraus, dass man keine Konfliktpartei bevorzugt, mit allen spricht und den Kontakt zu allen wichtigen Akteuren sucht, in der Absicht, eine ausgewogene und dauerhafte Lösung zu erreichen. Sollten wir demnach eine eigenständige Außen- und Sicherheitspolitik führen?

Ich hatte Mühe, den Schweizerinnen und Schweizern die Vorteile einer Außenpolitik auf Distanz zu Europa begreiflich zu machen. Während des Irakkriegs von 2003 erprobte und entdeckte die Schweizer Diplomatie eine Möglichkeit, die Schweiz ins Zentrum der großen Interessen zu rücken. Die Schweiz war damit in Europa isoliert, genoss aber eine gewisse Glaubwürdigkeit. Sie war es sich schuldig, diese Trümpfe auszuspielen, um ihre Rolle und ihren Einfluss in der Welt zu stärken. Die Schweiz geriet gewissermaßen «außer sich», führte eine zielgerichtetere Politik und verließ ihren legendären Elfenbeinturm, um sich als internationale Vermittlerin zu betätigen. Sie ging sozusagen von der Rolle des Oberkellners zur Rolle des Kochs über und stellte fest, dass sie so zwar gelegentlich störte, aber nicht abgestraft wurde. Sie erwarb sich Respekt. Doch weil sie gleichzeitig auch den westlichen Konsens brach, wurde sie auch nicht immer verstanden.

Soll man also im Gegenteil einem größeren und leistungsfähigeren Ganzen angehören? Mit anderen Worten: Sollen wir uns unter den großen Schirm der EU begeben und eine Mitgliedschaft aushandeln, die Ausnahmeregelungen bei der Neutralität, bei der Währung, beim Service public oder beim Arbeitsmarkt umfassen könnte? Wenn ich jedenfalls die aktuellen Debatten über die fremden Richter[5] höre, kann ich mich des Gedankens nicht erwehren, die Schweizerinnen und Schweizer ließen sich für ein institutionelles Rahmenabkommen, das unsere Eigenheiten und von uns benannten roten Linien achtet, ebenso schwer gewinnen wie für eine Integration mit Ausnahmen. Die Schweiz würde sich allerdings damit Einfluss bei allen Entscheidungen der Union und für ihre Unternehmungen den besten Zugang zum «großen Markt» sichern und könnte ihr diplomatisches Geschick in größerem Rahmen zur Geltung bringen.

Mit am Tisch zu sitzen dort, wo die Entscheidungen fallen, die auch uns ganz direkt angehen, unsere Argumente einzubringen und uns an der Debatte zu beteiligen, könnte unseren Einfluss und somit unsere Unabhängigkeit stärken. Das Beispiel Luxemburgs macht es vor: Während die Schweiz klagt und ihre Rolle sucht, setzt Luxemburg eine Übergangsstrategie um, mit der es die Zukunft seines Finanzplatzes sichern will. Im Januar 2015 wird es den automatischen Informationsaustausch einführen, und nie hat man seine Banken so abgestraft wie die Schweizer Banken.[6]

So bin ich angesichts der gegenwärtigen politischen Willensbekundungen und Positionierungen der Schweiz und in Anbetracht der Entwicklungen in der EU zum Schluss gekommen, es wäre vernünftiger, einen EU-Beitritt auszuhandeln, als sich auf die große Bastelei eines Rahmenabkommens einzulassen, das uns nicht einmal mehr den Status quo unserer Entscheidungsfreiheit garantieren kann. Ich habe für den bilateralen Weg gekämpft und habe mich in den entsprechenden Kampagnen engagiert, weil ich von der Notwendigkeit institutioneller Strukturen der Zusammenarbeit mit der EU überzeugt war, und seien sie auch unvollkommen. Die größte Schwäche der sektoriellen bilateralen Abkommen war immer eine geringgeachtete Souveränität. Heute wird diese Schwäche angesichts der Haltung der Union, die auf das Äquivalenzprinzip der Normen verzichtet und die Anpassung an das bestehende und künftige europäische Recht fordert, zum Mangel. Und vor allem ist der bilaterale Weg nicht mehr die einzige Alternative für uns angesichts einer vor zehn Jahren noch undenkbaren Entwicklung: Der französische Präsident François Hollande tritt ein für eine Vertiefung der Eurozone, eine Wirtschaftsregierung, eine Bankenunion, einen Währungsfonds und gleichzeitig für eine Erweiterung der Union.[7]

Und die deutsche Kanzlerin Merkel bekräftigt: Lassen wir die Tür für neue Mitglieder offen und verstärken gleichzeitig den inneren Zusammenhalt der Eurozone.[8] So wird das Diversitätsprinzip in die institutionelle Architektur der Union eingebaut, und in einem Modell der zwei Geschwindigkeiten, das die Eigenheiten der Mitgliedstaaten besser berücksichtigt, könnte diese zweite Option das Interesse der Schweiz wecken und sie dazu bewegen, ihre Vorbehalte gegen einen Beitritt allmählich aufzugeben.

Es schmerzt mich mitanzusehen, wie wir der unschönen Versuchung nachgeben, den Rest der Welt zu beurteilen und zu meinen, er interessiere sich meist nicht für uns, außer wenn wir Opfer von Anschuldigungen werden, und dann fragen wir uns, warum uns niemand mehr liebt. Wir müssen nicht pausenlos unseren Standpunkt verteidigen, und wir müssen nicht erröten über das, was wir sind.

Wir müssen nicht unermüdlich die Gründe unseres Widerstrebens aufzählen. Man erwartet von uns eine Vision, eine Strategie, an denen wir uns orientieren und die unser Interesse an der Welt aufzeigen. Ich setze mich ein für eine Schweizer Lesart der internationalen Beziehungen, die davon überzeugen kann, dass wir ein politisches Projekt haben, das für den europäischen Kontinent taugt, und darüber hinaus.

Die Haltung der EU zu kopieren, von ihrem internationalen Gewicht profitieren und uns an ihre Rechtsentwicklung anzupassen, ohne etwas dazu zu sagen zu haben, scheint mir keine vertretbare Wahl. Natürlich dürfen wir uns frei entscheiden, uns hinter unsere Berge zurückzuziehen und uns aufzuführen, wie wir wollen: Minarette verbieten und den automatischen Informationsaustausch ablehnen, doch sollten wir uns der internationalen Konsequenzen solcher Entscheidungen bewusst sein.

mcr, den 28. August 2013

Anmerkungen

Online-Angaben beziehen sich sämtlich auf Stand: August 2013.

Abkürzungen:
BfS = Bundesamt für Statistik; EDA = Eidgenössisches Departement für
auswärtige Angelegenheiten; EFD = Eidgenössisches Finanzdepartement;
Deza = Direktion für Zusammenarbeit und Entwicklung; OECD = Organisation
für wirtschaftliche Zusammenarbeit und Entwicklung; OSZE = Organisation
für Sicherheit und Zusammenarbeit in Europa; Seco = Staatssekretariat für
Wirtschaft.

Einleitung

1 Humanitäres Treffen zur Irak-Krise vom 15. bis 16. Februar 2003 in Genf. Vgl.
   Deza, «Großes Interesse am humanitären Irak-Treffen in Genf», Pressemitteilung, Bern, 13.2.2003.
2 Vgl. Philippe Braillard, «Les huit leçons du conflit fiscal entre les Etats-Unis et
   la Suisse», Le Temps, 23.9.2013, S. 14.
3 Vgl. U.S. Department of State, Colin Powell, Secretary of State, «Remarks at
   the World Economic Forum», Davos, 26. Januar 2003.
4 Vgl. «Maurer verzichtet auf die Hälfte seiner Auslandsreisen», Der Bund,
   4.12.2012.
5 Vgl. Francis Fukuyama, «The end of history?», The National Interest, Nr. 16,
   Sommer 1989, S. 3–18.

1. Die Schweiz: Paradox eines Landes, das sich der Welt öffnet und verschließt

1 Das Prinzip «responsibility to protect» (Schutzverantwortung) wurde im
   Bericht der Internationalen Kommission zu Intervention und Staatensouverä-
   nität (ICISS) von 2001 präzisiert.
2 Siehe Micheline Calmy-Rey mit Beteiligung von Prof. Dr. Ursula Pia Jauch,
   Universität Zürich, «Les priorités de la politique étrangère suisse»,
   Diskussion anlässlich des Forum suisse de politique internationale,
   Genf, 7.3.2008, [online] www.eda.admin.ch/etc/medialib/downloads/
   edazen/dfa/head/speech0.Par.0013.File.tmp/080307_Discours%20MCR_
   fr.pdf
3 Vgl. Deza, Seco, Schweiz – Mosambik, 30 Jahre bilaterale Zusammenarbeit von 1979
   bis 2009, Bern, Mai 2009.
4 Laut Welternährungsprogramm tötet der Hunger mehr Menschen als Aids,
   Malaria und Tuberkulose zusammen. 2012 litten 868 Millionen Menschen
   weltweit Hunger. 98 Prozent der Unterernährten leben in Entwicklungslän-
   dern. Vgl. Welternährungsprogramm, «Hunger weltweit – Zahlen und
   Fakten», [online] de.wfp.org/hunger/hunger-statistik

5 Vgl. Deza, «Bekämpfung der Wüstenbildung: die Schweiz nimmt an einer
   Uno-Konferenz in Südkorea teil», Pressemitteilung, 10.10.2011.
6 Vgl. Swiss Agency for Development and Cooperation (SDC), SDC Mekong
   Region Programme, [online] www.swiss-cooperation.admin.ch/mekong/en/
   Home/Mekong_Region
7 Vgl. Geneva Declaration Secretariat, The Global Burden of Armed Violence Report,
   Genf, September 2008, S. 3.
8 2050 wird Europa 628 Millionen Einwohner haben und nur noch sieben
   Prozent der Weltbevölkerung stellen. Aus dem Französischen von I. W.
   Vgl. «Population mondiale: 7 milliards d'hommes», Larousse.fr, [online]
   www.larousse.fr/encyclopedie/divers/population_mondiale__sept_milliards_
   dhommes/185885
9 Vgl. Christopher Kojrn (Hg.), Le monde en 2030 vu par la CIA, Paris 2013.
10 Der Begriff «globale Gouvernanz» taucht Ende der 1980er Jahre erstmals auf
   und bezeichnet die Notwendigkeit, ein System von Institutionen, Regeln und
   neuen Formen der internationalen Zusammenarbeit zu schaffen, um den
   gegenseitigen Abhängigkeiten und globalen Herausforderungen gewachsen
   zu sein.
11 Siehe Micheline Calmy-Rey, «La mondialisation et la démocratie», Diskussion
   anlässlich der journée du droit international public, Bern, 14.10.2011, [online]
   www.eda.admin.ch/etc/medialib/downloads/edazen/dfa/head/spee11.
   Par.0057.File.tmp/111014_JourneedudroitinternationalpublicBerne_version-
   mixte.pdf
12 Vgl. World Economic Forum, Global Risks 2013, 8. Aufl., Genf 2013, S. 10.
13 Vgl. United Nations Conference on Trade and Development (Unctad),
   «Development and Globalisation: Fact and Figures – Gross domestic
   product», 2012, [online] dgff.unctad.org/chapter2/2.1.html
14 Vgl. Beitrag von Ian Johnson, Generalsekretär des Club of Rome, zum
   Thema «Global challenges», im Rahmen des Seminars «Gouvernance
   globale I», geleitet von Micheline Calmy-Rey, Universität Genf,
   23.10.2012.
15 Bundeskanzlei, «Ja zur Volksinitiative ‹Gegen den Bau von Minaretten›», Bern,
   29.11.2009.
16 Bundeskanzlei, «Volksabstimmung vom 28. November 2010 zur Wegweisung
   krimineller Ausländer», Bern, 28.1.2010, [online] www.bk.admin.ch/themen/
   pore/va/20101128
17 Aus dem Französischen von I. W. Jean-Pierre Ritter, Les enfants de Calvin et
   Rousseau: essai sur le déclin de la Suisse, Chêne-Bourg 2000, S. 54f.
18 Vgl. Bundeskanzlei, «Volksinitiative ‹Fakultatives Referendum für Staatsverträge›», Bern, 30.1.1921.

2. Der langsame Todeskampf des Bankgeheimnisses

1 Abkommen von Washington vom 25.5.1946. Vgl. Fondation Genève Place
   Financière, «Rappel historique sur les fonds en déshérence dans les banques
   suisses», [online] www.geneve-finance.ch/place-financiere/rappel-historique-
   sur-les-fonds-en-desherence-dans-les-banques-suisses
2 Vgl. Bundesamt für Justiz, «Fall UBS: Neues Amtshilfegesuch statt einseitige
   Massnahmen», Medienmitteilung, Bern, 19.8.2009.

3   Vgl. Fondation Genève Place Financière, «Rappel historique sur les fonds en déshérence dans les banques suisses», a.a.O.

4   Vgl. EFD, «Die Schweiz will den OECD-Standard bei der Amtshilfe in Steuersachen übernehmen», Medienmitteilung, Bern, 13.3.2009.

5   Vgl. EFD, «Die Anforderungen für die Amtshilfe in Steuersachen sollen angepasst werden», Medienmitteilung, Bern, 15.2.2011.

6   Vgl. UBS, *Unsere Performance im Jahr 2012: Geschäftsbericht 2012*, März 2013, S. 509, und vgl. Credit Suisse Group AG, *Geschäftsbericht 2012*, März 2013, S. 545, sowie BfS, «Bruttoinlandprodukt – Daten, Indikatoren: BIP 2012», Neuenburg, [online] www.bfs.admin.ch/bfs/portal/de/index/themen/04/02/01/key/bip_gemaess_produktionsansatz.html

7   Vgl. Bundeskanzlei, «Eidgenössische Volksinitiative ‹gegen die Abzockerei›», Bern, 3.3.2013.

8   Vgl. Ralph Berger, «Les enquêtes relatives aux manipulations de taux Libor et Euribor», RTS Info, 19.12.2012, [online] www.rts.ch/info/economie/4508823-les-enquetes-relatives-aux-manipulations-de-taux-libor-et-euribor.html

9   Vgl. ebd.

10 Vgl. EFD, «Die Schweiz will den OECD-Standard bei der Amtshilfe in Steuersachen übernehmen», a.a.O.

11 Vgl. EFD, «Der Fall UBS», a.a.O.

12 Vgl. U.S. Department of State, Hillary Rodham Clinton, Secretary of State, «Remarks with Chief of the Federal Department of Foreign Affairs of the Swiss Federation Micheline Calmy-Rey», Washington DC, 31.7.2009.

13 Aus dem Französischen von I. W. Willy Boder, «L'épée de Damoclès américaine», *Le Temps*, 19.6.2013.

14 Vgl. Eidgenössisches Parlament, *Bundesbeschluss über eine Ergänzung des Doppelbesteuerungsabkommens zwischen der Schweiz und den Vereinigten Staaten von Amerika*, BBl 2012 3511, Bern, 16.3.2012.

15 Vgl. Bundesrat, *Botschaft zu einem Bundesgesetz über Maßnahmen zur Erleichterung der Bereinigung des Steuerstreits der Schweizer Banken mit den Vereinigten Staaten*, BBl 2013 3947, Bern, 29.5.2013, S. 3951.

16 Vgl. SDA, «Steuerstreit – Deutliche Ablehnung des Steuerstreit-Gesetzes im Nationalrat», 19.6.2013, [online] www.parlament.ch/d/mm/2013/seiten/mm-sda-2013-06-19-a.aspx

17 Vgl. EDF, «Die Schweiz und die USA unterzeichnen eine Vereinbarung (Joint Statement) zur Beilegung des Steuerstreits der Banken mit den USA», Medienmitteilung, Bern, 30.8.2013.

18 Vgl. OECD, «Fiscalité: L'OCDE a mis à jour son Modèle de Convention fiscale pour étendre les demandes de renseignements à des groupes de contribuables», Medienmitteilung, 18.7.2012.

19 Vgl. EFD, «OECD-Standard für Steueramtshilfe: Schweiz stimmt Gruppenanfragen zu», Medienmitteilung, Bern, 18.7.2012.

20 Eidgenössisches Parlament, *Bundesgesetz über die Bekämpfung der Geldwäscherei und der Terrorismusfinanzierung im Finanzsektor – Änderung vom 21. Juni 2013*, BBl 2013 4773, Bern.

21 Vgl. Staatssekretariat für internationale Finanzfragen (SIF), «Die Schweiz und die USA unterzeichnen das Fatca-Abkommen», Medienmitteilung, Bern, 14.2.2013.

22 Vgl. EFD, «Schweiz bedauert Deutschlands Nein zum unterzeichneten Quellensteuerabkommen», Medienmitteilung, Bern, 12.12.2012.

23 Vgl. EDF, «Quellensteuerabkommen mit Grossbritannien und Österreich treten in Kraft», Medienmitteilung, Bern, 31.12.2012.

24 Vgl. EDF, «Bundesrat legt Gesamtschau zur Finanzmarktpolitik vor», Medienmitteilung, Bern, 19.12.2012.

25 Vgl. Hansueli Schöchli, «Widmer-Schlumpf zeigt Bereitschaft zu Konzessionen», Neue Zürcher Zeitung, 20.12.2012.

26 Vgl. Henry Habegger, «Eveline Widmer-Schlumpf schlägt zurück!», SonntagsBlick, 29.12.2012.

27 Vgl. «Le G20 exhorte la communauté internationale à s'attaquer au secret bancaire», Le Monde, 19.4.2013.

28 Vgl. Pascal de Saint-Amans, «Créer un système d'alerte rapide pour protéger la place financière», L'Express, 24.6.2013, S. 16.

29 Vgl. Willy Boder, «Le Conseil national rejette l'échange automatique», Le Temps, 20.6.2013.

30 Vgl. Europäische Kommission, «EU-Schweiz: Beihilfeentscheidung zu Unternehmenssteuerregelungen», IP/07/176, Brüssel, 13.2.2007.

31 Vgl. Initiativkomitee ‹Ja zum Schutz der Privatsphäre›, «Das überparteiliche Komitee wehrt sich vehement gegen einen allwissenden Staat», Pressecommuniqué vom 4.6.2013, [online] www.privatsphaere-schuetzen.ch/aktuell/medienmitteilungen/start-initiative-ja-zum-schutz-der-privatsphaere.html

32 Vgl. Markus Schär, «246 Geiseln einer Terrorgruppe», Die Weltwoche, 20.6.2013, S. 28.

3. Oberst Ghadhafi und sein Sohn Hannibal

1 Vgl. «Chronique d'une guerre des nerfs», Le Temps, 23.8.2011.

2 Aus dem Französischen von I. W. Sylvain Besson, «Les derniers secrets de la crise libyenne», Le Temps, 2.12.2010.

3 Vgl. Daniel Möckli (Hg.), «Libyenaffäre: Nachbetrachtungen zum Schweizer Krisenmanagement», CSS-Analyses zur Sicherheitspolitik, Nr. 77, ETH Zürich, Centre for Security Studies (CSS), Juli 2010, S. 2.

4 Vgl. Agreement between the Great Socialist People's Libyan Arab Jamahiriya and the Swiss Confederation, Tripoli, 20.8.2009, [online] www.news.admin.ch/NSBSubscriber/message/attachments/16555.pdf

5 Vgl. Geschäftsprüfungskommission des Ständerats, Bericht der Geschäftsprüfungskommission zum Verhalten der Bundesbehörden in der diplomatischen Krise zwischen der Schweiz und Libyen, BBl 2011 4215, Bern, 3.12.2010, S. 4261ff.

6 Vgl. Plan of Action, Berlin, 14.5.2010, im Bericht der Geschäftsprüfungskommission …, a.a.O., S 4318.

7 Konferenz der Kantonsregierungen, «Vereinbarung Libyen – Schweiz», Medienmitteilung, Bern, 25.6.2010.

8 Vgl. Andrés Allemand, «L'humiliation, nerf de la guerre que livre la Libye à la Suisse», La Tribune de Genève, 4.9.2009.

9 Siehe dazu im Wesentlichen: Direktion für Völkerrecht, Bundesamt für Justiz, «Gemeinsames Gutachten zur Vereinbarung zwischen der Schweiz und Libyen vom 20. August 2009», 16.10.2009, im Bericht der Geschäftsprüfungskommission …, a.a.O., S. 4351ff.

10 Vgl. «Bundespräsident Merz entschuldigt sich bei Libyen», *Neue Zürcher Zeitung*, 20.8.2009.

11 Vgl. «Art. 54 Auswärtige Angelegenheiten», *Bundesverfassung der Schweizerischen Eidgenossenschaft vom 18. April 1999* (Stand 3.3.2013), AS 1999 2556.

12 Vgl. Institut für Föderalismus der Universität Freiburg, «Erste Würdigung der Vereinbarung zwischen der Schweiz und Libyen vom 20. August 2009 aus bundesstaatsrechtlicher und föderalistischer Sicht», September 2009, im *Bericht der Geschäftsprüfungskommission …*, a.a.O., S. 4321ff.

13 «Gemeinsames Gutachten …», in *Bericht der Geschäftsprüfungskommission …*, a.a.O., S. 4360.

14 Vgl. *Bericht der Geschäftsprüfungskommission …*, a.a.O., S. 4289ff.

15 Vgl. a.a.O., S 4290.

16 Vgl. «Gemeinsames Gutachten …», in *Bericht der Geschäftsprüfungskommission …*, a.a.O., S. 4362.

17 Vgl. *Bericht der Geschäftsprüfungskommission …*, a.a.O., und Geschäftsprüfungs-kommissionen und Geschäftsprüfungsdelegation der eidgenössischen Räte, *Jahresbericht 2010*, BBl 2011 4045ff., Bern, 27.1.2011;

18 Vgl. Geschäftsprüfungskommissionen der eidgenössischen Räte, *Rücktritt des SNB-Präsidenten am 9. Januar 2012: Der Bundesrat im Spannungsfeld zwischen der politischen und der aufsichtsrechtlichen Dimension*, BBl 2013 5627, Bern, 15.3.2013.

19 Geschäftsprüfungskommissionen …, *Jahresbericht 2010*, a.a.O., S. 4093.

20 Vgl. ebd.

21 Vgl. *Bericht der Geschäftsprüfungskommission …*, a.a.O., S. 4303.

22 Vgl. a.a.O., S. 4292.

23 Vgl. ebd.

24 Bundesrat, *Verordnung über ein Ein- und Durchreiseverbot für bestimmte Kategorien libyscher Staatsangehöriger*, AS 2009 5929, Bern, 18.11.2009. Diese Anordnung wurde am 25.3.2010 aufgehoben.

4. Manövrieren wir uns in eine Sackgasse?

1 Vgl. Commune de Chancy, «La borne frontière n° 1 à Chancy», [online] www.chancy.ch/default.asp?67D3646231D363E6268333D36E

2 Vgl. *Abkommen zwischen der Schweizerischen Eidgenossenschaft, der Europäischen Union und der Europäischen Gemeinschaft über die Assoziierung dieses Staates bei der Umsetzung, Anwendung und Entwicklung des Schengen-Besitzstands*, AS 2008 481, 26.10.2004 (in Kraft getreten am 1.3.2008).

3 Vgl. Direktion für Europäische Angelegenheiten, *Europapolitik der Schweiz*, Juli 2013, S. 7.

4 Rat der Europäischen Union, Schlussfolgerungen des Rates zu den Beziehun-gen zwischen der EU und den EFTA-Ländern, 3060. Allgemeine Angelegen-heiten Tagung des Rates, Brüssel, 14.12.2010, S. 9.

5 Vgl. Direktion für Europäische Angelegenheiten, «Wirtschaftliche Bedeu-tung», Januar 2013, [online] www.europa.admin.ch/themen/00499/00755/00761/index.html?lang=de

6 Vgl. Europäische Kommission, DG Trade, «Switzerland – EU bilateral trade with the world (2012)», 5.7.2013, S. 4, [online] trade.ec.europa.eu/doclib/docs/2006/september/tradoc_113450.pdf

7 A.a.O., S. 2.

8   Vgl. Direktion für Europäische Angelegenheiten, «Wirtschaftliche Bedeu-
     tung», a.a.O.

9   Vgl. François Rayroux, «L'Europe encadre ses hedge funds», *Le Temps*,
     15.9.2010.

10 Vgl. Sabine Jenni, «Swiss legal adaptation to the EU: a quantitative data set»,
     Paper presented at the yearly conference of ECSA-Switzerland, Basel,
     9.12.2011, und Stefan Schmid, «Jedes dritte Gesetz richtet sich nach der EU»,
     Die Südostschweiz, 3.10.2013, S. 18.

11 Vgl. Direktion für Europäische Angelegenheiten, «Bilaterale Abkommen
     Schweiz-EU», [online] www.europa.admin.ch/themen/00500/index.
     html?lang=de

12 Vgl. José Manuel Barroso, Präsident der Europäischen Kommission, *Brief an die
     Bundespräsidentin der Schweizerischen Eidgenossenschaft, Eveline Widmer-Schlumpf*,
     Brüssel, 21.12.2012, [online] www.letemps.ch/rw/Le_Temps/Quoti-
     dien/2013/01/10/Suisse/ImagesWeb/Brief_BXL_CH_20121221%5B1%5D.pdf

13 Vgl. Rat der Europäischen Union, Entwurf von Schlussfolgerungen des Rates
     zu den Beziehungen zwischen der EU und den EFTA-Ländern, 16651/1/08,
     Brüssel, 5.12.2008, S. 8.

14 Vgl. Bundesrat, «Bundesrat verabschiedet zuhanden der EU Grundsätze für
     institutionelle Lösungen», Medienmitteilung, Bern, 15.06.2012.

15 Vgl. Bundesrat, «Freihandel Schweiz-EU im Agrar- und Lebensmittelbereich»,
     Pressekonferenz, Bern, 14.3.2008.

16 Vgl. Direktion für Europäische Angelegenheiten, «Freihandel», [online]
     www.europa.admin.ch/themen/00500/00506/00526/index.html?lang=de

17 Seco, «WTO Doha-Runde: Positionen der Schweiz (Zusammenfassung)»,
     26.9.2012, [online] www.seco.admin.ch/themen/00513/01238/01243/index.
     html?lang=de

18 Vgl. *Abkommen zwischen der Schweizerischen Eidgenossenschaft einerseits und der
     Europäischen Gemeinschaft und ihren Mitgliedstaaten andererseits über die Freizügigkeit*,
     AS 2002 1529, 21.6.1999 (in Kraft getreten am 1.6.2002).

19 Vgl. Direktion für Europäische Angelegenheiten, «Ausdehnung der Personen-
     freizügigkeit», [online] www.europa.admin.ch/themen/00499/00755/00759/
     index.html?lang=de

20 Vgl. Direktion für Europäische Angelegenheiten, «Personenfreizügigkeit»,
     [online] www.europa.admin.ch/themen/00500/00506/00519/index.
     html?lang=de

21 Vgl. Bundesrat, «Bundesrat ruft Ventilklausel für EU-17 und EU-8-Staaten an»,
     Medienmitteilung, Bern, 24.4.2013.

22 Vgl. ebd.

23 Vortrag des Chefs des Politischen Departements, M. Petitpierre, anlässlich der
     Jahreskonferenz der Schweizer Minister im Ausland, 6.09.1957, in: Daniel
     Trachsler, *Bundesrat Max Petitpierre. Schweizerische Außenpolitik im Kalten Krieg
     1945–1961*, Zürich 2011, S. 240.

5. Die K18

1 Aus dem Französischen von I. W. Hans Ulrich Jost, «A rebours d'une neutralité suisse improbable», *Traverse. Zeitschrift für Geschichte*, 2013/1, S. 206.

2 Vgl. Deza, Kooperationsbüro Nordkorea, [online] www.swiss-cooperation. admin.ch/northkorea/

3 Aus dem Französischen von I. W. Philippe Pons, «Séoul-Pyongyang: soixante ans de paix armée», *Le Monde*, 29.7.2013, S. 14.

4 Vgl. BfS, «Hotels und Kurbetriebe: Gäste nach Inland-Ausland 2005–2013 (VII)», Neuenburg, [online] www.bfs.admin.ch/bfs/portal/de/index/ themen/10/03/blank/key/02/04.html sowie *Verständigungsprotokoll zwischen dem Staatssekretariat für Wirtschaft der Schweizerischen Eidgenossenschaft im Auftrag des Schweizerischen Bundesrates und der Staatlichen Tourismusverwaltung der Volksrepublik China über Visa für Touristengruppen aus der Volksrepublik China und damit zusammenhängende Fragen (ADS)*, AS 2004 4237, 15.6.2004.

5 Vgl. EDA, «Bilaterale Beziehungen Schweiz – China», [online] www.eda. admin.ch/eda/de/home/reps/asia/vchn/bilchi.html

6 Vgl. *Memorandum of Understanding Between The Swiss Federal Council and The Government of the People's Republic of China on Promoting Dialogue and Cooperation*, New York, 25.9.2007, [online] www.eda.admin.ch/etc/medialib/downloads/ edactr/chn.Par.0068.File.tmp/E_MoU_CH-CN_Promoting%20Dialogue%20 and%20Cooperation_250907.pdf

7 Vgl. *Free Trade Agreement between the Swiss Confederation and the People's Republic of China*, Beijing, 6.7.2013, [online] www.seco.admin.ch/the-men/00513/00515/01330/05115/index.html?lang=de

8 Vgl. Li Kequiang, «Warum ich ausgerechnet die Schweiz besuche – Gastkommentar zum Freihandelsabkommen», *Neue Zürcher Zeitung*, 23.5.2013.

9 Vgl. La Suisse reconnaît le statut d'économie de marché à la Chine», *chine-nouvelle.com*, 10.7. 2007, [online] www.chinenouvelle.com/presse/ article/1449/La_Suisse_reconnait_le_statut_d_economie_de_marche_a_la_ Chine.html

10 Vgl. Bundesrat, *Aussenpolitischer Bericht 2000. Präsenz und Kooperation: Interessenwahrung in einer zusammenwachsenden Welt*, BBl 2001 261, Bern, 15.11.2000.

11 Vgl. Daniel Möckli (Hg.), «Außenpolitik nach Calmy-Rey», *CSS-Analysen zur Sicherheitspolitik*, Nr. 106, ETH Zürich, Center for Security Studies (CSS), Dezember 2011, S. 1.

12 Dem 1998 gegründeten Human Security Network gehören Österreich, Kanada, Chile, Costa Rica, Griechenland, Irland, Jordanien, Mali, die Niederlande, Norwegen, Slowenien, Südafrika (Beobachter), die Schweiz und Thailand an. Vgl. [online] www.hpcrresearch.org/research/human-security-network

13 Vgl. Direktion für Europäische Angelegenheiten, «Die Europapolitik der Schweiz», [online] www.europa.admin.ch/themen/00499/index. html?lang=de

14 Aus dem Französischen von I. W. Ram Etwareea, «Pour l'Europe, la fin de la crise passe par l'Afrique», *Le Temps*, 1.6.2012.

15 Aus dem Französischen von I. W. . «L'énergie, l'arme fatale de la diplomatie», *La Liberté*, 8.6.2012.

16 Vgl. EDA, «Bundesrätin Calmy-Reys erster offizieller Arbeitsbesuch im

Ausland führt am 30. Januar 2003 nach Finnland», Medienmitteilung, Bern, 28.1.2003.

17 Vgl. Daniel Trachsler, «Von Petitpierre bis Calmy-Rey: Wiederkehrende Debatten um die Schweizer Außenpolitik», in Andreas Wenger, Daniel Trachsler (Hgg.), *Bulletin 2011 zur Schweizerischen Sicherheitspolitik*, ETH Zürich, Center for Security Studies (CSS), 2011, S. 131.

18 Vgl. United Nations Conference on Trade and Development (Unctad), United Nations Industrial Development Organization (Unido), *Economic development in Africa Report 2011: Fostering industrial development in Africa in the new global environment*, New York und Genf, United Nations, 2011.

19 Angaben gemäß Bericht des United Nations Secretary-General's High-level Panel on Global Sustainability, *Resilient people, resilient planet: A future worth choosing*, New York, United Nations, 30.1.2012, S. 16.

20 Vgl. Diskussionsbeitrag von Martin Dahinden, Vorsteher Deza, im Rahmen des Seminars «Gouvernance globale I», geleitet von Micheline Calmy-Rey, Universität Genf, 27.11.2012.

21 Vgl. Bundesrat, *Botschaft über die internationale Zusammenarbeit 2013–2016*, AS 2012 2485, Bern, 15.2.2012.

22 Vgl. Deza, «Erhöhung der öffentlichen Entwicklungshilfe», [online] www.ddc. admin.ch/de/Accueil/La_DDC/Chiffres_et_faits/APD/Augmentation_de_l_ aide_publique_au_developpement

6. Die Neutralität, eine Illusion?

1 Vgl. Thomas Fischer, «Switzerland's Good Offices: a changing concept, 1945–2002», *Beiträge*, Nr. 37, ETH Zürich, Center for International Studies (CIS), Dezember 2002, S. 19.

2 1999 begann man sich an den Bemühungen um die Freilassung der Geiseln in Kolumbien zu beteiligen. Vgl. Jean-Pierre Gontard, «Onze ans de facilitation des efforts de paix en Colombie, analyse et leçons à tirer, 1998–2008», unveröffentlichter Bericht.

3 Vgl. Politische Abteilung IV – Menschliche Sicherheit, EDA, «Das Engagement der Schweiz – Waffenstillstandsabkommen für die Nubaberge 2002», Factsheet, 18.2.2011, S. 1, [online] www.news.admin.ch/NSBSubscriber/ message/attachments/22183.pdf

4 Vgl. EDA, «Neutralität», 17.5.2013, [online] www.eda.admin.ch/eda/de/home/ topics/intla/neutre.html

5 Vgl. Alois Riklin, «Neutralität», *Historisches Lexikon der Schweiz*, 9.11.2010, [online] www.hls-dhs-dss.ch/textes/d/D16572.php

6 Aus dem Französischen von I. W. René Schwok in Patrick Chuard, «La Suisse plie comme le roseau pour ne pas rompre», *24heures*, 10.1. 2013.

7 Aus dem Französischen von I. W. René Schwok, *Politique extérieure de la Suisse après la guerre froide*, Collection le Savoir Suisse, Lausanne 2012, S. 45.

8 Vgl. Generalversammlung der Vereinten Nationen, «Switzerland Withdraws Draft Resolution in General Assembly Aimed at Improving Security Council's Working Methods to Avoid ‹Politically Complex› Wrangling », GA/11234, New York, 16.5.2012.

9 Vgl. EDA, «Schaffung eines Uno-Menschenrechtsrats», Dokumentation, Juni 2006, [online] www.eda.admin.ch/etc/medialib/downloads/edazen/

topics/intorg/un.Par.0007.File.tmp/rueckblick-schaffung-menschenrechtsrat.
pdf

10 Vgl. Bundesrat, *Verordnung über Wirtschaftsmassnahmen gegenüber der Republik Irak*,
   AS 1990 1316, Bern, 7.8.1990 (Stand vom 1.02.2013) sowie Sicherheitsrat der
   Vereinten Nationen, *Résolution* 661, 6.8.1990.
11 Vgl. Sicherheitsrat der Vereinten Nationen, *Resolution* 1031 (1995), S/RES/1031,
   15.12.1995.
12 Vereinte Nationen, *Charta der Vereinten Nationen und Statut des Internationalen
   Gerichtshofs*, New York, [online] www.un.org/depts/german/un_charta/
   charta.pdf
13 Ebd.
14 Ebd.
15 Vgl. Eidgenössisches Parlament, *Bundesgesetz über die Armee und die Militärverwal-
   tung – Änderung vom 6. Oktober 2000*, BBl 2000 5144.
16 Vgl. *Die Neutralität auf dem Prüfstand im Irak-Konflikt*. Zusammenfassung der
   Neutralitätspraxis der Schweiz während des Irak-Konflikts in Erfüllung des
   Postulats Reimann (03.3066) und der Motion der SVP-Fraktion (03.3050), BBl
   2005 6997, Bern, 2.12.2005.
17 EDA, «Libanon: Die Schweiz verurteilt die unverhältnismäßige Reaktion
   Israels», Medienmitteilung, Bern, 13.7.2006.
18 Vgl. Bundesrat, «Verschärfung der Sanktionen gegenüber Syrien», Medienmitteilung, Bern, 20.12.2012.
19 Vgl. Generalversammlung der Vereinten Nationen, «General Assembly
   Emergency Session overwhelmingly demands Israel's compliance with
   International Court of Justice advisory opinion, vote: 150-6-10», GA/10248,
   New York, 20.7.2004.
20 Vgl. Generalversammlung der Vereinten Nationen, *Resolution 64/10 – Weiterverfolgung des Berichts der Ermittlungsmission der Vereinten Nationen für den Gaza-Konflikt*,
   A/RES/64/10, 1.12.2009.
21 Joseph S. Nye und Robert O. Keohane, *Power and Interdependence*, 3. Aufl., New
   York 2001, S. 220.
22 Vgl. EDA, «Schweiz meldet Kandidatur für Mitgliedschaft im Uno-Sicherheits-
   rat 2023/2024 an», Medienmitteilung, Bern, 12.01.2011.

7. Freudentag in Wil

1 Vgl. Assembly of Kosova, «Kosovo Declaration of Independence», D-001,
   Pristina, 17.2.2008, [online] www.assembly-kosova.org/?cid=2,128,1635
2 Vgl. EDA, «Regierungsmitglieder aus dem Balkan diskutieren in Luzern über
   Politik und Zukunft ihrer Region», Medienmitteilung, Bern, 28.6.2005.
3 Vgl. Ständige Vertretung der Schweiz bei den Vereinten Nationen, Erklärung
   von Botschafter Peter Maurer anlässlich der Sitzung des Sicherheitsrats zum
   Thema «Minuk», New York, 27.5.2005.
4 Vgl. Deza, «Kosovo Geberkonferenz: Die Schweiz erhöht ihre Unterstützung»,
   10.7.2008, [online] www.sdc.admin.ch/de/Accueil/Actualites/Vue_
   detaillee?itemID=168606
5 Vgl. Schweizer Armee, «SWISSCOY (Kosovo)», [online] www.vtg.admin.ch/
   internet/vtg/de/home/themen/einsaetze/peace/swisscoy.html
6 Aus dem Französischen von I. W. Thomas Fleiner in «Célébrations et critiques

après la décision de Pristina», *swissinfo.ch*, 17.2.2008, [online] www.swissinfo.ch/fre/dossiers/kosovo/Celebrations_et_critiques_apres_la_decision_de_Pristina.html?cid=6444266

7 Vgl. EDA, «Erklärung von Bundespräsident Pascal Couchepin: Anerkennung von Kosovo und Aufnahme von diplomatischen Beziehungen», Medienmitteilung, Bern, 27.2.2008.

8 Vgl. EDA, «Offizielle Arbeitsbesuche in Südosteuropa», Medienmitteilung, Bern, 19.3.2008, sowie Simon Gemperli, «Schweizer Aussenpolitiker tun sich schwer», *Neue Zürcher Zeitung*, 26.3.2008.

9 D.S. Miéville, «Micheline Calmy-Rey va se faire des amis à Pristina et de nouveaux ennemis à Berne», *Le Temps*, 27.3.2008.

10 Interne Dienstnotiz vom 22.2.2007.

11 Vgl. Internationaler Gerichtshof, *Accordance with international law of the unilateral declaration of independence in respect of Kosovo*, Advisory Opinion of 22 July 2010, I. C. J. Reports 2010, S. 403.

12 Vgl. Parlamentarische Versammlung des Europarats, Kommission für Rechts- und Menschenrechtsfragen, *Traitement inhumain de personnes et trafic illicite d'organes humains au Kosovo*, Projet de rapport, Rapporteur Dick Marty, AS/Jur (2010) 46, 12.12.2010.

13 Aus dem Französischen von I. W. Parlamentarische Versammlung des Europarats, *Résolution 1782 (2011): Enquête sur les allégations de traitement inhumain de personnes et de trafic illicite d'organes humains au Kosovo*, 25.1.2011.

14 Vgl. European Union External Action Service (EEAS), «Serbia and Kosovo reach landmark deal», 19.4.2013, [online] eeas.europa.eu/top_stories/2013/190413_eu-facilitated_dialogue_en.htm

15 Vgl. OSZE, Ministerrat, *Beschluss über die nächsten OSZE-Vorsitze in den Jahren 2014 und 2015*, MC.DEC/1/12, 10.2.2012.

8. Die Politik des Friedens und des Dialogs

1 Vgl. Staatskanzlei des Kantons Genf, «La salle de l'Alabama», [online] www.ge.ch/chancellerie/salles/alabama.asp

2 Das Genfer Zentrum für Sicherheitspolitik (GCSP), das Genfer Internationale Zentrum für Humanitäre Minenräumung (GICHD) und das Genfer Zentrum für die demokratische Kontrolle der Streitkräfte (DCAF).

3 Vgl. Eidgenössisches Parlament, *Bundesgesetz über die von der Schweiz als Gaststaat gewährten Vorrechte, Immunitäten und Erleichterungen sowie finanziellen Beiträge*, AS 2007 6637, Bern, 22.6.2007.

4 Vgl. EDA, «Erfolgreiche Vermittlung der Schweiz zwischen Georgien und Russland», Medienmitteilung, Bern, 9.11.2011.

5 Vgl. EDA, «Die Genfer Initiative», [online] www.eda.admin.ch/eda/de/home/topics/peasec/peac/confre/genini.html

6 Vgl. Simon Henderson, «Back to the Table: New P5+1 Talks with Iran», *Policy Watch* 1727, Washington DC, The Washington Institute for Near East Policy, 2.12.2010, [online] www.washingtoninstitute.org/policy-analysis/view/back-to-the-table-new-p51-talks-with-iran und vgl. Boris Mabillard, Angélique Mounier-Kuhn, «Le dialogue est renoué avec l'Iran à Genève», *Le Temps*, 17.10.2013.

7 Vgl. Republik und Kanton Genf, «Depuis 2008 – Les discussions de Genève sur

la Géorgie», *Genève – coopération internationale*, [online] www.cooperationinter-
nationalegeneve.ch/de/depuis-2008-les-discussions-de-geneve-sur-la-georgie

8   EDA, «Schutzmachtmandate», [online] www.eda.admin.ch/eda/de/home/
topics/peasec/sec/goch/protpw.html

9   Vgl. ebd.

10 Vgl. ebd.

11 Vgl. US Department of State, «U.S. Relations with Iran – Fact Sheet»,
28.8.2013, [online] www.state.gov/r/pa/ei/bgn/5314.htm

12 Vgl. *Notenwechsel zwischen dem Schweizerischen Bundesrat und der Regierung der
Russischen Föderation betreffend die Übernahme der Verantwortung für den Schutz der
Interessen der Russischen Föderation in Georgien durch die Schweiz als Schutzmacht,*
abgeschlossen am 13.12.2008, Inkrafttreten am 4.3.2009, [online] www.eda.
admin.ch/eda/de/home/topics/intla/intrea/dbstv/data93/e_99993493.html
sowie *Notenwechsel zwischen dem Schweizerischen Bundesrat und der Regierung von
Georgien betreffend die Übernahme der Verantwortung für den Schutz der georgischen
Interessen in der Russischen Föderation durch die Schweiz als Schutzmacht,* abgeschlossen am 12.1.2009, Inkrafttreten am 4.3.2009, [online] www.eda.admin.ch/
eda/de/home/topics/intla/intrea/dbstv/data18/e_99993518.html

13 Vgl. ATS, «Géorgie et Russie rouvrent un poste-frontière», *Le Temps*, 1.3.2010.

14 Vgl. Arnaud Leparmentier, «A Tbilissi, Bernard Kouchner tente une médiation
au nom des Européens», *Le Monde*, 12.8.2008.

15 Vgl. EDA, «Fazilitation und Vermittlung», [online] www.eda.admin.ch/eda/de/
home/topics/peasec/peac/confre/goch/facint.html

16 Vgl. Daniel Möckli (Hg.), «Schweizer Nahostpolitik: Ambitioniert und
kontrovers», *CSS-Analysen zur Sicherheitspolitik*, Nr. 35, ETH Zürich, Centre for
Security Studies (CSS), Juni 2008, S. 2.

17 Vgl. *Protocole additionnel aux Conventions de Genève du 12 août 1949 relatif à l'adoption
d'un signe distinctif additionnel (Protocole III)*, Genf, 8.12.2005 (in Kraft getreten
am 14.1.2007).

18 Vgl. Internationales Komitee vom Roten Kreuz (IKRK), «Genève: signature
d'un accord entre le Magen David Adom et le Croissant-Rouge palestinien»,
Medienmitteilung 05/69, 28.11.2005.

19 Vgl. EDA, «Unterzeichnung der Protokolle zwischen der Republik Armenien
und der Republik Türkei in Zürich», Medienmitteilung, Bern, 9.10.2009.

20 Vgl. Welthandelsorganisation, «La Conférence ministérielle approuve
l'accession de la Russie à l'OMC», 16.12.2011, [online] www.wto.org/french/
news_f/news11_f/acc_rus_16dec11_f.htm

21 Vgl. Felix Würsten, «Diplomatie als Ingenieurkunst – Porträt Michael
Ambühl», *Connect*, Nr. 24, ETH Zürich, Februar 2011, S. 24f.

22 Vgl. Micheline Calmy-Rey unter Mitwirkung von Peter Maurer, «Die Außenpolitik der Schweiz: zwischen Dialog und Ausgrenzung», Rede vom 25.8.2008
vor der Botschafterkonferenz, [online] interkultur.files.wordpress.
com/2008/08/080825_rede_boko_de.pdf

23 Aus dem Französischen von I. W. Bundesrat Max Petitpierre in Hans Ulrich
Jost, *Europa und die Schweiz 1945–1950: Europarat, Supranationalität und
schweizerische Unabhängigkeit*, Zürich 1999, S. 195.

9. Teheran oder das Foto mit Kopftuch

1 Vgl. EDA, «Offizieller Arbeitsbesuch des iranischen Stellvertretenden Aussenministers Saeed Jalili bei Staatssekretär Michael Ambühl», Medienmitteilung, Bern, 24.2.2006.

2 Vgl. EDA, «Besuch des Vorsitzenden des obersten Rates für nationale Sicherheit der Islamischen Republik Iran, Ali Laridschani, in Bern», Medienmitteilung, Bern, 8.7.2006.

3 Vgl. Sicherheitsrat der Vereinten Nationen, *Resolution* 1737 (2006), S/RES/1737 (2006), 23.12.2006.

4 Vgl. Internationale Atomenergiebehörde (IAEA), *Mise en œuvre de l'accord de garanties TNP et des dispositions pertinentes des résolutions du Conseil de sécurité en République islamique d'Iran*, Bericht des Generaldirektors, GOV/2007/22, 23.5.2007.

5 Vgl. EDA, «Arbeitstreffen von Bundesrätin Calmy-Rey mit dem iranischen Außenminister», Medienmitteilung, Bern, 16.3.2008.

6 Vgl. Felix E. Müller, Heidi Gmür, Stefan Bühler, «Iran: Bundesrat will keine eigene Vermittlung mehr», *Neue Zürcher Zeitung*, 27.7.2008.

7 Vgl. Bundesrat, *Außenpolitischer Bericht 2010*, BBl 2011 1013, Bern, 10.12.2010 sowie Simon Henderson, «Back to the Table: New P5+1 Talks with Iran», *Policy Watch* 1727, Washington DC, The Washington Institute for Near East Policy, 2.12.2010, [online] www.washingtoninstitute.org/policy-analysis/view/back-to-the-table-new-p51-talks-with-iran

8 Vgl. Rat der Europäischen Union, «Introductory remarks by Javier Solana, EU High Representative for the CFSP, at the press conference in Geneva following his meeting with Saeed Jalili, Secretary of the Iranian Supreme National Security Council», S220/09, Genf, 1.10.2009.

9 Vgl. Mohamed ElBaradei, *The Age of deception: Nuclear diplomacy in treacherous times*, New York 2011, S. 312.

10 The White House, «President Obama on Release of U.S. Hikers in Iran», Washington DC, 21.9.2011.

11 Vgl. Bundesrat, *Verordnung über Maßnahmen gegenüber der Islamischen Republik Iran*, AS 2011 383, Bern, 19.1.2011.

10. Sind Wirtschaft und menschliche Sicherheit unvereinbar?

1 Hans Ulrich Jost, *Europa und die Schweiz 1945–1950: Europarat, Supranationalität und schweizerische Unabhängigkeit*, Zürich 1999, S.. 157f.

2 Vgl. Sebastian Justiniano Birchler, Guillaume Lammers, Johan Rochel, «Ein Legitimitätsmodell für die Schweizer Aussenwirtschaftspolitik», *Diskussionspapier des Forum Aussenpolitik foraus*, Nr. 14, Januar 2013, S. 15f.

3 Vgl. Artikel 54, Absatz 2, *Bundesverfassung der Schweizerischen Eidgenossenschaft vom 18. April 1999*, AS 1999 2556.

4 Vgl. Bundesrat, *Außenpolitischer Bericht 2007*, BBl 2007 5531, Bern, 15.6.2007.

5 Vgl. Eidgenössisches Parlament, *Bundesgesetz über das Kriegsmaterial (Eidgenössisches Kriegsmaterialgesetz) vom 13. Dezember 1996* (Stand vom 1.2.2013) AS 1998 794.

6 Vgl. Schweizerische Eidgenossenschaft, *Internationaler Verhaltenskodex für private Sicherheitsdienstleister*, 9.11.2010.

7   Bundesrat, *Botschaft über die Weiterführung von Massnahmen zur Förderung des Friedens und der menschlichen Sicherheit 2012–2016*, BBl 2011 6311, Bern, 29.6.2011, S. 6332.

8   Vgl. EDA, EFD, Eidgenössisches Departement für Wirtschaft, Bildung und Forschung (WBF), *Grundlagenbericht Rohstoffe: Bericht der interdepartementalen Plattform Rohstoffe an den Bundesrat*, 27.3.2013.

9   Aus dem Französischen von I. W. Marc Guéniat, «Matières premières: pour une place suisse du négoce responsable», *Le Temps*, 11.6.2013, S. 11.

10 Vgl. Andreas Flütsch, «Bischöfe stellen sich gegen Glencore-Mine», *Tages-Anzeiger*, 13.6.2013, S. 37.

11 Vgl. Seco, «Exportbewilligungen nach Südkorea, Saudi-Arabien und Ägypten», Medienmitteilung Bern, 25.6.2008.

12 Der Evaluationsbericht ist intern und wurde nicht veröffentlicht.

13 EDA, «Verstärkung der Menschenrechtspolitik der Schweiz», Medienmitteilung, Bern, 23.5.2011.

14 Vgl. Seco, «Verordnung über Massnahmen gegenüber der Islamischen Republik Iran», [online] www.seco.admin.ch/themen/00513/00620/00622/02048/index.html?lang=de

15 Vgl. Markus Brokhof, Leiter Geschäftsbereich Gas Supply & SEE, in EGL AG, *Geschäftsbericht 2009/2010*, Dietikon/Zürich, S. 19.

16 Vgl. Nationalrat, «Postulat Vaudroz Jean-Claude. Anerkennung des Völkermordes an den Armeniern im Jahr 1915», 02.3069, 16.12.2003, in *Amtliches Bulletin – Die Wortprotokolle von Nationalrat und Ständerat*, [online] www.parlament.ch/ab/frameset/d/n/4701/95679/d_n_4701_95679_95803.tm?DisplayTextOid= 95804

17 Internationales Übereinkommen zur Beseitigung jeder Form von Rassendiskriminierung (1965), Internationaler Pakt über wirtschaftliche, soziale und kulturelle Rechte (1966), Internationaler Pakt über bürgerliche und politische Rechte (1966) und sein Fakultativprotokoll (1966), Konvention zur Beseitigung jeder Form von Diskriminierung der Frau (1979), Übereinkommen gegen Folter und andere grausame, unmenschliche oder erniedrigende Behandlung oder Strafe (1984), Übereinkommen über die Rechte des Kindes (1989), Zweites Fakultativprotokoll zum Internationalen Pakt über bürgerliche und politische Rechte zur Abschaffung der Todesstrafe (1989), Internationales Übereinkommen zum Schutz der Wanderarbeitnehmer und ihren Familienangehörigen (1990), Konvention über die Rechte von Menschen mit Behinderungen (2006).

18 Vgl. «Internationale Konvention zum Schutz der Rechte aller Wanderarbeitnehmer und ihrer Familienangehörigen vom 18. Dezember 1990 (Inkrafttreten: 1. Juli 2003)», *Informationsplattform humanrights.ch*, [online] www.humanrights.ch/de/Instruments/ONU-Traites/Travailleurs-migrants/index.html

19 Vgl. Generalversammlung der Vereinten Nationen, Resolution 60/1. *Ergebnis des Weltgipfels 2005*, A/RES/60/1, 24.10.2005, S. 22.

20 Vgl. Sicherheitsrat der Vereinten Nationen, *Resolution 1973 (2011)*, S/RES/1973 (2011), 17.3.2011.

21 Vgl. David Held in Jean-Christophe Nothias, «Toward The New Global Governance», *The Global Journal*, 6.3.2012, [online] theglobaljournal.net/group/david-held/article/621/

22 Vgl. SDA, «Bundespräsident Maurer gibt sich an Uno-Vollversammlung weltoffen», 25.9.2013.
23 Vgl. EDA, «Menschliche Sicherheit», [online] www.eda.admin.ch/eda/de/home/topics/peasec/sec/humsec.html
24 Vgl. Jean-Marie Henckaerts, Louise Doswald-Beck (Hgg.), *Droit international humanitaire coutumier, Volume I: règles*, Brüssel 2006.

11. Von Flaschen und anderen spitzen Gegenständen im Bauch

1 Vgl. International Rescue Committee (IRC), « IRC Study Shows Congo's Neglected Crisis Leaves 5.4 Million Dead; Peace Deal in N. Kivu, Increased Aid Critical to Reducing Death Toll», 2007, [online] www.rescue.org/news/irc-study-shows-congos-neglected-crisis-leaves-54-million-dead-peace-deal-n-kivu-increased-aid--4331
2 Aus dem Französischen von I. W. Voix de sans voix ni liberté (Vovolib), *Violence sexuelle en RDC, quelles définitions? Le cas du Sud-Kivu*, 2009, S. 4f.
3 Vgl. Parlamentarische Versammlung des Europarates, Ausschuss für Chancengleichheit für Frauen und Männer, *Rapport sur les violences sexuelles contre les femmes dans les conflits armés*, Doc. 11916, 15.5.2009.
4 Vgl. Programme de communication sur le génocide au Rwanda et les Nations Unies, «Aider les survivants», [online] www.un.org/fr/preventgenocide/rwanda/support.shtml
5 Aus dem Französischen von I. W. Micheline Calmy-Rey, Ansprache zum *Tag der Vereinten Nationen für die Rechte der Frau und den Weltfrieden*, Genf, 8.3.2007, [online] www.news-service.admin.ch/NSBSubscriber/message/attachments/7328.pdf
6 Vgl. Charlotte Lindsey, «Les femmes et la guerre – vue d'ensemble de la question», *Revue internationale de la Croix-Rouge*, 30.9.2000, [online] www.icrc.org/fre/resources/documents/misc/5fzhpp.htm#5

12. Eine Krise der Freiheit

1 Vgl. Botschafter Claude Wild, Chef der Abteilung Menschliche Sicherheit, EDA, Beitrag im Rahmen des Seminars «Globale Gouvernanz II», geleitet von Micheline Calmy-Rey, Universität Genf, 19.2.2013.
2 Vgl. Micheline Calmy-Rey, «Soziale Gerechtigkeit und politische Freiheit im Sinne Calvins: Erläuterungen und Ausblick», Vortrag an der Universität Zürich, 29.10.2009, in E. Campi et al. (Hgg.), *Johannes Calvin und die kulturelle Prägekraft des Protestantismus*, Zürich 2012, [online] www.vdf.ethz.ch/service/3250/3250_Johannes-Calvin_Leseprobe.pdf
3 A.a.O., S. 137.
4 Aus dem Französischen von I. W. Olivier Abel, «Essai sur la prise: Anthropologie de la flibuste et théologie radicale protestante», *Esprit*, Juli 2009, S. 112.
5 Ebd.
6 Vgl. «Text of Arab peace initiative adopted at Beirut summit», *reliefweb.int*, 28.3.2002, [online] reliefweb.int/report/israel/text-arab-peace-initiative-adopted-beirut-summit
7 Vgl. The White House, «Statement by the President on Syria», Washington DC, 4.2.2012.

8 Vgl. The White House, «Remarks by the President to the White House Press Corps», Washington DC, 20.8.2012.

9 Vgl. Arnaud Leparmentier, Natalie Nougayrède, Thomas Wieder, Vincent Giret, «François Hollande au Monde: ‹Il ne s'agit pas de renverser le dictateur syrien›», *Le Monde*, 30.8.2013.

10 Vgl. EDA, «Konflikt im Nahen Osten: Das EDA ruft zu einer unparteiischen Untersuchung über die Einhaltung des humanitären Völkerrechts auf», Medienmitteilung, Bern, 9.1.2009.

11 Vgl. EDA, «Bilaterale Beziehungen Schweiz – Libanon», [online] www.eda. admin.ch/eda/de/home/reps/asia/vlbn/billib.html

12 Vgl. Bruno Bernardi, «Introduction – Pour lire le *Contrat social*», in Jean-Jacques Rousseau, *Du contrat social*, Paris 2001, S. 33.

13 Vgl. Micheline Calmy-Rey, Ansprache anlässlich des 27. *Forum International Médias Nord Sud*, Genf, 10.10.2011, [online] www.nordsud.ch/francais/ discours_mcr.html

14 Vgl. BfS, «Erhebung über die Einkommen und Lebensbedingungen (SILC) 2007–2011: Ergebnisse zur Armut in der Schweiz», Medienmitteilung, Neuenburg, 13.8.2013.

15 Gemäß den Angaben der Weltbank betrug das BIP pro Einwohner in der Schweiz 2012 79052 $, in Mosambik 579 $. Vgl. Weltbank, *PIB par habitant* ($ US courants), [online] donnees.banquemondiale.org/indicateur/NY.GDP. PCAP.CD

16 Siehe United Nations Secretary-General's High-Level Panel on Global Sustainability, *Resilient people, resilient planet: A future worth choosing*, New York, United Nations, 30.1.2012.

13. «Verschweizerung» oder die Modernität des Schweizer Föderalismus

1 Arthur Schopenhauer, *Parerga und Paralipomena II*, Zürcher Ausgabe (Werke in 10 Bänden, hg. v. Angelika Hübscher), Zürich 1977, S. 708.

2 Vgl. Bruno S. Frey, «Ein anderes Europa denken», *Tages-Anzeiger*, 15.8.2012.

3 Vgl. Europäische Kommission, «Europäische Bürgerinitiative: neue Möglich-keiten zur Mitgestaltung der EU-Politik», IP/10/397, Brüssel, 31.3.2010.

4 Vgl. Denis de Rougemont, *La Suisse, ou l'histoire d'un peuple heureux*, Paris 1965, S. 42.

5 Vgl. Schweizerische Nationalbank (SNB), «Der Bankrat zum Rücktritt von Nationalbankpräsident Philipp Hildebrand», Medienmitteilung, Zürich, 9.1.2012.

6 Vgl. Bericht der Geschäftsprüfungskommissionen des Nationalrates und des Ständerates, *Rücktritt des SNB-Präsidenten am 9. Januar 2012: Der Bundesrat im Spannungsfeld zwischen der politischen und der aufsichtsrechtlichen Dimension*, BBl 2013 5627, Bern, 15.3.2013, S. 5647ff.

7 Aus dem Französischen von I. W. Herbert Lüthy, «La Suisse à contre-courant», *Le Débat*, Nr. 84, 1995/2, S. 93.

8 Vgl. Micheline Calmy-Rey, «Pourquoi nous devons négocier avec l'Europe», *Le Temps*, 28.11.2012.

9 Jacques Delors in AFP, «Delors suggère à Londres de quitter l'UE», *Le Figaro*, 28.12.2012.

10 Vgl. David Cameron, «British Prime Minister's Speech on the European

Union», 23.1.2013, in *Council on Foreign Relations*, [online] www.cfr.org/
united-kingdom/british-prime-minister-david-camerons-speech-european-
union-january-2013/p29856

11 Aus dem Französischen von I. W. Guillaume Chenevière, *Rousseau, une histoire
genevoise*, Genf 2012, S. 345.

12 Siehe dazu: Ahmet Davutoğlu, Außenminister der Türkei, Address at the
Opening Session of the *Alliance of Civilizations' First South East Europe Ministerial
Conference*, Sarajevo, 14.12.2009, [online] www.mfa.gov.tr/
address-by-h_e_-ahmet-davutoglu_-minister-of-foreign-affairs-of-republic-
of-turkey-at-the-opening-session-of-the-alliance-of-civilizations_-first-
south-east-europe-ministerial-conference_-14-december-2009_-sarajevo.
en.mfa

13 Vgl. Bundesrat, «Vereinbarkeit von Volksinitiativen mit dem Völkerrecht
verbessern Zusatzbericht des Bundesrates stellt Maßnahmen zur Diskussion»,
Medienmitteilung, Bern, 31.3.2011.

14. Auf der Suche nach einer verlorenen Neutralität

1 Vgl. EDA, «Offizieller Besuch von Bundespräsidentin Micheline Calmy-Rey in
Paris», Medienmitteilung, Bern, 12.11.2007.

2 Vgl. EDA, «Befreiung von Ingrid Betancourt in Kolumbien», Medienmitteilung, Bern, 3.7.2008.

3 Vgl. Jean-Pierre Gontard, «Onze ans de facilitation des efforts de paix en
Colombie, analyse et leçons à tirer, 1998–2008», unveröffentlichter Bericht.

4 Vgl. Christophe Büchi, «Micheline Calmy-Rey trifft Hillary Clinton: Steuerstreit und Bankgeheimnis und anderes mehr», *Neue Zürcher Zeitung*, 6.3.2009.

5 Vgl. «Micheline Calmy-Rey», *Wikipedia*, [online] de.wikipedia.org/wiki/
Micheline Calmy-Rey.

6 Vgl. EDA, «Neutralitätsrecht und militärische Intervention gegen den Irak»,
Medienmitteilung, Bern, 20.3.2003, sowie *Die Neutralität auf dem Prüfstand im
Irak-Konflikt* (siehe Kap. 6, Anm. 16), S. 7003.

7 Vgl. Stockholm International Peace Research Institute (Sipri), «The Sipri Top
100 arms-producing and military services companies in the world excluding
China, 2011», [online] www.sipri.org/research/armaments/production/
Top100

8 Vgl. Bundesrat, «Bundesrat nimmt Kenntnis von Abklärungen über angeb-
liche Handgranaten aus der Schweiz in Syrien», Medienmitteilung, Bern,
4.7.2012.

9 Vgl. Lukas Häuptli, «Brisante Waffendeals mit Kasachstan», *NZZ am Sonntag*,
4.11.2012.

10 Vgl. Martin Schulz, Präsident des Europäischen Parlaments, «Europäische
Integration, demokratische Legitimität und Systemkrise – welches ist der
Beitrag des europäischen Parlaments?», Ansprache vor der Fondation Jean
Monnet pour l'Europe, Lausanne, 22.3.2013, [online] www.jean-monnet.ch/
site/news/80/confrenceduprsidentmartinschulz

15. Ein kleines Flugzeug zwischen zwei großen

1 Siehe Homepage des armenischen Außenministeriums, «Bilateral relations – Turkey», [online] www.mfa.am/en/country-by-country/tr/

2 1993, während des Krieges um Berg-Karabach, wurden die Grenzen zwischen der Türkei und Armenien geschlossen.

3 Vgl. EDA, «Unterzeichnung der Protokolle zwischen der Republik Armenien und der Republik Türkei in Zürich», Medienmitteilung, Bern, 9.10.2009.

4 Vgl. EDA, «Erfolgreiche Vermittlung der Schweiz zwischen Georgien und Russland», Medienmitteilung, Bern, 9.11.2011.

Schluss

1 Vgl. Swiss Agency for Development and Cooperation (SDC), «SDC supports Nestle Pakistan for capacitating men & women farmers in dairy farming and livestock management – A Public Private Partnership initiative», 16.4.2009, [online] www.swisscooperation.admin.ch/pakistan/en/Home/News/News_Detail?itemID=177982

2 Vgl. Vereinte Nationen, «Objectifs du Millénaire pour le développement (OMD)», [online] www.un.org/fr/millenniumgoals/

3 Vgl. «Lutte contre le réchauffement: la régression», Le Monde, 17.8.2013.

4 Vgl. «David Cameron réitère son soutien au gaz de schiste», Le Monde, 12.8.2013.

5 Vgl. Nicolas Levrat, «Suisse-Europe: pourquoi la peur du ‹juge étranger› est inutile», Le Temps, 3.7.2013.

6 Vgl. Großherzogtum Luxemburg, «Ab 2015 wird Luxemburg zum automatischen Informationsaustausch übergehen und eine Übergangszeit beenden, während deren es im Rahmen der Zinsbesteuerung ein Quellensteuer-Modell vorzog», europaforum.lu, 10.4.2013, [online] www.europaforum.public.lu/fr/actualites/2013/04/gouv-fiscalite-epargne/index.html

7 Vgl. Sylvie Kauffmann, «François Hollande: ‹L'Europe ne peut plus être en retard›», Le Monde, 17.10.2012.

8 Vgl. Angela Merkel, Bundeskanzlerin der Bundesrepublik Deutschland, «Regierungserklärung zu den Ergebnissen des G8-Gipfels und zum Europäischen Rat am 27./28. Juni in Brüssel», Berlin, 27.6.2013.

Literaturliste

Online-Angaben beziehen sich sämtlich auf Stand: August 2013.

Quellen

Amtliche Sammlungen

Bundesverwaltung, Medienmitteilungen, [online] www.news.admin.ch/
dokumentation/00002/index.html?lang=de

Eidgenössisches Departement für auswärtige Angelegenheiten (EDA), *Discours et
déclarations de la Suisse devant l'ONU – Archives «Peace and Security»*, [online]
www.eda.admin.ch/eda/en/home/topics/intorg/un/stchun/peasec/archiv.
html#ContentPar_0006

Europäische Kommission, Pressemitteilungen, [online] europa.eu/rapid/search.
htm

Generalversammlung der Vereinten Nationen, *Résolutions (1946–2013)*, [online]
www.un.org/depts/dhl/resguide/gares_en.shtml

Parlamentarische Versammlung des Europarates, *Documents*, [online] website-
pace.net/fr/web/apce/documents

Rat der Europäischen Union, *Dokumente des Europäischen Rates und des Rates*, [online]
www.consilium.europa.eu/documents?lang=de

Schweizerische Bundeskanzlei, Chronologische Volksabstimmungen, [online]
www.admin.ch/ch/d//pore/va/vab_2_2_4_1.html

Schweizerische Eidgenossenschaft, *Amtliche Sammlung (AS)*, [online] www.admin.
ch/bundesrecht/00567/index.html?lang=de

Schweizerische Eidgenossenschaft, *Bundesblatt (BBl)*, [online] www.admin.ch/
bundesrecht/00568/index.html?lang=de

Sicherheitsrat der Vereinten Nationen, *Résolutions (1946–2013)*, [online] www.un.
org/fr/documents/scres.shtml

The White House, *Briefing room*, [online] www.whitehouse.gov/briefing-room

U.S. Department of State, *Press releases*, [online] www.state.gov/r/pa/prs/ps/index.
htm

Vereinte Nationen, *Meetings Coverage & Press Releases*, [online] www.un.org/en/
unpress/level2.asp?unpress=22

Amtliche Dokumente

*Agreement between the Great Socialist People's Libyan Arab Jamahiriya and the Swiss
Confederation*, Tripoli, 20.8.2009, [online] www.news.admin.ch/NSBSubscri-
ber/message/attachments/16555.pdf

Assembly of Kosova, «Kosovo Declaration of Independence», D-001,
Pristina, 17.02.2008, [online] www.assembly-kosova.org/?cid=2,128,1635

Außenministerium der Republik Armenien, «Bilateral relations – Turkey», [online] www.mfa.am/en/country-by-country/tr/

José Manuel Barroso, Präsident der Europäischen Kommission, *Brief an die Bundespräsidentin der Schweizerischen Eidgenossenschaft, Eveline Widmer-Schlumpf*, Brüssel, 21.12.2012, [online] www.letemps.ch/rw/Le_Temps/Quotidien/2013/01/10/Suisse/ImagesWeb/Brief_BXL_CH_20121221%5B1%5D.pdf

Commune de Chancy, «La borne frontière n° 1 à Chancy», [online] www.chancy.ch/default.asp?67D3646231D363E6268333D36E

Credit Suisse Group AG, *Geschäftsbericht 2012*, März 2013.

Ahmet Davutoğlu, Außenminister der Türkei, «Address at the Opening Session of the Alliance of Civilizations' First South East Europe Ministerial Conference», Sarajevo, 14.12.2009, [online].www.mfa.gov.tr/address-by-h_e_-ahmet-davutoglu_-minister-of-foreign-affairs-of-republic-of-turkey-at-the-opening-session-of-the-alliance-of-civilizations_-first-south-east-europe-ministerial-conference_-14-december-2009_-sarajevo.en.mfa

Direktion für Entwicklung und Zusammenarbeit (Deza), «Kosovo Geberkonferenz: Die Schweiz erhöht ihre Unterstützung», 10.7.2008, [online] www.deza.admin.ch/fr/Accueil/Actualites/Vue_detaillee&itemID=168606

Direktion für Entwicklung und Zusammenarbeit (Deza), Staatssekretariat für Wirtschaft (Seco), *Schweiz – Mosambik, 30 Jahre bilaterale Zusammenarbeit von 1979 bis 2009*, Bern, Mai 2009.

Direktion für Entwicklung und Zusammenarbeit (Deza), «Bekämpfung der Wüstenbildung: die Schweiz nimmt an einer Uno-Konferenz in Südkorea teil», Pressemitteilung, 10.10.2011, [online] www.admin.ch/aktuell/00089/?lang=de&msg-id=41654

Direktion für Entwicklung und Zusammenarbeit (Deza), «Erhöhung der öffentlichen Entwicklungshilfe», [online] www.ddc.admin.ch/de/Home/Die_DEZA/Zahlen_und_Fakten/APD/Erhoehung_Entwicklungshilfe

Direktion für Entwicklung und Zusammenarbeit (Deza), Bureau de coopération (DDC) Corée du Nord, [online] www.swiss-cooperation.admin.ch/northkorea/

Direktion für europäische Angelegenheiten, *Die Europapolitik der Schweiz*, Juli 2013 [online], www.europa.admin.ch/themen/00499/00755/index.html?lang=de

EGL AG, *Geschäftsbericht 2009/2010*, Dietikon/Zürich.

Eidgenössisches Departement für auswärtige Angelegenheiten (EDA), «Schaffung eines Uno-Menschenrechtsrats», Juni 2006, [online] www.eda.admin.ch/etc/medialib/downloads/edazen/topics/intorg/un.Par.0007.File.tmp/rueckblick-schaffung-menschenrechtsrat.pdf

Eidgenössisches Departement für auswärtige Angelegenheiten (EDA), Eidgenössisches Finanzdepartement (EFD), Eidgenössisches Departement für Wirtschaft, Bildung und Forschung (WBF), *Grundlagenbericht Rohstoffe: Bericht der interdepartementalen Plattform Rohstoffe an den Bundesrat*, 27.3.2013, [online] www.news.admin.ch/NSBSubscriber/message/attachments/30130.pdf

Europäische Kommission, DG Trade, «Switzerland – EU bilateral trade with the world (2012)», 5.7.2013, [online] trade.ec.europa.eu/doclib/docs/2006/september/tradoc_113450.pdf

Europäische Union – Auswärtiger Dienst, «Serbia and Kosovo reach landmark deal», 19.04.2013, [online] eeas.europa.eu/top_stories/2013/190413_eu-facilitated_dialogue_en.htm

Freihandelsabkommen zwischen der Schweiz und China, Beijing, 6.7.2013, [online]
www.seco.admin.ch/themen/00513/02655/02731/04118/index.html?
lang=de

Geneva Declaration Secretariat, The Global Burden of Armed Violence Report, Geneva,
September 2008.

Großherzogtum Luxemburg, «Ab 2015 wird Luxemburg zum automatischen
Informationsaustausch übergehen und eine Übergangszeit beenden, während
deren es im Rahmen der Zinsbesteuerung ein Quellensteuer-Modell vorzog»,
europaforum.lu, 10.4.2013, [online] www.europaforum.public.lu/fr/actuali-
tes/2013/04/gouv-fiscalite-epargne/index.html

Initiativkomitee ‹Ja zum Schutz der Privatsphäre›, «Das überparteiliche Komitee
wehrt sich vehement gegen einen allwissenden Staat», Medienmitteilung vom
4.6.2013, [online] www.privatsphaere-schuetzen.ch/aktuell/medienmitteilun-
gen/start-initiative-ja-zum-schutz-der-privatsphaere.html

Internationale Atomenergiebehörde (IAEA), Mise en œuvre de l'accord de garanties
TNP et des dispositions pertinentes des résolutions du Conseil de sécurité en République
islamique d'Iran, Rapport du Directeur général, GOV/2007/22, 23.05.2007,
[online] www.iaea.org/Publications/Documents/Board/2007/French/
gov2007-22_fr.pdf

Internationaler Gerichtshof, Accordance with international law of the unilateral
declaration of independence in respect of Kosovo, Advisory Opinion of 22 July 2010,
I. C. J. Reports 2010, S. 403, [online] www.icj-cij.org/docket/files/141/15987.pdf

Internationales Komitee vom Roten Kreuz (IKRK), «Genève: signature d'un accord
entre le Magen David Adom et le Croissant-Rouge palestinien», Medienmitteilung 5/69, 28.11.2005, [online] www.icrc.org/fre/resources/documents/
news-release/2009-and-earlier/emblem-news-281105.htm

International Rescue Committee (IRC), « IRC Study Shows Congo's Neglected
Crisis Leaves 5.4 Million Dead; Peace Deal in N. Kivu, Increased Aid Critical to
Reducing Death Toll », 2007, [online] www.rescue.org/news/irc-study-shows-
congos-neglected-crisis-leaves-54-million-dead-peace-deal-n-kivu-increased-
aid--4331

Konferenz der Kantonsregierungen, «Vereinbarung Schweiz–Libyen», Bern,
25.6.2010, [online] www.kdk.ch/de/aktuell/medienmitteilungen/
medienmitteilung/a/157/

Memorandum of Understanding Between The Swiss Federal Council and The Government of
the People's Republic of China on Promoting Dialogue and Cooperation, New York,
25.9.2007, [online] www.eda.admin.ch/etc/medialib/downloads/edactr/chn.
Par.0068.File.tmp/E_MoU_CH-CN_Promoting%20Dialogue%20and%20
Cooperation_250907.pdf

Angela Merkel, Bundeskanzlerin der Bundesrepublik Deutschland, «Regierungserklärung zu den Ergebnissen des G8-Gipfels und zum Europäischen Rat am
27./28. Juni in Brüssel», Berlin, 27.6.2013, [online] www.bundesregierung.de/
Content/DE/Regierungserklaerung/2013/2013-06-27-merkel-g8-eu-rat.html

Nationalrat, «Postulat Vaudroz Jean-Claude. Anerkennung des Völkermordes an
den Armeniern im Jahr 1915», 02.3069, 16.12.2003, in Amtliches Bulletin – Die
Wortprotokolle von Nationalrat und Ständerat, [online] www.parlament.ch/ab/
frameset/d/n/4701/95679/d_n_4701_95679_95803.htm?DisplayTextOid=95804

Notenwechsel zwischen dem Schweizerischen Bundesrat und der Regierung der Russischen
Föderation betreffend die Übernahme der Verantwortung für den Schutz der Interessen der

Russischen Föderation in Georgien durch die Schweiz als Schutzmacht, abgeschlossen am
13.12.2008, Inkrafttreten am 4.3.2009, [online] www.eda.admin.ch/eda/de/
home/topics/intla/intrea/dbstv/data93/e_99993493.html

Notenwechsel zwischen dem Schweizerischen Bundesrat und der Regierung von Georgien
betreffend die Übernahme der Verantwortung für den Schutz der georgischen Interessen in der
Russischen Föderation durch die Schweiz als Schutzmacht, abgeschlossen am
12.1.2009, Inkrafttreten am 4.3.2009, [online] www.eda.admin.ch/eda/de/
home/topics/intla/intrea/dbstv/data18/e_99993518.html

Organisation für wirtschaftliche Zusammenarbeit und Entwicklung (OECD),
«Fiscalité: L'OCDE a mis à jour son Modèle de Convention fiscale pour étendre
les demandes de renseignements à des groupes de contribuables», 18.7.2012,
[online] www.oecd.org/fr/ctp/fiscalitelocdeamisajoursonmodeledeconventi-
onfiscalepouretendrelesdemandesderenseignementsadesgroupesdecontribua-
bles.htm

Organisation für die Sicherheit und Zusammenarbeit in Europa (OSZE),
Ministerrat, Beschluss über die nächsten OSZE-Vorsitze in den Jahren 2014 und 2015,
MC.DEC/1/12, 10.2.2012, [online] www.osce.org/fr/mc/97731

Politische Abteilung IV – Menschliche Sicherheit, Eidgenössisches Departement
für auswärtige Angelegenheiten (EDA), «Das Engagement der Schweiz – Waffenstillstandsabkommen für die Nubaberge 2002», Factsheet, 18.2.2011, S. 1,
[online] www.news.admin.ch/NSBSubscriber/message/attachments/22183.
pdf

Programme de communication sur le génocide au Rwanda et les Nations Unies,
«Aider les survivants», [online] www.un.org/fr/preventgenocide/rwanda/
support.shtml

Protocole additionnel aux Conventions de Genève du 12 août 1949 relatif à l'adoption d'un
signe distinctif additionnel (Protocole III), Genf, 8.12.2005 (in Kraft getreten am
14.1.2007), [online] www.eda.admin.ch/etc/medialib/downloads/edazen/
topics/intla/intrea/depch/warvic.Par.0008.File.tmp/mt_060419_cccpa3_f.pdf

Rat der Europäischen Union, Schlussfolgerungen des Rates zu den Beziehungen zwischen
der EU und den EFTA-Ländern, 3060. Allgemeine Angelegenheiten Tagung des
Rates, Brüssel, 14.12.2010, [online] www.consilium.europa.eu/uedocs/cms_
data/docs/pressdata/DE/foraff/118466.pdf

Republik und Kanton Genf, «Depuis 2008 – Les discussions de Genève sur la
Géorgie», Genève – coopération internationale, [online] www.cooperationinternati-
onalegeneve.ch/de/depuis-2008-les-discussions-de-geneve-sur-la-georgie

Schweizer Armee, «Swisscoy (Kosovo)», [online] www.vtg.admin.ch/internet/vtg/
fr/home/themen/einsaetze/peace/swisscoy.html

Schweizerische Eidgenossenschaft, Internationaler Verhaltenskodex für private
Sicherheitsdienstleister, 9.11.2010, [online] www.icoc-psp.org/uploads/INTER-
NATIONAL_CODE_OF_CONDUCT_Final_with_Company_Names_-_GER-
MAN.pdf

Schweizer Nationalbank, «Communication du Conseil de banque au sujet de la
démission du président de la Banque nationale, Philipp Hildebrand», Zürich
9.1.2012, [online] www.snb.ch/fr/mmr/reference/pre_20120109_2/source/
pre_20120109_2.fr.pdf

Staatskanzlei des Kantons Genf, «La salle de l'Alabama», [online] www.ge.ch/
chancellerie/salles/alabama.asp

Staatssekretariat für Wirtschaft (Seco), «WTO Doha-Runde: Positionen der Schweiz», 26.9.2012, [online] www.seco.admin.ch/themen/00513/01238/01243/index.html?lang=de

Stockholm International Peace Research Institute (Sipri), «The Sipri Top 100 arms-producing and military services companies in the world excluding China, 2011», [online] www.sipri.org/research/armaments/production/Top100

Swiss Agency for Development and Cooperation (SDC), «SDC supports Nestle Pakistan for capacitating men & women farmers in dairy farming and livestock management – A Public Private Partnership initiative», 16.4.2009, [online] www.swisscooperation.admin.ch/pakistan/en/Home/News/News_Detail?itemID=177982

Swiss Agency for Development and Cooperation (SDC), SDC Mekong Region Programme, [online] www.swiss-cooperation.admin.ch/mekong/en/Home/Mekong_Region

«Text of Arab peace initiative adopted at Beirut summit», *reliefweb.int*, 28.3.2002, [online] reliefweb.int/report/israel/text-arab-peace-initiative-adopted-beirut-summit

UBS, *Unsere Performance im Jahr 2012: Geschäftsbericht 2012*, März 2013.

United Nations conference on trade and development (Unctad) / United Nations Industrial development organization (Unido), *Economic development in Africa Report 2011: Fostering industrial development in Africa in the new global environment*, New York and Geneva, United Nations, 2011, [online] unctad.org/en/Docs/aldcafrica2011_en.pdf

United Nations Conference on Trade and Development (Unctad), «Development and Globalisation: Fact and Figures – Gross domestic product», 2012, [online] dgff.unctad.org/chapter2/2.1.html

United Nations Secretary-General's High-level Panel on Global Sustainability, *Resilient people, resilient planet: A future worth choosing*, New York, United Nations, 30.1.2012.

U.S. Department of State, «U.S. Relations with Iran – Fact Sheet», 28.8.2013, [online] www.state.gov/r/pa/ei/bgn/5314.htm

Vereinte Nationen, *Charta der Vereinten Nationen und Statut des Internationalen Gerichtshofs*, New York, Département de l'information des Nations Unies, November 2008.

Vereinte Nationen, «Objectifs du Millénaire pour le développement (OMD)», [online] www.un.org/fr/millenniumgoals/

Weltbank, *PIB par habitant ($ US courants)*, [online] donnees.banquemondiale.org/indicateur/NY.GDP.PCAP.CD

Voix de sans voix ni liberté (Vovolib), *Violence sexuelle en RDC, quelles définitions? Le cas du Sud-Kivu*, 2009.

Welternährungsprogramm, «Hunger weltweit – Zahlen und Fakten», [online] de.wfp.org/hunger/hunger-statistik

Welthandelsorganisation, «La Conférence ministérielle approuve l'accession de la Russie à l'OMC», 16.12.2011, [online] www.wto.org/french/news_f/news11_f/acc_rus_16dec11_f.htm

World Economic Forum (WEF), *Global Risks 2013*, 8. Aufl., Genf 2013, [online] www3.weforum.org/docs/WEF_GlobalRisks_Report_2013.pdf

Monographien

Guillaume Chenevière, *Rousseau, une histoire genevoise*, Genf 2012.

Denis de Rougemont, *La Suisse, ou l'histoire d'un peuple heureux*, Paris 1965.

Mohamed ElBaradei, *The Age of deception: Nuclear diplomacy in treacherous times*, New York 2011.

Jean-Marie Henckaerts, Louise Doswald-Beck (Hgg.), *Droit international humanitaire coutumier, Volume I: règles*, Brüssel 2006.

Hans Ulrich Jost, *Europa und die Schweiz 1945–1950: Europarat, Supranationalität und schweizerische Unabhängigkeit*, Zürich 1999.

Christopher Kojrn (Hg.), *Le monde en 2030 vu par la CIA*, Paris 2013.

Joseph S. Nye, Robert O. Keohane, *Power and Interdependence*, 3. Aufl., New York 2001.

Jean-Pierre Ritter, *Les enfants de Calvin et Rousseau: essai sur le déclin de la Suisse*, Chêne-Bourg 2000.

Jean-Jacques Rousseau, *Du contrat social*, herausgegeben und annotiert von Bruno Bernardi, Paris 2001.

Arthur Schopenhauer, *Parerga und Paralipomena II*, Zürcher Ausgabe (Werke in 10 Bänden, hg. v. Angelika Hübscher), Zürich 1977.

René Schwok, *Politique extérieure de la Suisse après la guerre froide*, Collection le Savoir Suisse, Lausanne 2012.

Daniel Trachsler, *Bundesrat Max Petitpierre. Schweizerische Außenpolitik im Kalten Krieg 1945–1961*, Zürich 2011.

Artikel

Olivier Abel, «Essai sur la prise: Anthropologie de la flibuste et théologie radicale protestante», *Esprit*, Juli 2009, S. 111–123.

Sebastian Justiniano Birchler, Guillaume Lammers, Johan Rochel, «Légitimer la politique extérieure – Vers un nouveau modèle basé sur les droits de l'homme», *Papier de discussion foraus – Forum de politique étrangère*, Nr. 14, Januar 2013.

Thomas Fischer, «Switzerland's Good Offices: a changing concept, 1945–2002», *Beiträge*, Nr. 37, ETH Zürich, Center for International Studies (CIS), Dezember 2002.

Francis Fukuyama, «The end of history?», *The National Interest*, Nr. 16, Sommer 1989, S. 3–18.

Simon Henderson, «Back to the Table: New P5+1 Talks with Iran», *PolicyWatch* 1727, Washington DC, The Washington Institute for Near East Policy, 2.12.2010, [online] www.washingtoninstitute.org/policy-analysis/view/back-to-the-table-new-p51-talks-with-iran

Sabine Jenni, «Swiss legal adaptation to the EU: a quantitative data set», Paper presented at the yearly conference of ECSA-Switzerland, Basel 9.12.2011.

Hans Ulrich Jost, «A rebours d'une neutralité suisse improbable», *Traverse. Zeitschrift für Geschichte*, 2013/1, S. 200–214.

Charlotte Lindsey, «Les femmes et la guerre – vue d'ensemble de la question», *Revue internationale de la Croix-Rouge*, 30.9.2000, [online] www.icrc.org/fre/resources/documents/misc/5fzhpp.htm#5

Herbert Lüthy, «La Suisse à contre-courant», *Le Débat*, Nr. 84, 1995/2, S. 89–102.

Daniel Möckli (Hg.), «Schweizer Nahostpolitik: Ambitioniert und kontrovers»,

CSS Analysen zur Sicherheitspolitik, Nr. 35, ETH Zürich, Centre for Security Studies (CSS), Juni 2008.

Daniel Möckli (Hg.), «Libyenkrise: Nachbetrachtung zum Schweizer Krisenmanagement», CSS Analysen zur Sicherheitspolitik, Nr. 77, ETH Zürich, Centre for Security Studies (CSS), Juli 2010.

Daniel Möckli (Hg.), «Politique étrangère suisse après Mme Calmy-Rey», Politique de sécurité: analyses du CSS, Nr. 106, ETH Zürich, Center for Security Studies (CSS), Dezember 2011.

Jean-Christophe Nothias, «Toward The New Global Governance», The Global Journal, 6.3.2012, [online] theglobaljournal.net/group/david-held/article/621/

Alois Riklin, «Neutralität», Historisches Lexikon der Schweiz, 9.11.2010, [online] www.hls-dhs-dss.ch/textes/d/D16572.php

Daniel Trachsler, «Von Petitpierre bis Calmy-Rey: Wiederkehrende Debatten um die Schweizer Außenpolitik», in Andreas Wenger, Daniel Trachsler (Hgg.), Bulletin 2011 zur Schweizerischen Sicherheitspolitik, ETH Zürich, Center for Security Studies (CSS), 2011, S. 107–136.

Felix Würsten, «Diplomatie als Ingenieurkunst – Porträt Michael Ambühl», Connect, Nr. 24, Zürich, ETH Zürich, Februar 2011, [online] www.alumni.ethz.ch/publication/connect/Connect24_net.pdf

Websites

Bundesamt für Statistik (BfS), www.bfs.admin.ch/bfs/portal/de/index.html

Direktion für Entwicklung und Zusammenarbeit (Deza), www.ddc.admin.ch/de/Home

Direktion für europäische Angelegenheiten (DEA), www.europa.admin.ch/index.html?lang=de

Eidgenössisches Departement für auswärtige Angelegenheiten (EDA), www.dfae.admin.ch/eda/de/home.html

Eidgenössisches Finanzdepartement (EFD), www.efd.admin.ch/index.html?lang=de

Human Security Network, www.hpcrresearch.org/research/human-security-network

Staatssekretariat für Wirtschaft (Seco), www.seco.admin.ch/index.html?lang=de

Dank

Mein Dank geht an meinen Sohn Raphaël Calmy für seine maßgeblichen Kommentare. Er geht an Charles Lewinsky, der mich ermutigt und mit seinem Rat begleitet hat (vorausgesetzt, ich würde sein kritisches Urteil annehmen, sagte er), an Romaine Jean und Chantal Savioz, die meine Arbeit mitdenkend und konstruktiv verfolgten, an David Lachat für seine aufmerksame Lektüre, an Svenja Rauch, meine wissenschaftliche Assistentin, für ihre gewissenhafte Überprüfung der Quellen. Von ganzem Herzen sage ich André Calmy, meinem Ehemann, Dank, der meine geistige Abwesenheit während der ganzen Niederschrift ertragen und mich trotzdem in meinen Bemühungen unterstützt hat, und meiner Schwester Marie José Rohner, die an mich glaubte.

Inhalt